高职高专经管类精品课程
"十三五"规划教材

网店运营与管理

主　编　赖玲玲　黄春松
副主编　徐慧婷　黄文辉　林智章　何晓峰

厦门大学出版社
XIAMEN UNIVERSITY PRESS
国家一级出版社
全国百佳图书出版单位

图书在版编目(CIP)数据

网店运营与管理/赖玲玲,黄春松主编. —厦门:厦门大学出版社,2018.6(2021.7重印)
(高职高专经管类精品课程"十三五"规划教材)
ISBN 978-7-5615-6896-5

Ⅰ.①网… Ⅱ.①赖…②黄… Ⅲ.①网店-运营管理-教材 Ⅳ.①F713.365.2

中国版本图书馆 CIP 数据核字(2018)第 065236 号

出 版 人	郑文礼
责任编辑	陈丽贞
封面设计	李嘉彬
技术编辑	朱 楷

出版发行 厦门大学出版社
社　　址 厦门市软件园二期望海路 39 号
邮政编码 361008
总 编 办 0592-2182177　0592-2181406(传真)
营销中心 0592-2184458　0592-2181365
网　　址 http://www.xmupress.com
邮　　箱 xmupress@126.com
印　　刷 厦门集大印刷有限公司

开本　787 mm×1 092 mm　1/16
印张　16.25
字数　332 千字
版次　2018 年 6 月第 1 版
印次　2021 年 7 月第 2 次印刷
定价　45.00 元

本书如有印装质量问题请直接寄承印厂调换

厦门大学出版社
微信二维码

厦门大学出版社
微博二维码

随着互联网技术的日益发展,电子商务已经成为社会经济发展的重要力量,引起社会众多领域的深刻变革,渗透到商务、生活、政务、金融、教育等各个行业,从城市发展到农村,从国内发展到跨境,成为全社会关注的热点。国务院总理李克强在2015年的政府工作报告中提出"互联网+"行动计划,要求促进电子商务发展,引导互联网企业拓展市场,激励互联网创业,在全社会掀起电子商务创新、创业热潮。而基于电子商务平台的网店开设和运营成为大众创业的重要方式,也是传统企业转型的重要途径,网店运营也因此成为电子商务行业中的一个重要模块。

每一个行业的发展都需要有专业人才的支撑,随着基于电商平台的网店规模越来越大,对网店运营的人才需求也日益增加。如何准确分析职业岗位及其职业技能的需求,与行业企业协同培养人才,是院校需要面对的重要课题。这就要求既要有专业教师和行业企业精英参与职业化技能教学,又要有适合于面向职业岗位的好教材和教学资源。基于此,厦门城市职业学院提出基于行业企业专家团队合作的课程开发与实施模式,充分整合校、行、企优势资源,开发面向工作过程系统化的职业技能课程,将工作过程、学习过程和实践应用能力有机联系在一起,并邀请有实战经验又乐于分享的行业企业专家参与教学实践。

本教材基于校企合作和工作过程系统化理念进行开发,在深入调研和分析网店运营实践的基础上,针对网店运营的细分岗位需求进行学习情境的设置,把网店运营实际工作流程中的情景和任务进行序化,并使各个工作情景任务相互关联,形成一个有机的整体,进而实现岗位工作流的整合。作者对原有知识体系进行解构,根据工作流程来重构,更加符合职业应用。在结构上,采用任务驱动模式进行设计,包含"任务导入"、"任务分析"、"知识学习"、"任务实施"和"巩固提高"等模块,重视以学习者为中心。

他山之石,可以攻玉。希望《网店运营与管理》这一校企合作教材可以为职业学院电子商务网店运营教学提供灵活、实用的教材,为服务社会提供网店运营培训教材,也为拟开展课程教学改革的院校提供有益的借鉴。

中国信息经济学会电子商务专业委员会常务副主任
厦门大学管理科学系系主任、教授

2018 年 3 月 12 日

前言

现今，网上购物已经成为大众消费的主流模式，越来越多的个人以及企业将注意力转移到网上商店。从高职院校电子商务专业毕业生就业情况来看，有大量的学生从事网店运营的相关岗位工作，如在电子商务公司从事网店维护管理工作，在中小企业从事网店推广工作，还有的自己创业开设网店。所以，如何与企业合作，开发具有真实环境的教材和课程教学模式，以适应新时期网店管理人才的需求，是电子商务专业的一个重要课题。

本教材以校企合作为原则，以"工作过程系统化"为指导，按照网店运营与管理的工作过程进行内容的重构和编写，符合深化职业教育教学改革全面提高人才培养质量的"以服务发展为宗旨，以促进就业为导向，坚持走内涵式发展道路，培养适应经济发展新常态的技术技能人才"的高职教育理念。本教材突出职业教育"学以致用、学做合一"的特色，本着"激发兴趣，重在实践"的主旨，将知识学习、技能操作、实战应用等内容作为教学任务，建立全新的电子商务实战教学模式。以创业为驱动，实战磨砺，实现高职电子商务专业学生"教、学、做、创"合一的教学模式，培养学生岗位综合职业能力。本教材主要有以下几个特点：

第一，强调"教学内容与岗位职业能力对接"。通过校企合作，调研网店运营的工作岗位，将之细分为店长、设计与美工岗位、运营岗位、推广岗位、客服岗位和物流管理岗位。校企合作课程编写团队结合企业的实际运作情况，对各个岗位的工作任务进行讨论分析来确定教材内容。

第二，突出以"工作过程系统化"为指导的编写特点。校企合作课程开发团队基于职业岗位及工作任务的分析，获取网店运营的工作流程为:网店定位与开设→网店装修→网店商品信息管理→网店推广→网店客户服务→网店仓储物流→网店数据分析,并对每个环节进行具体的流程分析。以此为依据,进行教材内容的解构和重构。

第三,具有"理论够用,突出实战"的特点。本教材没有大量的理论知识,更多的是网店经营管理的技巧、工具和操作方法。本教材除了设计模拟实训任务外,还设计实战任务,采用模拟和实战双线教学的方式进行;根据电子商务专业人才岗位能力需求进行编写,以具体的工作项目为载体进行内容的设计。

第四,以"任务驱动型"模式统领教学。在教材编写过程中将教学模式融入其中。通过对每个工作项目进行分解,得到具体的工作任务。每个工作任务采用任务导入→任务分析→知识学习→任务实施→任务评价的方式进行,可以让学生明确学习目的,提升学习动力。

本教材共包括网店定位与开设、网店装修、网店商品信息管理、网店推广、网店客户服务、网店物流管理和网店数据分析七个学习情境,详细介绍了网上开店各个环节的具体操作方法,让学生通过经营网店的过程,熟悉网上交易的基本流程和网上销售的一系列环节,有效激活所学的理论知识,在做中学,激发学生的学习欲望和学习兴趣。本教材内容丰富,通俗易懂,图文并茂,适合作为职业院校电子商务专业学生的教材,也可以作为其他专业学生网上开店的指导教材和社会服务网店的培训教材。此外,本教材还有配套资源,包括教学课件、课程标准、教案、习题答案等,若有需要,可发电子邮件至2276202554@qq.com 联系,或发电子邮件至 xmupress@126.com。

本教材是厦门城市职业学院电子商务教研室教师和福建省巨爵网络科技有限公司骨干共同努力的成果。由赖玲玲和黄春松设计编写方案并担任本教材的主编,对全书进行总纂;徐慧婷、黄文辉、林智章、何晓峰担任副主编。林智章负责情境一的编写;徐慧婷负责情境二、情境三的编写;赖玲玲负责情境四、情境六的编写;何晓峰负责情境五的编写;黄春松负责情境七的编写。黄文辉、张艳红、李明吉、王明志、温玮媛、林让快、廖文锋、苏良田参与了本教材工作流程的设计、实操技能和实战任务的编写。另外,在编写过程中,参考了一些专家学者的研究成果,实训资源方面得到了北京博导前程信息技术有限公司的大力支持,在此一并表示衷心的感谢!本教材的编写经过多次修改完善,仍难免有疏漏之处,恳请专家、读者批评和指正。

编者

2018 年 3 月

情境一 | 网店定位与开设 1
    任务一　开店前期筹备 2
    任务二　网店定位 8
    任务三　网店创业计划 11
    任务四　网店注册 14

情境二 | 网店装修 25
    任务一　网店页面布局设计 26
    任务二　网店店招设计与制作 36
    任务三　网店公告设计与制作 45
    任务四　网店促销区设计与制作 54

情境三 | 网店商品信息管理 65
    任务一　商品拍摄与美化 66
    任务二　网店商品描述与发布 76
    任务三　网店商品信息更新 88

情境四 | 网店推广 98
    任务一　网店推广体系 100
    任务二　网店站外推广 103
    任务三　网店站内推广 111
    任务四　网店店内推广 131

情境五 网店客户服务 ... 148
- 任务一 网店客服谈判与沟通技巧 ... 150
- 任务二 网店售前售中售后客户服务 ... 159
- 任务三 网店客户关系管理 ... 168

情境六 网店物流管理 ... 176
- 任务一 网店库存管理 ... 178
- 任务二 网店配送管理 ... 183
- 任务三 利用物流加强买家购物体验 ... 197

情境七 网店数据分析 ... 202
- 任务一 行业数据分析 ... 203
- 任务二 网店数据分析 ... 215

附录——平台交易规则 ... 241

参考文献 ... 249

◆ 情境一 ◆
网店定位与开设

【学习情境导入】

林华是一名已经工作2年的大学生,在单位里一直从事销售管理工作。最近一段时间,林华发现自己的不少朋友在淘宝上开网店。林华自己也跃跃欲试,筹划着开个网店进行创业。

在了解淘宝的开店规则之后,林华便按照要求随意发布了几个宝贝,简单装修了一下店铺便开始经营了。但店铺经营了两个多月,一直没有人来购买商品。他百思不得其解,于是找了一些有经验的朋友寻找解决办法。有的朋友说他的店铺商品很杂乱,有的朋友说他的价格没有竞争力,有的朋友说他的店铺装修不精美。于是,林华逛了一些旺铺,并找出这些店铺的热卖商品,随即在自己的店铺里摆上了这些商品进行销售。同时,他还借鉴了一些卖家的店铺风格进行了店铺装修。他原本以为这下子网店生意会变得兴旺起来,可是事与愿违,店铺的销量和点击率还是没有显著提高。

林华找到一位电子商务专业毕业的朋友做了详细的咨询,朋友问了林华几个问题:第一,网店的目标消费者到底是谁?第二,商品的类目为什么如此杂乱?产品价格区间跨度为什么那么多?第三,是否了解竞争对手?第四,是否有一套有效的运营管理方案?林华的朋友给出的解决方案是重新对网店进行清晰定位。

林华承认自己确实从来没有认真分析总结过这四个方面的问题。于是在这位朋友的帮助下,林华进行了大量的信息搜索与分析,研究了市场及竞争对手,给自己的网店重新进行定位,优化了产品和销售策略。经过一系列优化后,店铺的流量和转化率明显提高,业绩也开始稳步增长。

【学习情境分析】

网店定位是开店前必须考虑的重要因素,它对于网店经营起着至关重要的作用。它决定了网店要选择哪种电子商务经营模式、面向哪个细分市场、目标消费者是谁、选择哪些产品类目等关键要素。因此,如何进行网店定位是网店经营者必须先学习的知识点。

1.开店前需要哪些筹备工作?
2.如何进行科学的网店定位?

3. 如何系统梳理网店创业计划？
4. 开店的基本流程是什么？

【学习情境目标】

岗位细分	工作任务	技能目标	知识目标
网店店长	任务一 开店前期筹备	1.能够选择合理的电子商务经营平台 2.能够为开店做好充分的物质准备 3.能够选择进货渠道	1.掌握各类电子商务经营模式 2.了解网店经营常见的进货渠道
	任务二 网店定位	1.能够清楚了解网店消费群体细分维度 2.能够对网店进行科学定位	1.了解定位基本理论 2.掌握网店定位影响因素
	任务三 网店创业计划	1.能够利用搜索引擎进行信息收集整理 2.能够撰写创业计划书	1.了解搜索引擎的分类 2.掌握创业计划书的基本框架
	任务四 网店注册	能够进行网店注册	掌握网上开店的注册流程

任务一　开店前期筹备

任务导入

小林已经习惯在淘宝等购物网站上进行购物。通过了解，他发现身边的很多同学开始利用课外时间在淘宝开设网店。看着很多同学经营的网店销售业绩不错，小林萌生了开设网店的想法。他希望通过网店经营，一方面实践自己所学到的专业知识，另一方面获得创业的宝贵经历。于是，小林开始向其他同学请教如何开设网店，同学告诉小林，开设网店除了需要具备电脑、网银、数码相机等基本条件外，还要懂得选择适合自己创业的电子商务平台等。

任务分析

根据任务导入中的情景进行分析，在开店前需要了解三个问题：选择合适的网店经营平台、开设网店需要具备的物质条件、网店的进货渠道。

一、选择合适的网店经营平台

要选择合适的电子商务平台,必须全面了解电子商务平台的类型,然后根据自己的实际条件及创业计划来选择适合自己的电子商务平台。

二、开设网店所需要的物质条件

根据电子商务平台的交易规则,了解开办网店所需要的一些物质条件。

三、网店的进货渠道

了解网店的进货渠道,根据网店经营计划选择合理的进货渠道。

知识学习

一、网店经营平台

(一)电子商务平台的概念

电子商务平台是一个为企业或个人提供网上交易的平台,它是建立在 Internet 上进行商务活动的虚拟网络空间和保障商务顺利运营的管理环境。企业、商家、个人可充分利用电子商务平台提供的网络基础设施、支付平台、安全平台、管理平台等共享资源,有效地、低成本地开展自己的商业活动。

(二)电子商务平台的类型

按照电子商务经营模式进行划分,目前主要的电子商务平台可以分为 B2B 电子商务平台、B2C 电子商务平台和 C2C 电子商务平台三种。

B2B 电子商务平台是电子商务的一种模式,是英文 Business-to-Business 的缩写,即企业与企业之间通过互联网进行产品、服务及信息的交换。国内比较著名的 B2B 电子商务平台有阿里巴巴、慧聪网等。

B2C 电子商务平台是电子商务的另一种模式,是英文 Business-to-Consumer 的缩写,是企业对消费者直接开展商业活动的一种电子商务模式。这种形式的电子商务一般以直接面向客户开展零售业务为主。B2C 电子商务平台可以细分为平台类 B2C 和直销类 B2C,像天猫商城、一号店、京东商城等就属于平台类 B2C,而像戴尔商城、华为商城等企业自建电子商务平台则属于直销类 B2C。

C2C 即 Customer to Customer 的缩写,是指依托第三方网络平台,消费者之间可以实现商品交易。C2C 平台曾经主要有淘宝网、易趣网、拍拍网和百度有啊,不过最后易趣、拍拍、百度有啊都陆续退出市场,剩淘宝一家独大。淘宝网是在中国深受欢迎的网购零售平台,由阿里巴巴集团在 2003 年 5 月创立。淘宝网以 3 年"免费"迅速打开中国 C2C 市场,并在短短 3 年时间内,替代 ebay 易趣登上中国 C2C 老大的交椅。淘宝网不仅是中国深受欢迎的网络零售平台,也是中国的消费者交流社区和全球创意商品的集中地。淘宝网在很大程度上改变了传统的生产方式,也改变了人们的生活消费方式。由于入驻门槛低、普及面广、平台品牌性强等特点,它特别符合初创者的开店选择。

此外，近几年出现的 O2O 电子商务模式也呈现高速发展的态势（如图 1-1）。所谓 O2O，即 Online to Offline，是指将线下的商务活动与线上的平台结合，让互联网成为线下交易的平台。在 O2O 平台商业模式中，线上平台为消费者提供消费指南、优惠信息、便利服务（预订、在线支付、地图等）和分享平台，而线下商户则专注于提供服务。O2O 电子商务平台包括美团网、大众点评、饿了么、口碑等。

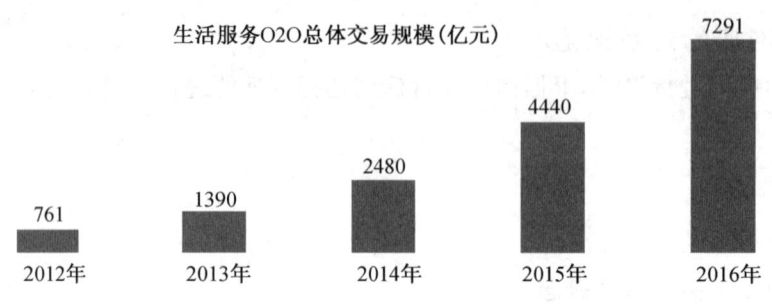

图 1-1　生活服务 O2O 总体交易规模

（三）电子商务平台的选择

经营者如何选择合理的电子商务平台，取决于如下因素：

第一，经营者是以企业还是以个人的名义从事网络销售；

第二，网店的目标消费者是个人还是企业；

第三，现有的第三方电商平台能否满足自己的经营模式；

第四，经营者是否有足够的资金来自建电商平台。

通过思考以上四个因素，可以得出结论：经营者必须结合自己的实际情况以及经营模式来选择适合自己的网店经营平台。当然，并不是说只能选择一种经营模式，根据自身的推广需要，也可以选择多种经营方式。

比如，现在国内的很多服装品牌选择了企业自建电子商务平台以及与第三方电商平台相结合的方式来实现对消费者的销售。国内的运动服装行业由于最先受到库存的困扰，因此发展电商渠道时间较早，大部分企业采用"第三方平台＋自建官方商城"的复合模式，如安踏、特步、361 度等。自建商城的优势表现在平台能够和实体企业的经营方式结合起来，宣传力度大，商城相对独立。当然，经营者选择第三方电商平台的优势在于前期花费较少，平台流量有充分的保证，企业能够更专业地考虑经营问题。

二、开设网店所需要的基本物质条件

"工欲善其事，必先利其器"，网店经营需要一些基本的设备和软件，包括：

第一，联系方式，如手机、固定电话等，这是商家和消费者沟通的主要手段。

第二，资质材料，包括身份证、企业营业执照、食品流通许可证等一系列证件。这是进行网店注册或办理其他相关手续需要的资质材料。

第三，具备网银功能的银行卡。这包括个人银行卡、企业银行账户等，且必须到银行柜台办理网银功能。

第四，电脑。这是开设网店的必备硬件，配置无特殊要求，但需要具备上网的必备硬件配置。

第五，数码相机。主要用于拍摄商品，对数码相机一般要求像素高一些较好，因为有些商品对相片的要求较高。

第六，必备软件。包括阿里旺旺、QQ、微信等即时通信软件，还包括一些有利于经营者进行店铺管理的软件。

第七，资金。目前淘宝网、天猫、京东商城等平台均要求经营者交纳一定额度的保证金、技术服务费等。不同的商品类目对这部分费用要求不同，因此经营者必须根据经营平台以及商品类目来准备不同额度的资金。

三、进货渠道的选择

网店经营的商品一般可以分为虚拟商品和实体商品。不同性质的商品具有不同的进货渠道，因此我们必须首先了解网店经营常见的商品性质，再选择合理的进货渠道。

(一)商品的选择

虚拟商品是指完全依赖于网络空间而存在的一组存储于服务器上的电磁记录，能为人们提供一定特定使用价值的劳动产品。它是在交易过程中，不需要物流部门为其提供直接的流动服务，在使用时也不需要依赖于任何物质实体的虚拟化产品。虚拟商品主要分为游戏虚拟商品、网页虚拟商品和环境虚拟商品，其具有虚拟化、数字化、全球化、唯一性和个性化的特点。

游戏虚拟商品是指在网络游戏的虚拟环境中，用来交换并能满足人们某种心理需要（包括只会在特定环境中才会有需求）的劳动产品。例如游戏道具等。网页虚拟商品是指在虚拟的网页环境中用来交换并能满足人们某种心理需要（包括只会在特定环境中才会有需求）的劳动产品。环境虚拟商品是指在一个特定的虚拟环境中，用来交换并能满足人们某种心理需要（包括只会在特定环境中才会有需求）的劳动产品。其中，以游戏为主要运行载体的游戏虚拟商品在虚拟网络世界迅速扩张。人们在虚拟的环境中，通过虚拟的人物交流信息，在网上展开诸如商品交易、旅游探险、搭建城市、捕猎魔兽以及互相搏杀、制造战争等各种游戏活动。

1.虚拟商品的交易特点

(1)网络交易市场的形成时期较早，交易过程较为简便且不受空间限制；

(2)以游戏、装备、音乐、信息平台等虚拟产品为主要的交易对象；

(3)市场具有很强的特定性，客户群体容易定位；

(4)产品具有期限性，具有较强的售后服务；

(5)附加值相对较少，综合成品也相对较低，但是利润空间较大；

(6)不占用实体库存。

2.虚拟商品与实体商品的对比

实体商品在交易中具有较为大众化、需求量大、目标客户群体广泛、价格定位稳定等优点，但也存在卖家投资成本大、需要物流库存服务、投资风险较大等缺点。而虚拟商品则具有货源较为容易寻找、投资风险小、购买群体特定性较强等优点,但虚拟商品的价格弹性大,随意性强,具有一定的潜在交易价格风险。

3.商品的选择

从二者的对比来看,实体商品交易难度比虚拟商品交易难度大,比较适合店铺商品。但是,虚拟商品由于缺乏大众化,专业性较强,经营者对产品的性能难以完全掌握,加之多半虚拟商品都集中于游戏类产品,不适合大众人员开店选择。总体而言,是选择实体商品还是选择虚拟商品,经营者应该根据两者的优缺点,结合自己的实际运营情况慎重选择为好。

(二)进货渠道

进货渠道一般包括从厂家进货、从批发市场进货、网络代销等。

1.从厂家进货

从厂家进货的特点是产品成本较低、利润空间较大。但从厂家进货一般要求网店经营者的进货量较大且需要款到发货,对于经营者的资金占用较大,风险也较大。

2.从批发市场进货

批发市场对于网店经营者的进货量要求相对不高,进货时间也比较灵活,产品成本相对较低,但经营者需要花费大量精力进行选择。除了线下批发市场外,网络批发市场如阿里巴巴为网店经营者提供了方便快捷的批发商品选择。

3.网络代销

网络代销就是指某些提供网上批发服务的网站或者能提供批发货源的销售商与网店经营者达成协议,为其提供商品图片等数据,而不是实物,并以代销价格提供给网店经营者销售,在商品出售后,代销商从中赚取其中的差额。网络代销具有较多优点:

(1)网店代销人不需要囤货,因此可以不承担进货风险,零成本,零库存。网店代销人无须花费精力进行商品拍照等工作。

(2)代发货。网店代销售出商品后,联系批发网站,由批发网站代其发货,免去了物流服务的烦琐工作。

(3)一件起批。一般在批发网站进货,必须达到一定数量才可以享受批发价,而网店代销单件也是批发价。

(4)单笔交易支付,货到付款。一般情况下,网店代销不用提前付款给批发网站,而是售出商品后,通知批发网站发货,使用支付宝等方式交易付款。

当然,网络代销也存在一些缺点,如利润不高、无法控制产品质量及产品图片的质量等。但对于新手来说,网络代销可以避开较大的经营风险,资金成本很小。

(三)利用网络平台寻找供应商

目前,淘宝网等C2C网站均提供了网络代销平台,除了一些小卖家,还有很多大型批发商,网店经营者可以从卖家后台的货源中心寻找供应商。淘宝网的货源中心提供了阿里进货管理、品牌货源、批发进货、分销管理、淘工厂等货源渠道,网店经营者可在这个货源渠道里选择合适的供应商(如图1-2)。

图 1-2 卖家中心的货源中心

任务实施

实训任务

（一）实体商品与虚拟商品

教师将学生分成几个小组，由各组利用网络搜索工具了解虚拟商品与实体商品的区别，并列举虚拟商品各个类别的代表产品以及虚拟商品的市场发展情况，由各小组进行汇报。

（二）货源信息搜索分享

每位同学利用网络寻找货源，并列出具体产品的价格、进货量等一系列信息并进行汇报。

任务评价

任务编号	任务 1-1
任务名称	开店前期筹备
任务完成方式	小组协同完成
任务评价内容	分值
实体商品与虚拟商品	50
货源信息搜索分享	50
成绩评定	小组自我评价　20%
	教师评价　80%

任务二　网店定位

任务导入

小林了解完开店平台后,准备自己创业开设一家服装网店,他花了很长时间在阿里巴巴等网站收集服装信息,包括童装、女装、男装等,产品的款式特别多。小林一时不清楚到底该选择哪类服装,也不清楚消费者到底喜欢哪些款式的服装。

任务分析

根据任务导入中的情景进行分析,网店创业需要有明确的网店定位,即目标消费者的需求特点,从而能够根据其需求特点进行品牌宣传、产品开发等一系列营销策略。进行科学的网店定位需要理解以下两个问题:一是了解定位理论,二是影响网店定位的因素有哪些。

知识学习

一、定位理论

定位理论最初是由美国著名营销专家艾·里斯与杰克·特劳特于20世纪70年代提出的,从而开创了一种新的营销思维和理念。特劳特认为,"定位是你对未来的潜在顾客的心智所下的功夫,也就是把产品定位在你未来潜在顾客的心中"。

营销定位是指在消费者心目中确定企业或产品与众不同的位置,给消费者留下不可磨灭的独特印象。营销往往不是产品之争,而是一种观念之争,如提到饮料,消费者就会联想到可口可乐;提到快餐、汉堡包,就想到麦当劳、肯德基;提到白酒就想到茅台。营销定位要坚持以下三个基本原则:

第一,可进入性原则。这是指在市场营销策划中所确定的营销定位,是企业能够达到的。

第二,现实性原则。这是指作为营销定位的细分市场必须是现实的、可操作的。

第三,价值性原则。这是指作为营销定位的目标市场必须有可供开发的价值,尤其是经济价值。

定位是给产品潜在顾客的脑海里确定一个合理的位置。定位的基本原则不是去创造某种新奇的或与众不同的东西,而是去操纵人们心中原本的想法,去打开联想之结。定位的真谛就是"攻心为上",消费者的心灵才是营销的终极战场。基于此,定位理论认为企业只有根据对细分市场的消费者、竞争者以及企业自身进行全面的扫描分析,然后才能基于此展开全面的营销策划。

二、影响网店定位的因素

(一)消费者需求

消费者需求是指消费者对有能力购买的某个具体产品产生的欲望。消费者需求往往具有多样性、差异性、发展性、层次性、可诱导性、关联性等特点。消费者需求的特点决定了企业经营定位。随着网络的普及化,网络购物消费者的数量与结构也发生了较大的变化,据 CNNIC(China Internet Network Information Center)统计,截至 2017 年我国网络购物消费者在整体网民中的占比已超过 69.1%,数量达到 5.06 亿人。在细分的网络购物消费者中,"90 后"、老年人、女性已成为消费的新动力,未来网购企业应提供更精准的服务,来满足不同消费群体的需求(如图 1-3)。受网络购物消费者的偏好以及互联网技术的进步和发展的影响,网络购物行业在渠道、购物方式等方面呈现更多的新特征。比如,网络购物消费者逐步转向多元化的网络购物形式,包括微商城平台、闪购平台等。

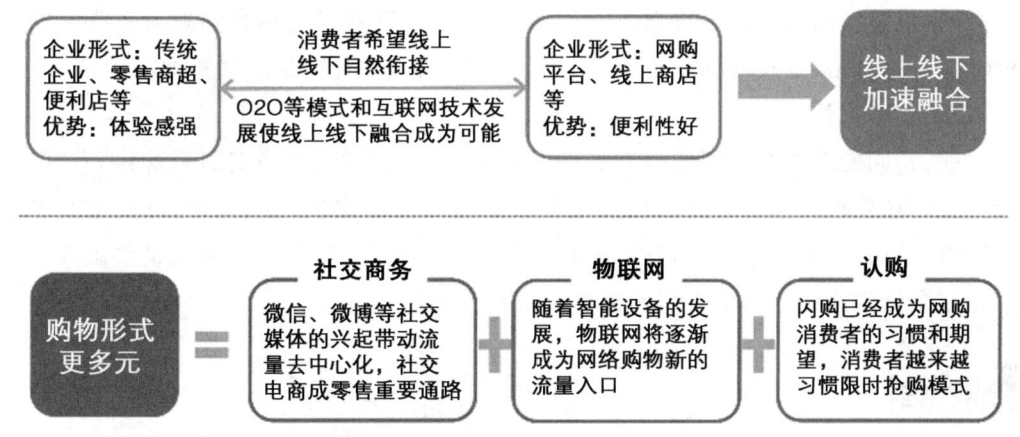

图 1-3　网络购物者的购物发展趋势

因此,网店经营者首先要考虑的是准备把产品卖给谁。消费群体的职业、年龄、消费水平、消费习惯、文化水平等特征直接影响网店的定位。比如,学生群体的消费水平属于中下水平,对于 IT 设备、通信设备、饰品、游戏充值类产品的需求较大;而家庭主妇消费者则对服装、家居用品、母婴用品等需求较大,而且对价格敏感性相对较高。因此,网店经营者必须认真分析目标消费者的消费特征,可以按照年龄、收入水平、职业、地理位置等维度进行细分,从而进行准确的网店定位。

(二)竞争者

竞争者是网店定位的影响因素之一。每个细分市场都有众多的竞争者,他们所占的市场份额、产品策略、价格策略、品牌策略等都各自不同。网店经营者必须认真分析竞争者,找出市场空隙,从而以差异化的经营策略来获得竞争优势。经营者可以通过多个渠道收集竞争情报,包括具体的产品类目、价格区间、促销方案、品牌传播方案等一系列情报。之后,可以采用一系列分析模型来研究竞争者的策略,得出竞争者的合理以及不合理的策略,继而尝试发现市场空隙并认真思考应对措施。

(三)经营者自身

经营者自身的优劣势也是网店定位的重要因素。经营者要认真进行自我剖析,从资金、生产、研发、人力资源、采购等方面逐一分析,找出自己的优点与不足之处,扬长避短。比如有的个体网店经营者对电子设备较为熟悉,包括电子设备的进货渠道、成本、消费习惯等,那么经营者选择针对学生群体的电子产品销售则具有优势,经营的成功概率更高。

三、如何进行网店定位

(一)选择目标消费者

确定了目标消费者,就可以充分研究消费者的消费特征,可以从性别、年龄、收入水平、文化水平、地域特点、职业等维度进行细分,从而为制定有针对性的营销策略提供详细的资料。

(二)确定产品

根据消费者的消费需求特点,选择合适的产品。经营者应结合消费者对产品需求的维度,包括价格、款式、品牌、色彩等,经过认真分析,结合自身的优势确定产品。

(三)价格定位

一个相同的东西在不同的地方可以卖出不一样的价格,当确定消费群体和产品类目后,我们还要根据消费者需求特点来细致地进行产品定价。以童装为例,童装有很多款式以及面料,其价格不尽相同,经营者应该认真思考:我们经营童装是要走高端路线,还是中低端路线呢?消费群的价格接受范围如何?

任务实施

实战任务

每个学习小组根据小组讨论的结果,对本小组拟开设的网店进行开设前期的准确定位并写出定位方案。

任务评价

任务编号	任务1-2	
任务名称	网店定位任务	
任务完成方式	小组协同完成	
任务评价内容		分值
小组网店定位文案	产品定位是否合理	30
	客户定位是否准确	30
	价格定位是否合理	40
成绩评定	小组自我评价	20%
	教师评价	80%

任务三　网店创业计划

任务导入

小林是某高校电子商务专业的学生,具有较强的创业意识,他曾经向学长们请教网店创业需要注意哪些环节。小林得到的反馈意见很多,包括产品成本控制、市场规模、盈利模式等,这时候,小林才意识到网店创业需要注意很多事项,并不是自己想象中那么简单。网店创业需要系统性思考很多问题,做好充分的创业计划,才能提高创业的成功概率。

任务分析

根据任务导入中的情景进行分析,网店创业需要制订一份完整的创业计划书。因此必须解决两个问题:一是利用网络搜索引擎查找并整理材料,二是根据创业计划书的基本框架撰写创业计划书。

一、利用网络搜索引擎查找材料

网络搜索引擎极大地方便了经营者快速准确地收集市场信息、产品信息、消费者信息等一系列重要信息。常见的搜索引擎包括百度、谷歌、必应等。我们在开店之前需要利用这些工具收集整理资料,为撰写网店创业计划书奠定基础。

二、撰写网店创业计划书

经营者应制订网店创业计划的框架,它包括项目概述、盈利模式、销售策略、产品策略、风险控制等一系列内容。通过对资料的整理加工以及深度思考后,撰写网店创业计划书,可以提高网店创业的系统性。

知识学习

一、利用搜索引擎查找资料

搜索引擎(search engine)是指按照一定的策略,运用特定的计算机程序从互联网上搜集信息,在对信息进行组织和处理后,为用户提供检索服务。通过检索服务,搜索引擎将相关的信息展示给用户系统。搜索引擎主要包括图片搜索引擎、全文搜索引擎、目录搜索引擎、垂直搜索引擎等。常见的搜索引擎有百度、谷歌、雅虎、必应、搜狗等(如图1-4)。

图 1-4　常见的搜索引擎

(一)图片搜索引擎

图片搜索引擎是全新的搜索引擎,目前国内有安图搜、百度图片等。这种搜索引擎是基于图像形式特征来抽取的:用户只需将要查找的图像大致特征描述出来,就可以找出与之相近特征的图像,这是一种基于图像特征层次的机械匹配,特别适用于检索目标明确的查询要求。

(二)全文搜索引擎

全文搜索引擎是目前广泛应用的主流搜索引擎。它的工作原理是计算机索引程序通过扫描文章中的每一个词,对每一个词建立一个索引,指明该词在文章中出现的次数和位置,当用户查询时,检索程序就根据事先建立的索引进行查找,并将查找的结果反馈给用户。这个过程类似于通过字典中的检索字表查字的过程。最常用的全文搜索引擎有百度、谷歌(Google)等。

(三)目录搜索引擎

目录搜索引擎是以人工方式或半自动方式搜集信息,由编辑员查看信息之后,人工形成信息摘要,并将信息置于事先确定的分类框架中。这些信息大多面向网站,提供目录浏览服务和直接检索服务。该类搜索引擎因加入了人工智能,所以信息准确,导航质量高;缺点是需要人工介入,维护量大,信息量少,信息更新不及时。这类搜索引擎的代表是 Yahoo、搜狐等。

(四)垂直搜索引擎

垂直搜索引擎是针对某一个行业的专业搜索引擎,是搜索引擎的细分和延伸,是对网页库中某类专门的信息进行一次整合,定向分字段抽取出需要的数据进行处理后再以某种形式返回给用户。垂直搜索是针对通用搜索引擎信息量大、查询不准确、深度不够等而推出来的新的搜索引擎服务模式,通过针对某一特定领域、某一特定人群或某一特定需求提供有一定价值的信息和相关服务。其特点就是"专、精、深",且具有行业色彩,相比较通用搜索引擎的海量信息无序化,垂直搜索引擎则显得更加专注、具体和深入。

二、网店创业计划书

经营者通过各类搜索引擎收集整理相关信息并进行分析后,逐步构思网店经营计划,而创业计划书则有利于经营者厘清创业思路,针对每个经营模块进行认真思考并提出相应的策略,减少经营风险。此外,风险投资或者私募机构对项目进行投资时,往往首先根据创业计划书进行项目筛选,因此创业计划书对于项目融资具有关键性的作用。一份完整的创业计划书的基本框架通常包括项目概述、企业介绍、行业分析、产品和服务介绍、团队及组织架构、财务规划、风险与应对策略等七个部分。

(一)项目概述

项目概述是创业计划书的精华部分。它需要概述整个项目的商业模式及未来发展情况,包括项目提供的产品或者服务、目标市场概况、发展战略、生产及营销等策略、财务计划等。项目概述要尽量简明、生动,特别要说明自身企业的不同之处以及企业获取成功的市场因素等。

(二)企业介绍

这部分重点描绘公司的经营理念和中长期战略目标。

(三)行业分析

这部分重点描绘项目所面对的细分市场的发展态势、市场规模预测、竞争结构、行业发展影响因素、行业成功发展要素、进入行业的壁垒、目标消费者特征、行业需求痛点挖掘等内容。

(四)产品和服务介绍

产品和服务就是项目的商业模式。换言之,公司将靠什么去赚钱。这部分包括以下内容:产品的概念、性能及特性,主要产品的介绍,产品的市场竞争力,产品的研究和开发过程,还包含渠道发展策略、定价策略、营销策略等竞争手段。这部分应该清晰地描绘出企业是通过何种差异化或富有竞争力的手段来进行盈利的。

(五)团队及组织架构

创业计划书中,必须对主要管理人员加以介绍,介绍他们所具有的能力,他们在本企业中的职务和责任,他们过去的详细经历及背景。此外,还应对公司结构做一简要介绍,包括公司的组织机构、各部门的功能与责任、各部门的负责人及主要成员等内容。

(六)财务规划

这部分应该对项目的财务数据进行预测,也包括融资需求。一般来讲侧重于现金流量表、资产负债表以及损益表。流动资金是企业的生命线,因此企业在初创或扩张时,需要预先对流动资金有周详的计划并在进行过程中加以严格控制;损益表反映的是企业的盈利状况,它是企业在运作一段时间后的经营结果;资产负债表则反映某一时间段的企业状况,投资者可以用资产负债表中的数据所得到的比率指标来衡量企业的经营状况以及可能的投资回报率。

(七)风险与应对策略

这部分主要对项目运营中存在的风险进行概括,包括市场风险、技术风险、产品风险等方面。经营者必须能够提前预判项目经营存在的主要风险,并提出相应的应对措施。

任务实施

一、实训任务

教师将学生分成几个小组,要求各组利用百度搜索网店经营市场的基本信息,了解细分市场的发展趋势、消费者购买习惯等一系列信息并进行小组汇报。

二、实战任务

教师要求每个小组利用4周时间,根据小组的讨论结果,选定一个细分市场,分工合作撰写一份完整的网店创业计划书,小组后期将根据该网店创业计划书进行实际运营。

任务评价

任务编号	任务1-3
任务名称	网店创业计划
任务完成方式	小组协同完成
任务评价内容	分值
网店经营市场信息总结汇报	30
网店创业计划书	70
成绩评定	小组自我评价 20% 其他小组评价 20% 教师评价 60%

任务四 网店注册

任务导入

小林已经做好开设网店的准备,他平时只会在淘宝上进行购物,听同学说网店注册需要很多材料,由于自己不清楚如何顺利地进行网店注册,因此他想求助其他同学帮忙注册网店。

任务分析

根据任务导入中的情景进行分析,在淘宝(天猫)网上进行网店注册需要分几个步骤,包括注册淘宝账号、支付宝认证、店铺开设等。

知识学习

一、会员注册

目前有较多支持网店开设的平台,针对网店运营服务的主流平台需求和高职学生的特点,接下来主要以淘宝(天猫)网的店铺运营来加以说明,其他平台也可以借鉴使用。下面以淘宝网和天猫网平台开设网店为例,介绍网店的注册。

首先打开淘宝网主页,点击左上角的"免费注册"板块,即可进入会员注册界面。点击同意协议后,即可按照提示进行会员注册(如图1-5)。

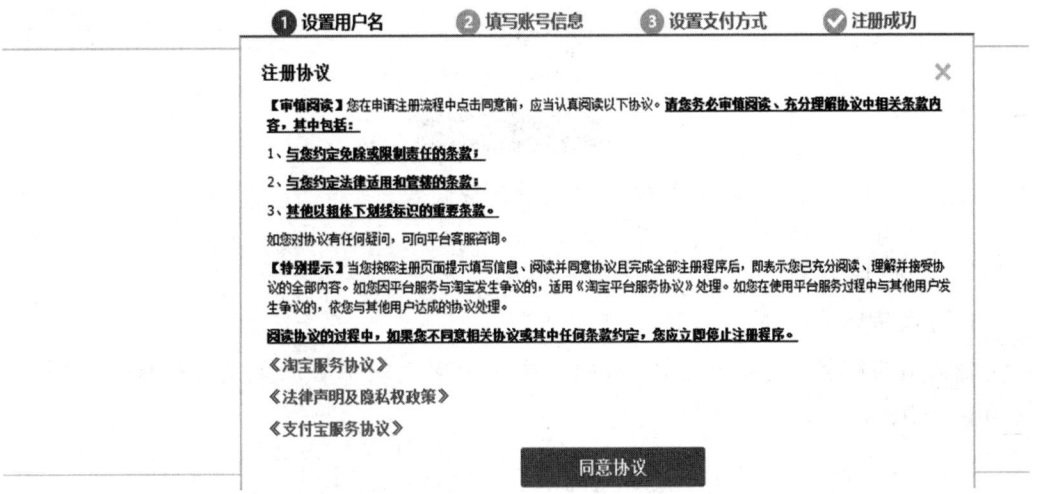

图1-5 会员注册界面

输入手机号码及验证码后,选择手机号码或电子邮箱进行注册(如图1-6)。

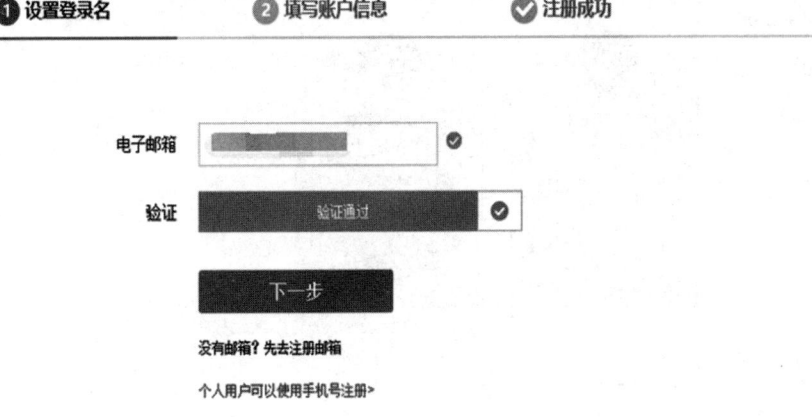

图1-6 注册页面

设置好登录名、会员名和登录密码,注意密码不宜过于简单(如图1-7)。

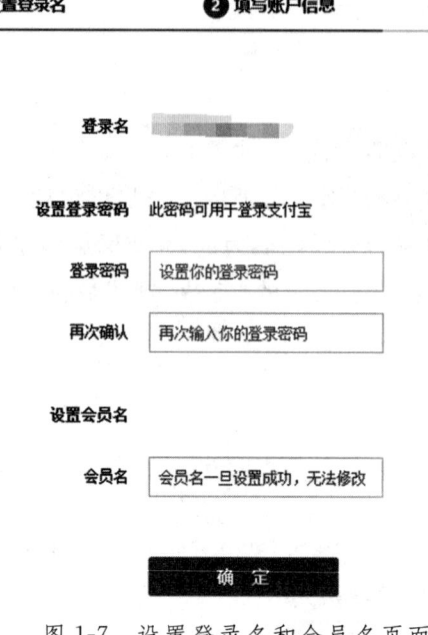

图1-7　设置登录名和会员名页面

二、店铺开设

(一)淘宝网店注册

输入淘宝账号和密码登录淘宝网,点击左上角卖家中心的免费开店板块,选择个人开店,如图1-8所示。

图1-8　店铺注册界面

开店需要进行实名验证,准备好身份证,填写完整的身份信息,如图1-9所示。

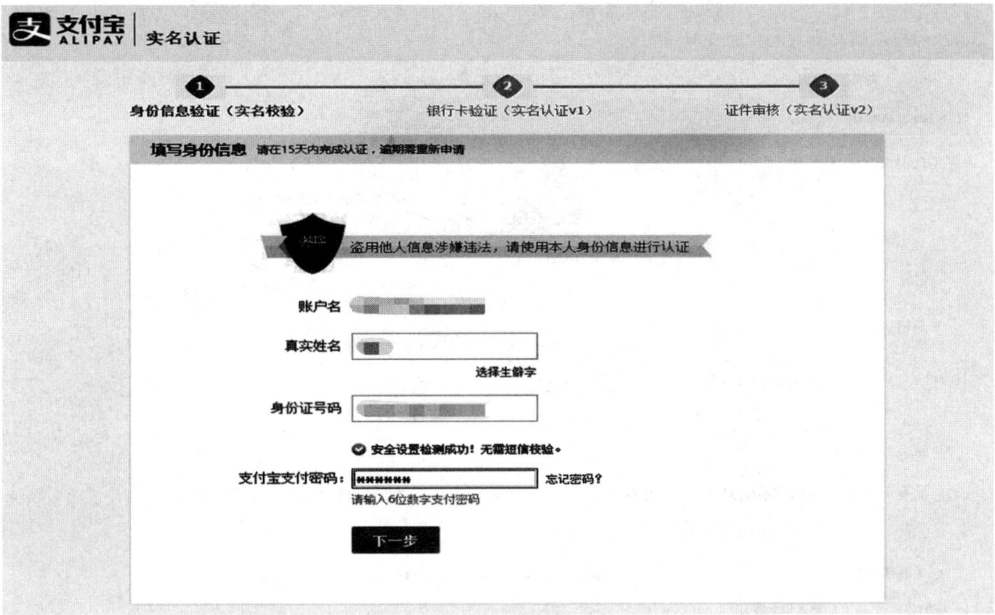

图1-9 实名校验界面

之后,进行银行卡信息绑定,以便进行店铺财务管理,如图1-10所示。

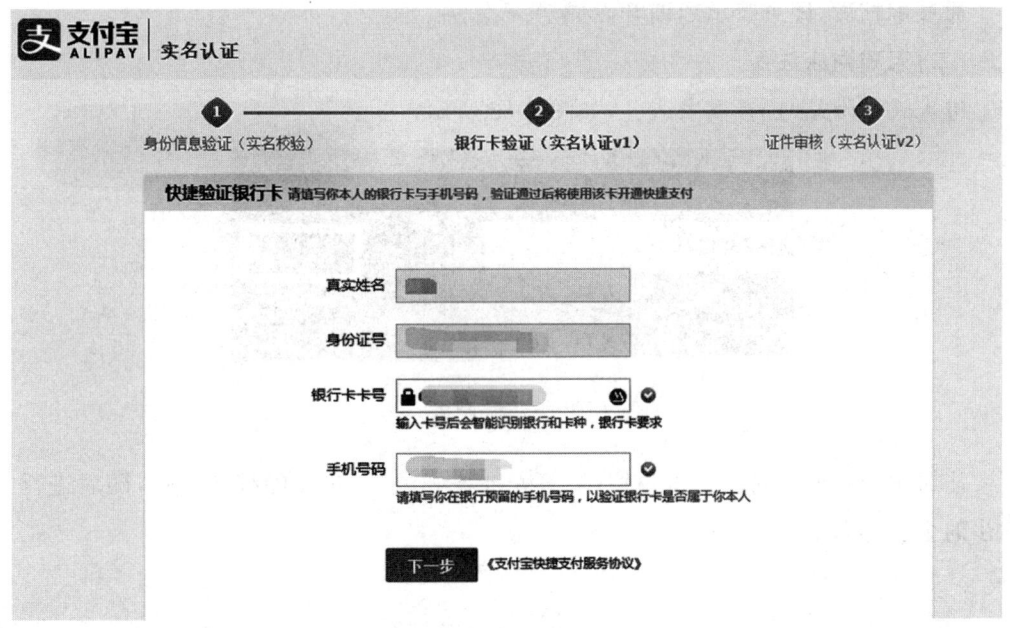

图1-10 银行卡信息绑定

通过支付宝实名认证后,可以进行淘宝开店认证,根据提示上传身份证正反面照片以及经营者手持身份证照片,如图1-11所示。

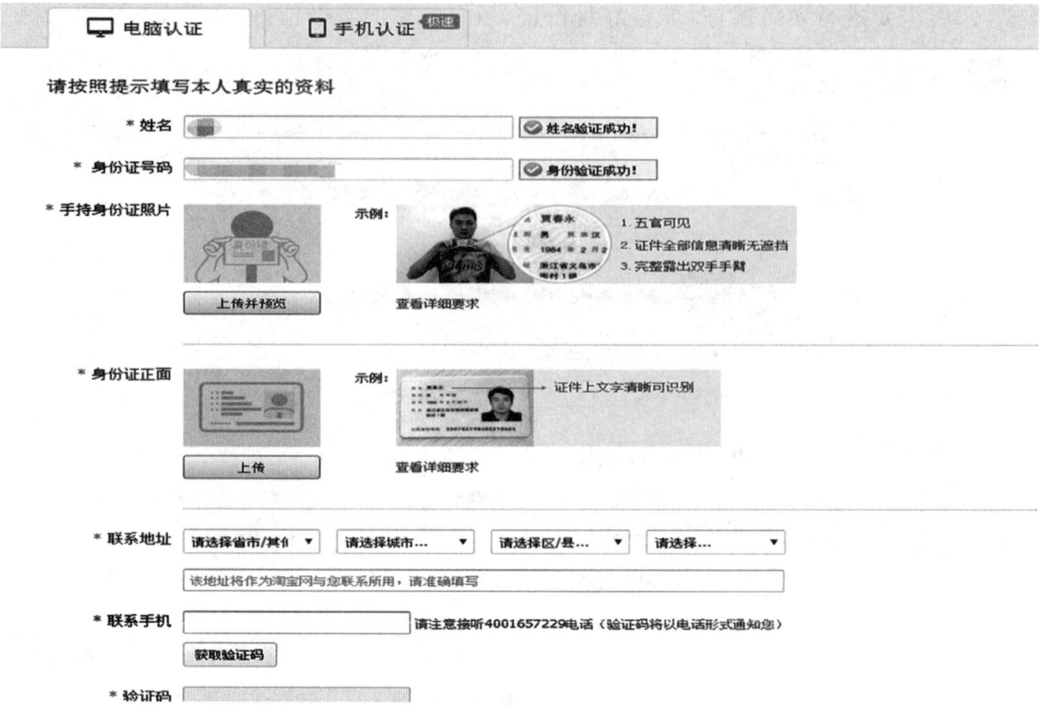

图 1-11　淘宝开店认证界面

通过审核后,即可表示店铺开设成功。

(二)天猫网店注册

进入天猫网站,选择商家入驻,如图 1-12 所示。

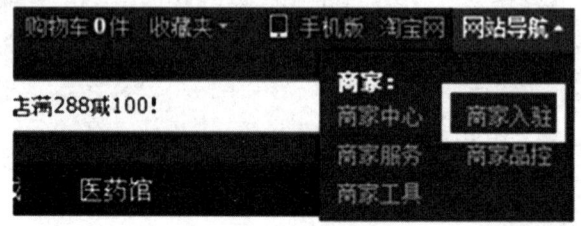

图 1-12　天猫商家入驻

注册一个企业支付宝账号,材料要事先准备好,下一步才能继续操作,随后进行第三步的企业实名认证,如图 1-13 所示。

图 1-13　注册企业账号

确定好天猫店的定位是旗舰店、专卖店还是专营店，如图 1-14 所示。确定店铺类型时需要确定是否符合资质要求，如图 1-15、图 1-16、图 1-17 所示。

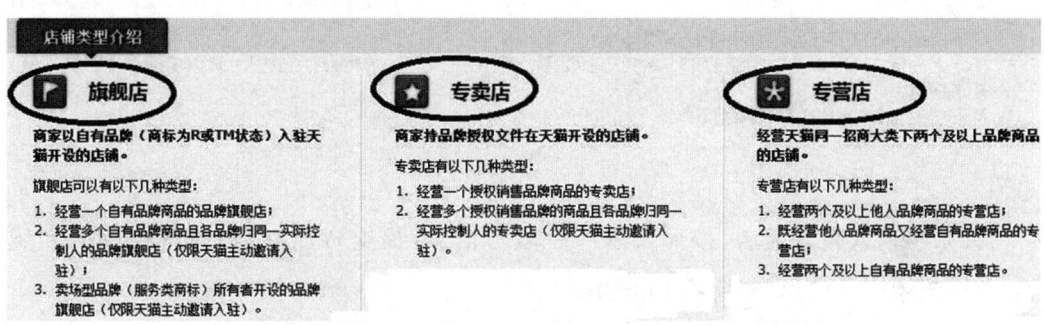

图 1-14　确定天猫店铺定位

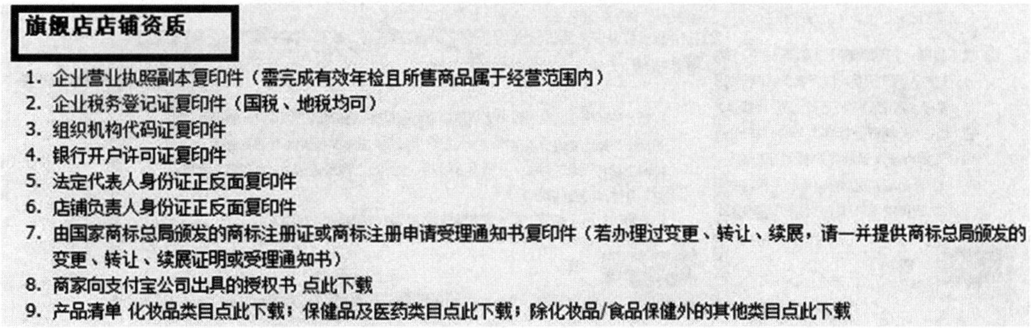

旗舰店店铺资质
1. 企业营业执照副本复印件（需完成有效年检且所售商品属于经营范围内）
2. 企业税务登记证复印件（国税、地税均可）
3. 组织机构代码证复印件
4. 银行开户许可证复印件
5. 法定代表人身份证正反面复印件
6. 店铺负责人身份证正反面复印件
7. 由国家商标总局颁发的商标注册证或商标注册申请受理通知书复印件（若办理过变更、转让、续展，请一并提供商标总局颁发的变更、转让、续展证明或受理通知书）
8. 商家向支付宝公司出具的授权书 点此下载
9. 产品清单 化妆品类目点此下载；保健品及医药类目点此下载；除化妆品/食品保健外的其他类目点此下载

图 1-15　旗舰店店铺需具备的资质

专卖店店铺资质
1. 企业营业执照副本复印件（需完成有效年检且所售商品属于经营范围内）
2. 企业税务登记证复印件（国税、地税均可）
3. 组织机构代码证复印件
4. 由国家商标总局颁发的商标注册证或商标注册申请受理通知书复印件（若办理过变更、转让、续展，请一并提供商标总局颁发的变更、转让、续展证明或受理通知书）
5. 银行开户许可证复印件
6. 法定代表人身份证正反面复印件
7. 店铺负责人身份证正反面复印件
8. 商标权人出具的授权书（若商标权人为自然人，则需同时提供其亲笔签名的身份证复印件）
9. 商家向支付宝公司出具的授权书 点此下载
10. 产品清单 化妆品类目点此下载；保健品及医药类目点此下载；除化妆品/食品保健外的其他类目点此下载

图 1-16 专卖店店铺需具备的资质

专营店店铺资质
1. 企业营业执照副本复印件（需完成有效年检且所售商品属于经营范围内）
2. 企业税务登记证复印件（国税、地税均可）
3. 组织机构代码证复印件
4. 银行开户许可证复印件
5. 法定代表人身份证正反面复印件
6. 店铺负责人身份证正反面复印件
7. 自有品牌：商标注册证或商标注册申请受理通知书复印件
   代理品牌：
   （1）商标注册证或商标注册申请受理通知书复印件
   （2）上一级的正规品牌授权文件或正规采购合同及进货发票，若上一级的授权方或供货商为自然人，则需同时提供其亲笔签名的身份证复印件
8. 商家向支付宝公司出具的授权书 点此下载

图 1-17 专营店店铺需具备的资质

开始申请入驻天猫店，按照要求一一填写信息，提交资质材料；选择店铺名和域名，在线签署服务协议，如图 1-18 所示。

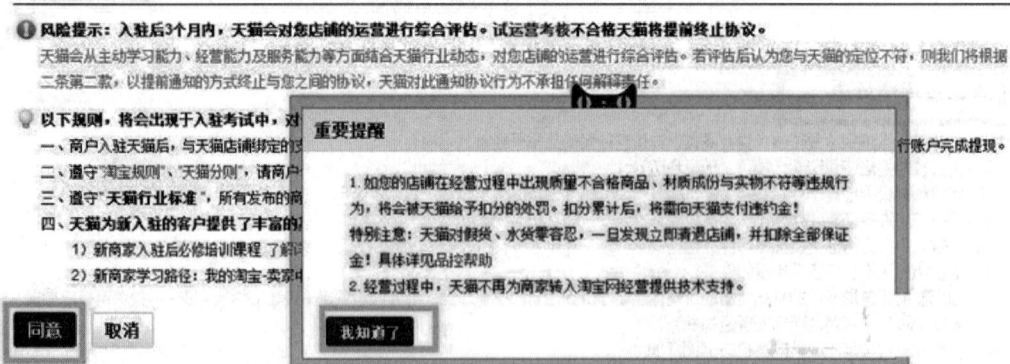

图 1-18 签署天猫服务协议

等待审核。天猫 7 个工作日内给出审核结果。审核通过后还需要办理后续手续：(1)签署支付宝代扣协议，考试，补全商家档案；(2)冻结保证金，缴纳技术服务年费。

任务实施

一、实训任务

（一）添加模拟应用

登录 i 博导 http://www.ibodao.com 网站，输入账号密码，进入个人界面，点击"个人中心"→"我的应用"，添加电子商务网店运营平台，如图 1-19 所示。

图 1-19　添加模拟应用

（二）模拟开店

1.电商平台出口；

2.我的店铺；

3.全屏查看。

具体如图 1-20，图 1-21 所示。

图 1-20　平台介绍

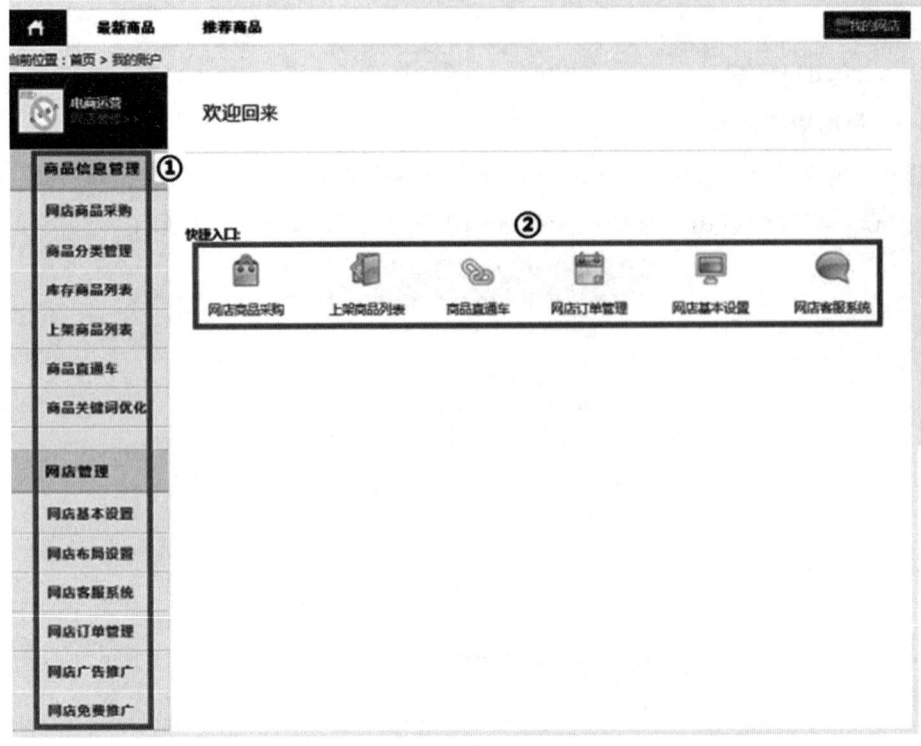

图 1-21　模拟开店

(三)网店商品采购

行业背景→找卖家→引卖家→与卖家洽谈→达成交易→商品单价→网店进货→下载货品信息。

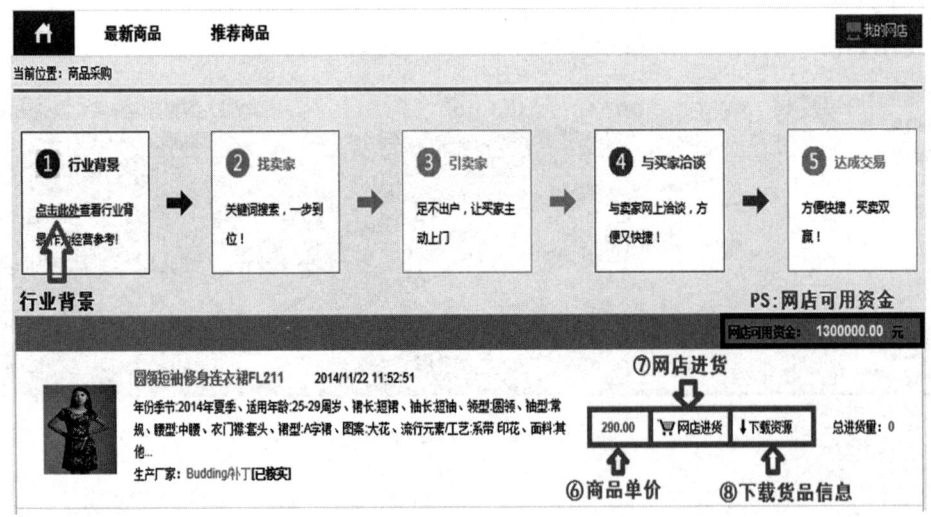

图 1-22　商品采购流程

(注:实训任务源自 i 博导平台:http://www.ibodao.com/User/Appliance/ls/id/12.html。)

二、实战任务

教师要求同学以小组为单位,根据之前的网店创业计划书,注册开通一家网店并汇报注册过程。

任务评价

任务编号	任务1-4	
任务名称	网店注册	
任务完成方式	小组协同完成	
任务评价内容		分值
模拟开店实训		40
网店真实注册开通		60
成绩评定		教师评价 100%

【学习巩固】

一、单项选择题

1.下面论述正确的是(　　)。

A.企业在第三方平台网站上开设网店的费用比自建网上商店高

B.自建网上商店在建成后必须开展宣传、推广,产生一定的流量,吸引客户光顾,才能进行正常的经营

C.第三方平台的电子商务由参与交易的一方提供,一般是产品服务的销售方

D.第三方平台的电子商务一般适合于大型企业

2.下面关于第三方C2C电子商务平台的说法,错误的是(　　)。

A.第三方C2C电子商务平台聚集了众多的买家和卖家,他们通过互联网可以完成整个交易过程

B.在第三方C2C电子商务平台开设网店投资少、回收快

C.第三方C2C电子商务平台主要面向个人,侧重于零售业务

D.第三方C2C电子商务平台相当于传统贸易中的交易市场,比如说广交会、中博会

3.下列哪一类商品不适合在网上开店销售?(　　)

A.图书　　　　　B.童装　　　　　C.古董　　　　　D.水果

4.下面叙述错误的是(　　)。

A.一般网上商店销售的商品比起实体商店有价格优势

B.第三方C2C电子商务平台是一种个人对个人的网上交易行为

C.第三方电子商务平台不是由交易双方建立的

D.第三方 B2B 电子商务平台可以完全杜绝网络欺诈

5.小张是电商专业临近毕业的学生,想在网上售卖高跟鞋,选择哪个开店平台比较适合?( )

A.京东　　　　B.天猫　　　　C.淘宝　　　　D.阿里巴巴

6.老何的包装厂新进了一批设备,想通过网上渠道接到更多的月饼包装盒订单,比较适合在哪个平台开店?( )

A.京东　　　　B.天猫　　　　C.淘宝　　　　D.阿里巴巴

7.下面哪一个属于 B2B 网店平台?( )

A.淘宝网　　　B.天猫网　　　C.慧聪网　　　D.京东商城

8.下面哪一个属于 B2C 网店平台?( )

A.淘宝网　　　B.阿里巴巴　　C.慧聪网　　　D.京东商城

二、多项选择题

1.网上开店选择什么平台主要取决于以下因素:( )。

A.经营主体　　B.网店目标　　C.资金　　　　D.经营模式

2.以下说法哪些是正确的?( )

A.一个身份证能创建多个淘宝网店

B.阿里巴巴工作人员不可以创建淘宝店铺

C.同账户创建天猫店铺,无法再创建淘宝店铺

D.同账户创建天猫店铺,可以再创建淘宝店铺

3.在网上开店,销售的商品应该满足以下条件:( )。

A.价值高昂,不便运输

B.出售的商品体积小,运费便宜

C.出售的商品具有独特性和时尚性,能吸引买家

D.不需要预先确定目标客户

三、技能训练题

1.自家种的香蕉是否适合淘宝个人卖家销售?原因是什么?

2.韩国最新上市的且中国没有发售的新款护肤是否适合淘宝个人卖家销售?原因是什么?

3.对比线上货源和线下货源的优劣势。

4.分析网店产品的定价策略。

◆ 情境二 ◆
网店装修

【学习情境导入】

如何内外兼修地装修店铺

小林经营了一家服装实体店,前几年生意还不错,但近几年,由于电子商务的迅速发展,消费者已经形成了网上购物的习惯,这对其服装店造成巨大的冲击。加上经营实体店还有房租、水电费等一系列的支出,让小林的实体店越来越难经营,于是小林决定在网上开店。网上开店首先需要进行网店装修。

由于店铺经营的都是服装类产品,只有装修上去了才能衬托出产品的档次,让顾客觉得物有所值,所以,针对网店装修,小林通过书本学习、参加培训班等形成了自己独特的一套装修方法。

【学习情境分析】

网店装修是网上开店过程中的一个至关重要的环节。网店装修可以美化店铺,使店铺获得更多的视觉销售力,从而创造出超过网店装修费用几十倍的收益。网店装修给网店带来的不仅仅是美观,更多的是创造出一个精美的店铺形象,给顾客一种强烈的吸引力,刺激其购买欲望,从而提升销售业绩。小林通过分析,认为以下几部分是网店装修的主要工作。

1.网店页面布局设计;
2.网店店招设计与制作;
3.网店公告设计与制作;
4.网店促销区设计与制作。

【学习情境目标】

岗位细分	工作任务	技能目标	知识目标
网店设计与美工岗	任务一 网店页面布局设计	1.进行页面布局设计与管理 2.对网店页面进行美化	1.了解网店页面布局原则 2.熟悉网店页面布局的基本元素 3.掌握网店页面内容排版

续表

岗位细分	工作任务	技能目标	知识目标
网店设计与美工岗	任务二 网店店招设计与制作	1.根据网店定位确定店招的风格 2.根据需要制作网店的店招	1.了解店招的作用 2.熟悉店招的规格 3.掌握店招的种类
	任务三 网店公告设计与制作	1.撰写网店公告 2.制作精美的图片公告 3.在店铺中应用图片公告	1.了解制作公告区时的注意事项 2.熟悉网店公告的种类 3.掌握淘宝公告的制作方法
	任务四 网店促销区设计与制作	1.在网上收集促销广告设计素材 2.进行网店促销区方案的策划 3.根据网店活动目标制作网店的促销区	1.了解网店促销区的构成元素 2.熟悉促销区的设计流程 3.掌握促销区的制作方法

任务一　网店页面布局设计

任务导入

网店运营一段时间后，小林通过店铺后台数据分析发现，顾客停留在店铺的时间很短，基本上是打开店铺便关闭。小林很纳闷，便邀请电子商务的同学来检查店铺存在的问题，最终发现店铺页面过于粗糙，不能吸引顾客继续停留查看的欲望。小林决定重新对网店页面进行布局设计与美化。

任务分析

根据任务导入中的情景进行分析，在网店页面布局设计中需要理解两个问题：(1)店铺首页布局的内容；(2)布局一个吸引人的店铺首页。

一、店铺首页布局的内容

要对店铺首页进行布局，就应掌握首页布局的内容。一个正常营业的网店，其店铺首页主要由店招、导航条、海报、产品分类、客服旺旺、产品展示、店铺页尾、店铺背景等部分组成。

二、布局一个吸引人的店铺首页

店铺首页很重要，一个合理的装修风格和布局能够给买家很好的购物体验，在视觉和操作上都能够给买家留下良好的印象。网店页面设计要讲究编排和布局,遵循一定的原则。

> **知识学习**

一、店铺首页布局的内容

(一)店铺首页布局的内容解析

1. 店招

店招是店铺的招牌和脸面,通过它说明网店的经营内容以及亮点。店招一般包括店铺名称、店铺 Logo 等;内容丰富的店招也可以展示 1~2 款主推产品、优惠券、店铺收藏等。

2. 导航条

导航条的主要功能是可以快速链接到指定的页面,让买家更方便地找到所需要的内容,提高购物的目的性,促进交易。其中一部分内容为商品分类、首页等;另一部分内容包括会员服务、购物须知、店铺品牌故事等。

3. 海报

海报主要用于店铺重大公告、折扣优惠、主打产品推荐,让客户一进入首页就能看到店铺的重点。一般来说,全屏海报尺寸为 1920×600 像素。

4. 产品促销轮播海报

轮播海报的内容主要用于推广产品的促销内容。轮播海报的尺寸通常为 950×500 像素(建议高度在 400~500 像素比较好)。

5. 宝贝分类或优惠券

宝贝分类是每个网店都有的模块,可按产品的功能或属性分类。该模块的尺寸可根据店铺规划的大小来确定。应尽量使用人性化的分类方法,以节约买家搜索商品的时间。优惠券是网店的推广服务,可以通过平面图片的设计将优惠券展示在店铺首页,让买家一目了然。

6. 客服

应将客服的在线时间、联系方式设计在首页上,以方便买家联系卖家。对于旺铺而言,客服最好放在促销模板的右下角。

7. 产品自定义主图展示

产品自定义主图展示是指通过平面图片展示产品,这样更能突出产品的性价比,极大地提高产品的视觉展示效果。本模块可根据店铺规划来定义。

8. 网店尾页

尾页和首页是相互呼应的,要让网店页面更加完整,尾页的设计要和网店的整体风格一致。尾页展示的内容主要包括包装、快递、售后服务、消费者保障信息等,要注意根据页面布局把握好尺寸大小。

9.店铺背景

一个店铺风格的确立,店铺背景在其中有重要的作用。店铺背景设计的主要内容是店铺的背景图片,店铺的二维码或店铺的折扣信息都可以加到店铺背景上。

(二)首页布局包含的模块

在专业版旺铺的装修中,主要有图 2-1 所示的各种模块。在进行首页装修时,需要使用相应的模块来完成。

1.店招

使用"店铺招牌"模块来完成。

2.导航条

默认提供高度 30 像素的导航条。如果想设计得更加精美,可将其与店招设计放在一起,设计的空间会更大一些。

3.海报

使用"自定义区"模块来完成。

4.产品促销轮播海报

使用"图片轮播"模块来完成。

5.宝贝分类和优惠券

宝贝分类可以使用"默认分类"模块来完成。如果要追求更加精美的效果,则需要使用"自定义区"模块。优惠券使用"自定义区"模块来完成。

6.客服

使用"客服中心"模块来完成。

7.产品自定义主图展示

默认的主图展示可通过"宝贝推荐"模块来完成,但自定义的主图展示则需要使用"自定义区"模块来完成。

8.店铺背景

需要在"页面"模块中设计。

图 2-1 专业旺铺模块

二、网店页面布局的原则

网店页面在设计上与报纸等有许多共同之处,也要遵循一些设计的基本原则。熟悉一些设计原则,再考虑一下页面的特殊性,便不难设计出美观大方的页面来。网店页面设计有以下原则,熟悉这些原则将对页面的设计有所帮助。

(一)主次分明,中心突出

在一个页面上,必须考虑视觉中心,这个中心一般在屏幕的中央,或者在中间偏上的部位,因此,一些重要商品或内容一般安排在这个位置,在视觉中心以外的地方安排那些稍微次要的内容,这样在页面上就突出了重点,做到主次有别。如图2-2所示,页面中间偏上的位置放置着重要的推荐商品。

图2-2　主次分明,中心突出

(二)大小搭配,相互呼应

展示多个商品图片时,在安排时要互相错开,使大小图像之间有一定的间隔,这样可以使页面错落有致,避免重心偏离,如图2-3所示的图片搭配就很美观。

图2-3　图片搭配很美观

(三)页面布局时的一些元素

页面布局时应做到:正文格式美观,色彩搭配和谐,具有较好的对比度,文字具有较强的可读性,背景图案生动,页面元素大小适中、布局匀称,不同元素之间有足够的空白,各元素之间保持平衡,文字准确无误,无错别字或拼写错误,如图2-4所示。

图 2-4　图文排版精美细致

(四)文本和背景的色彩

考虑到大多数人使用256色显示模式,因此一个页面显示的颜色不宜过多,主题颜色通常只需要2~3种,并采用一种标准色。

(五)简洁与一致性

保持简洁的常用做法是使用醒目的标题,这个标题常常采用图形表示,但图形同样要求简洁;另一种保持简洁的做法是限制所用字体和颜色的数目。

页面要保持一致性,可以从页面的排版下手,各个页面文本、图形之间保持相同的间距,主要图形、标题或符号旁边留下相同的空白。

三、页面整体布局与创意分析

下面以一个包包网店为例来对页面整体布局与创意进行分析。

(一)网店首页上部

我们看看图2-5中这家包包店铺,它的装修风格唯美精致。

图 2-5 网店首页上部

首先对店铺首页的上半部分进行分析。上半部分是店铺非常重要的部分,主要有店铺导航、客服中心、本店搜索、宝贝推荐、商品分类栏目、旺旺联系方式模块。

(二)网店首页下部

店铺首页的下半部分,显示了推广的商品、宝贝排行榜、宝贝分类,标示了价格的图片展示排列井然有序,让买家一目了然,有想打开一探究竟的欲望,大大提高了商品的交易量(如图 2-6)。很多优秀的店铺除了左侧的店铺导航外,在店铺首页的下部还放置了其他店铺导航图。如果买家对上面的商品不点击浏览的话,只能说明他对这几款产品和店铺的活动不感兴趣,那么下面他就要选择自己喜欢的模块了。这时候旋转导航是最好不过的了,可以有效分流。

制作导航要注意:(1)分类要清楚明确,还要以价格进行分类,如 30～60 元、60～90 元、90～120 元、120 元以上的,因为每位买家的消费水平都不同,这样他们的选择更明确、更方便;(2)和店铺主题要统一协调。

设计店铺首页的核心是:站在买家的角度,思考如何使买家感觉视觉效果好,能在本店停留时间长,从而喜欢上宝贝。时间越长,成交越容易成功,此时,你的设计就达到效果了。

图 2-6　网店首页下部

(三) 翻转图片推荐商品

整个店铺的划分比较有条理,在店铺的推荐商品展示中,采用翻转显示图片的方法,可以展示多个推荐商品,节省空间,如图 2-7 所示。

图 2-7　翻转图片推荐商品

(四) 浮动分类菜单

在上面的示例中,页面左侧有分类菜单,当单击某一类文字导航时,将显示出该类别下的商品分类,当不需要时也可以关闭弹出菜单,便于浏览者一进入页面就可以找到相关的商品类别,这样既便于买家随时查找商品类别,又节约了空间。

任务实施

一、实训任务

1.进入 i 博导平台中的电子商务运营平台,进入"我的店铺"的装修后台,点击"网店布局设置"按钮,如图 2-8 所示,进入"网店布局设置"页面。

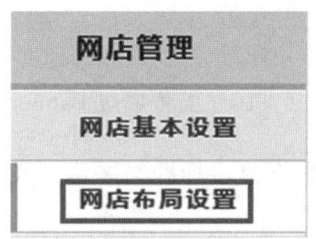

图 2-8 网店布局设置

网店布局设置页面包含以下内容(如图 2-9):

(1)网店布局设置按钮;

(2)导航菜单(自定义模式需自行设计);

(3)网店 Banner;

(4)轮播焦点图(自定义模式需自行设计);

(5)本店推荐区;

(6)广告投放区;

(7)热销单品区;

(8)首页背景(自定义模式需自行设计)。

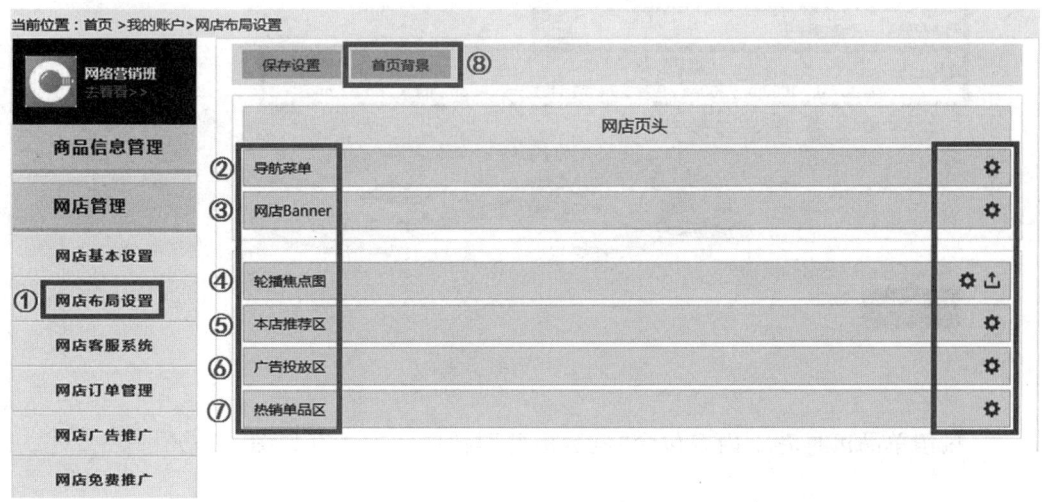

图 2-9 网店布局设置页面

2.上传"网店 Banner"(如图 2-10)。点击"网店 Banner",上传"网店 Banner"。"网店 Banner"推荐图片高度 120px,目前支持的图片格式为:jpg、gif、jpeg、bmp、png。

图 2-10　上传网店 Banner

3.本店推荐区设置。内容包含显示标题与展示方式(如图 2-11)。

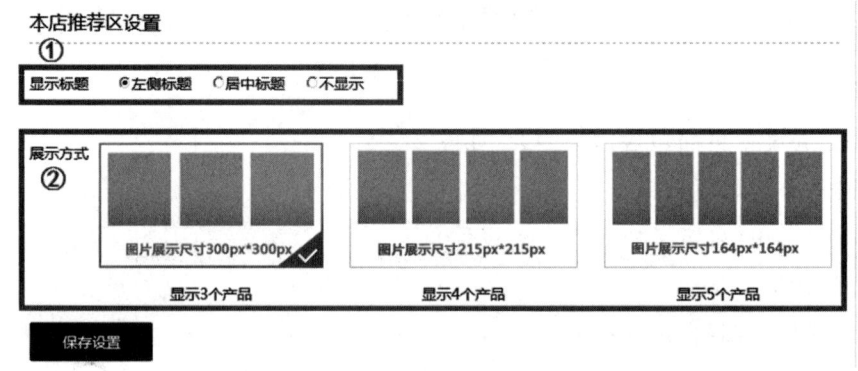

图 2-11　本店推荐区

4.广告投放区设置。内容包含"网店商品"与"图片上传"(如图 2-12)。

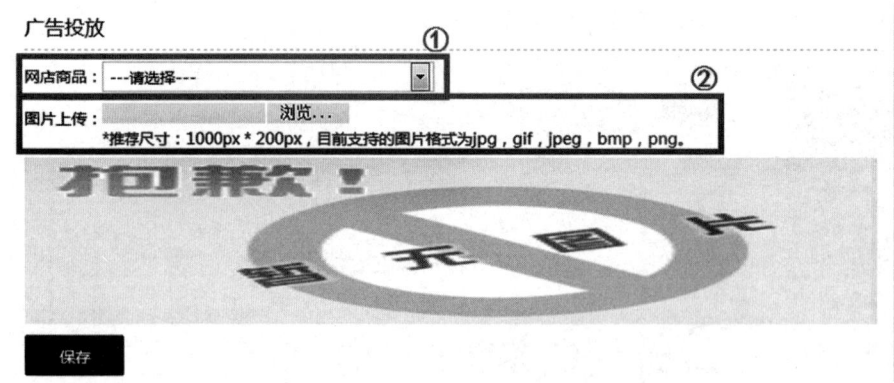

图 2-12　广告投放区

5.热销单品区推荐。内容包含"显示标题"与"展示方式"(如图 2-13)。

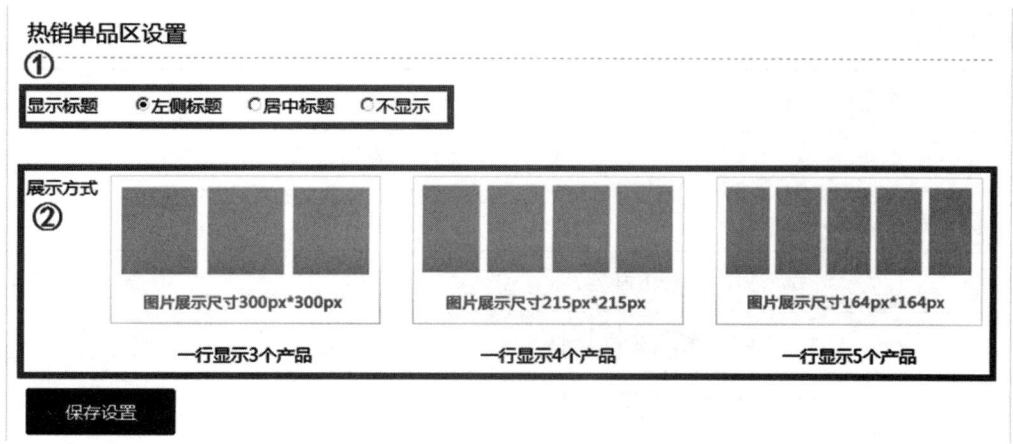

图 2-13　热销单品区推荐

6.轮播焦点图管理(如图 2-14)。图片高度 480px,图片格式为 jpg、gif、jpeg、bmp、png。

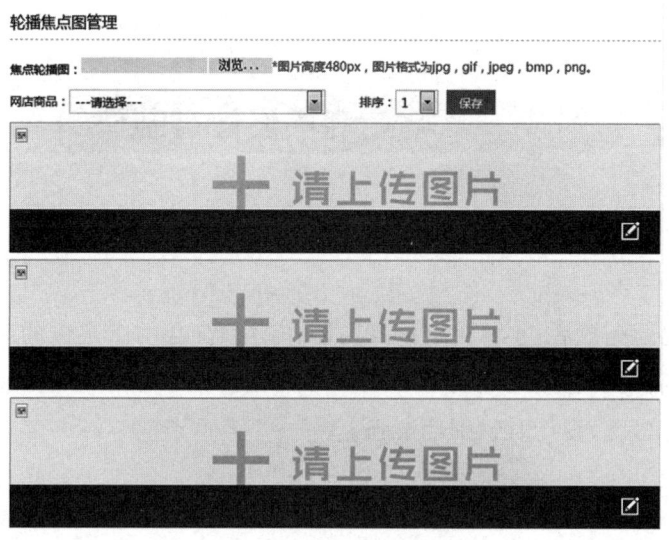

图 2-14　轮播焦点图

(注:实训任务源自 i 博导平台:http://www.ibodao.com/User/Appliance/ls/id/12.html。)

二、实战任务

以学习小组为单位,完成图片轮播、宝贝搜索、宝贝推荐等模块的内容设置。要求如下:

(1)添加一个宽度为 190 像素的宝贝搜索模块;

(2)添加一个宽度为 190 像素的宝贝分类(竖向)模块;

(3)添加一个宽度为 750 像素的宝贝推荐模块;

(4)根据实际排版情况,调整布局单元以及模块的位置。

任务评价

任务编号	任务 2-1	
任务名称	网店页面布局设计	
任务完成方式	小组协同完成	
任务评价内容	分值	
准确合理地应用模块	20	
整体布局平衡合理	40	
步骤操作和制作技巧恰当	40	
成绩评定	小组评价 20%	
	教师评价 80%	

任务二　网店店招设计与制作

任务导入

首页布局规划完成后,小林决定设计与制作一个符合网店定位的店招。有一个醒目的招牌,那么店铺的装修就成功了一半。店铺招牌是店铺十分重要的宣传工具,也是店铺的一个广告牌,设计时识别性要强。

任务分析

根据任务导入中的情景进行分析,在网店店招设计与制作中需要理解两个问题：(1)确定店招的设计风格与内容；(2)制作完整又吸引人的店招。

一、确定店招的设计风格与内容

店招是店铺第一屏内容,是买家进入店铺看到的第一个模块,是打造店铺品牌的最好阵地,也是让买家瞬间记住店铺的最好方法。在制作店招之前,应根据店铺定位确定好店招风格与内容,搜集素材,然后再结合自己店铺的具体情况进行设计。

二、制作完整又吸引人的店招

店招是一个店铺的象征,一个好的店招能起到传达店铺的经营理念、突出店铺的经营风格、彰显店铺形象的作用。利用 Photoshop 相关软件做好店招,将其存储在自己的电脑上,然后上传到店铺的店招位置即可。

> 知识学习

一、店招的含义

店招是店铺的标志，它可以让消费者了解店铺的服务范围、产品类型、经营理念等内容，由文字和图案构成，可用静态图标和动态图标两种方式进行展示。设计和制作店招需要注意的事项有以下几点：

第一，网店一般支持 gif、jpg、png 格式的店招图片。

第二，选择好店招图片的素材。要求选择清晰度高、尺寸较大、适合店铺特色的图片。

第三，突出重点。店招的元素不宜过多，要给人直观的感觉。设计时使用醒目的颜色、独特的图片或动画、精心设计的字体，这样可以给买家留下深刻的印象。

二、店招的分类

（一）以品牌宣传为目的的店招

这类店招适合有自己的品牌、产品给力的店铺（如图 2-15）。首先要考虑的是店铺名、品牌 logo、店铺口号，因为这些是品牌宣传最基本的内容；其次是关注按钮、关注人数、收藏按钮、店铺资质，这些可以从侧面反映店铺实力；最后是搜索框、第二导航条等，方便用户体验。

图 2-15　品牌宣传店招

（二）以活动促销为目的的店招

店铺开展促销活动时，流量大大增加，有别于店铺正常运营。因此，这类店招要让活动信息占据更多的篇幅，首要考虑的因素是活动信息、时间、优惠券、促销产品等内容；其次是搜索框、客服旺旺、第二导航条等方面用户体验的内容；最后才是店铺名、品牌 logo 等以品牌宣传为主的内容。如图 2-16 所示。

图 2-16　活动促销店招

（三）以产品推广为目的的店招

店铺如果有主推产品或想要主推一款或几款产品，在店招上首先要考虑促销产品、优惠券、活动信息等内容；其次是店铺名、品牌 logo 等以品牌宣传为主的内容；最后是第二导航条等方便用户体验的内容。如图2-17所示。

图 2-17 产品推广店招

三、店招设计与制作实例

下面以服装店店招设计为例来介绍店招设计与制作的方法。

步骤1 启动 Photoshop，选择"文件"|"打开"命令，打开背景图像，如图 2-18 所示。

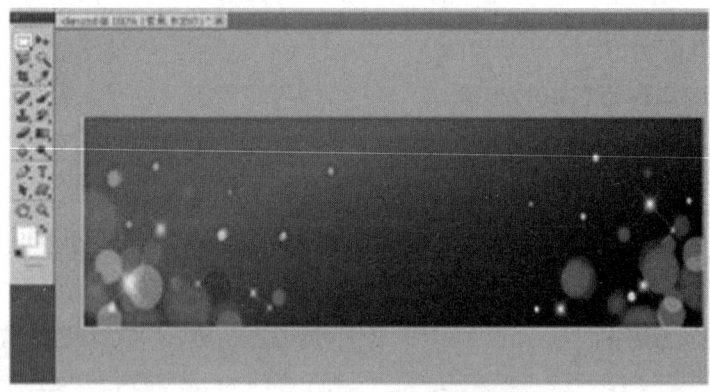

图 2-18 打开背景图像

步骤2 打开另一份图片文件，选择工具箱中的"椭圆选框工具"，选择相应的部分，如图2-19所示。

图 2-19 选择图像

步骤3 选择"选择"|"修改"|"羽化"命令，弹出"羽化选区"对话框，将"羽化半径"设置为20像素，如图2-20所示。

步骤 4　单击"确定"按钮,羽化图像,按 Ctrl+C 组合键复制图像,返回到原始图像,按 Ctrl+V 组合键,粘贴图像,如图 2-21 所示。

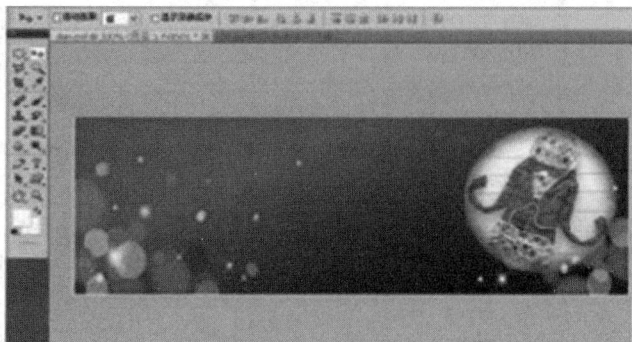

图 2-20　羽化选 4 区　　　　　　　　　　图 2-21　粘 贴 图 像

步骤 5　继续粘贴其余图像,并将其拖动到相应的位置,如图 2-22 所示。

步骤 6　选择工具箱中的"横排文字工具",在"舞台"中输入相应的文本,如图 2-23 所示。

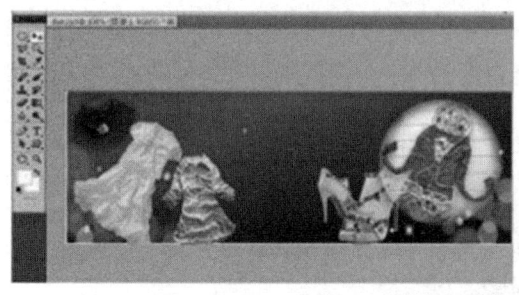

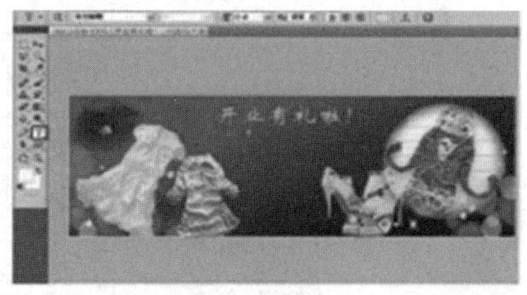

图 2-22　粘 贴 图 像　　　　　　　　　　图 2-23　输 入 文 字

步骤 7　单击选项栏中的"创建变形"图标,弹出"变形文字"对话框,把样式设置为"波浪",并设置相应的参数,如图 2-24 所示。

步骤 8　单击"确定"按钮,创建变形文字,如图 2-25 所示。

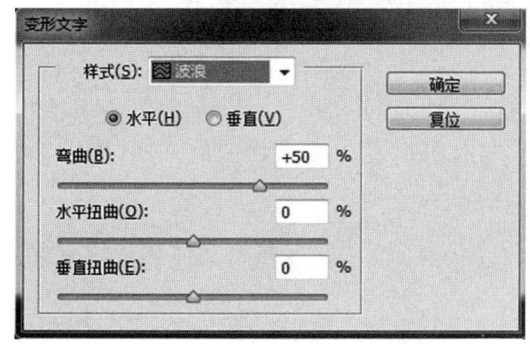

图 2-24　"变形文字"对话框　　　　　　　图 2-25　创建变形文字

步骤 9　选择"图层"|"图层样式"|"投影"命令,弹出"图层样式"对话框,在对话框

中设置相应的参数,如图 2-26 所示。

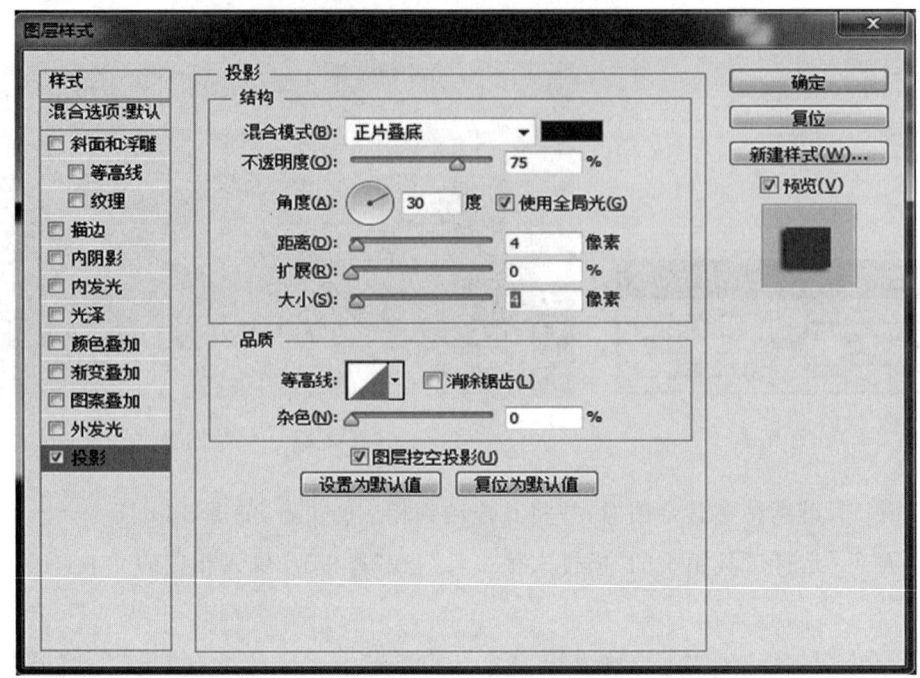

图 2-26　设置图层样式

步骤 10　单击"确定"按钮,设置投影图层样式,如图 2-27 所示。

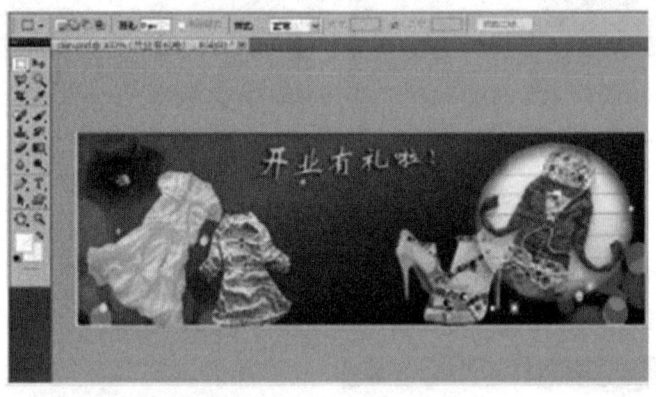

图 2-27　设置投影图层样式

步骤 11　选择工具箱中的"横排文字工具",在"舞台"中输入相应的文本,如图 2-28 所示。

步骤 12　选择"85 折",在选项栏中将字体大小设置为"12",并将字体颜色设置为"dfff88",如图 2-29 所示。

图 2-28　输入文本

图 2-29　设置文本大小、颜色

(注：店招设计与制作实例源自孙东梅编著的《淘宝网店页面设计、布局、配色、装修一本通》。)

四、将店招应用到店铺中

设计好店招后，即可通过管理店铺的方法，将店招图片上传到平台，并显示在自己的店铺上。下面详细介绍将店招应用到店铺中的方法。

步骤1　在卖家中心的"店铺管理"下单击"图片空间"超链接，如图2-30所示。

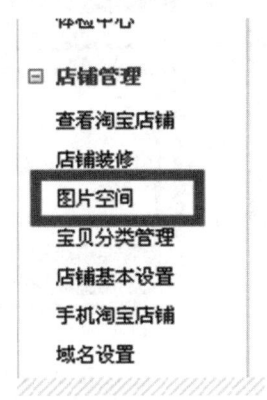

图 2-30　单击"图片空间"超链接

步骤2　在"图片管理"模块里面点击"上传图片"按钮，如图2-31所示。

图 2-31　图片管理页面

步骤3　打开"上传图片"页面,单击"点击上传"选项,如图2-32所示。

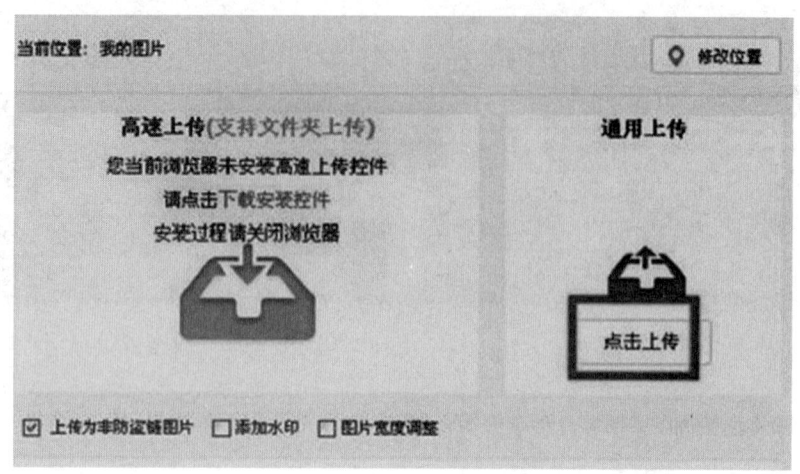

图 2-32　"店铺招牌"页面

步骤4　选择已经设计和制作好的店招图,如图2-33所示。

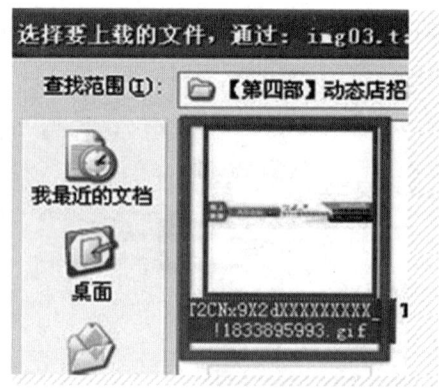

图 2-33　选择要上传的店招图

步骤5　在卖家中心的"店铺管理"下选择"店铺装修",如图2-34所示。

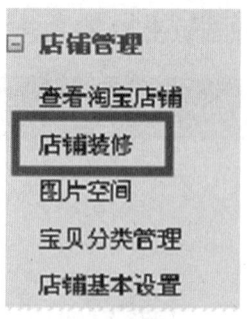

2-34　单击店铺装修超链接

步骤6　在卖家中心的"店铺装修"下点击"首页",如图2-35所示。

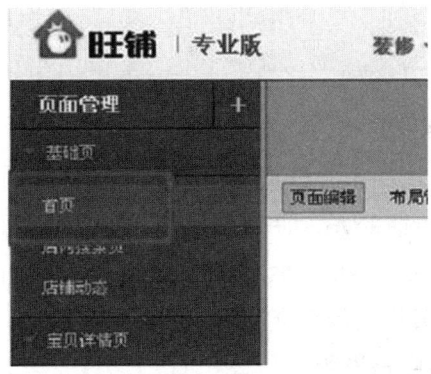

图 2-35　单击首页

步骤 7　进入首页后点击"编辑"按钮，如图 2-36 所示。

图 2-36　点击编辑按钮

步骤 8　点击"自定义招牌"→"插入图片空间"→"选择你要上传的店招"，然后点击"保存"按钮，如图 2-37 所示。

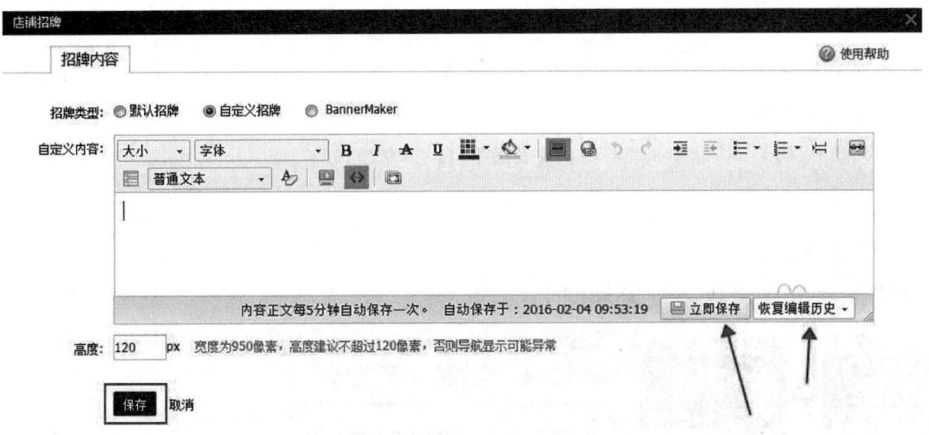

图 2-37　保存店招

步骤 9　点击"发布"就可以看到设置好的店招了，如图 2-38 所示。

图 2-38　发布店招

任务实施

一、实训任务

（一）店招设计与制作

请同学们根据学习情境一中实训任务模拟开店所选择的经营内容和产品特性，设计店铺的店招，并且设计店铺 logo。设计店招时，学生要熟知商品特性，对商品素材进行卖点挖掘。然后，使用 Photoshop 软件制作店招和店标，其中店标的尺寸为 100×100px，若超过规定范围，图片上传后会变形。

（二）网店基本信息和店招设置

1. 进入装修后台

进入 i 博导平台中的店铺装修后台，点击"网店管理"中的"网店基本设置"按钮，如图 2-39 所示，进入"网店基本设置"页面。

图 2-39　网店基本设计页面

2. 网店基本设置内容

（1）网店基础设置按钮；

（2）网店名称；

（3）网店资金；

（4）网店 logo；

（5）网店模板——简约时尚、阳光明媚、自定义布局；

（6）保存；

（7）重新开店。

网店基本信息和店招设置如图 2-40 所示。

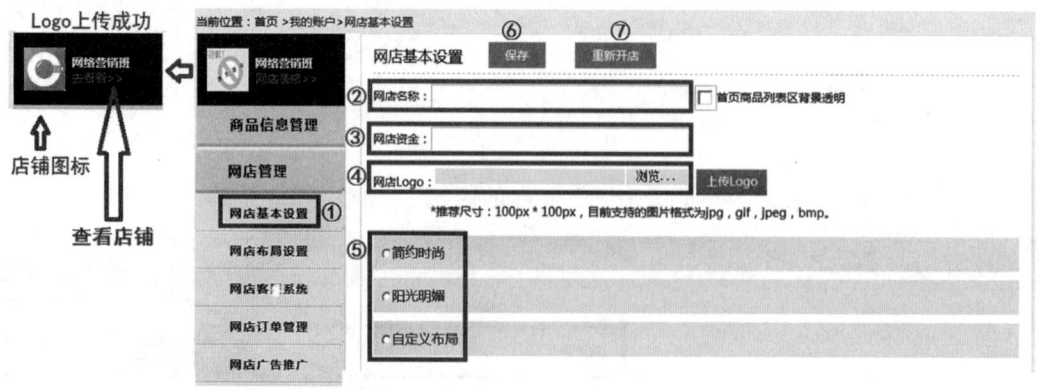

图 2-40　网店基本信息和店招设置

（注：实训任务源自 i 博导平台：http://www.ibodao.com/User/Appliance/ls/id/12.html。）

二、实战任务

以学习小组为单位,根据自己网店的内容,设计与制作店铺店招,并把店招发布到店铺装修平台。对小组设计的网店店招,采用创造性、艺术性以及技术性等指标进行评价。

任务评价

任务编号	任务 2-2	
任务名称	网店店招设计与制作	
任务完成方式	个人完成、小组协作完成	
任务评价内容	分值	
店招尺寸合适,没有压缩变形	20	
店招能够符合网店和商品的特性	40	
店招设计具有一定的创新性	40	
成绩评定	自我评价	20%
	小组评价	20%
	教师评价	60%

任务三 网店公告设计与制作

任务导入

小林在网店运营过程中发现,顾客经常咨询快递发货时间等问题,而店铺也经常要搞些活动。于是小林决定在店铺首页制作一个公告栏,将这些信息广而告之,这样一方面可以节约买卖双方咨询与解答的时间,另一方面消费者也可以实时了解店铺动态。

任务分析

根据对任务导入中的情景进行分析,在网店公告设计与制作中需要理解两个问题:(1)撰写网店公告;(2)制作精美的图片公告。

一、撰写网店公告

店铺公告是介绍店铺最重要的地方,店铺公告也是顾客了解、信任店铺的窗口。小林通过学习典型店铺公告的撰写方法,发现店铺公告一定要言简意赅、一针见血,第一眼就能吸引顾客。

二、制作精美的图片公告

小林认为,富有感染力的公告文字再配以精美的图片,会使网店公告锦上添花。制作精美图片公告除了会撰写网店公告外,还要会使用 Photoshop 软件。

知识学习

一、网店公告的含义

店铺公告是买家了解店铺动态和活动信息的重要窗口,网店卖家可以通过店铺公告栏展示各种别出心裁的活动吸引消费者的注意力,以增加店铺人气,从而带动消费增长。因此,公告栏是网店中不可或缺的元素。卖家在开店后,平台已经为店铺提供了公告栏的功能,卖家可以在"管理我的店铺"页面中设置公告的内容。卖家在制作公告栏前,需要了解以下事项,以制作出效果更好的公告栏。

第一,平台店铺的公告栏具有默认样式,如图 2-41 所示。卖家只能在默认样式的公告栏上添加公告内容。

图 2-41　店铺公告栏默认样式

第二,公告内容不是一成不变的,可以根据店铺经营需要进行更改和变换。

第三,若平台基本店铺的公告栏默认设置了滚动的效果,在制作时则无须再为公告内容添加滚动设置。

第四,公告栏内容的宽度不要超过 480 像素,否则超过部分将无法显示,但公告栏的高度可随意设置。

第五,如果公告栏的内容为图片,那么需要指定图片在网页上的位置。

二、网店公告的分类

(一)文字型公告

文字型公告是通过语言文字的方式来表达公告的内容,它可以是简洁的一句话,如:"小店新开张,在 10 月 1—7 日内购买所有宝贝均打五折。"也可以是内容详细的一段公告,如:"欢迎光临本店!本店提供优质的商品,完美的售后服务,让您买得放心,买得舒心!所有商品价格已经最低,请勿议价!有任何疑问请与下面亮灯客服联系,她将为您提供耐心的解答!"还可以是特别设计的内容,如打油诗等。

(二)图片型公告

图片型公告是利用图片的方式来传达公告的内容,将精心设计的文字与图片进行结合,形成更具感染力的店铺公告。选择的图片素材要与网店装修的风格一致。如图2-42所示。

图 2-42　图片型公告

三、公告的制作与设置

(一)文字型公告制作与设置

文字型公告的制作与设置通过店铺装修后台来实现。

步骤1　进入"卖家中心",找到"店铺管理"下的"店铺装修",如图2-43所示。

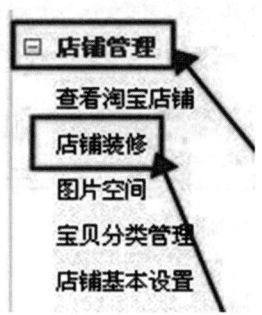

图 2-43　店铺管理页面

步骤2　点击图2-44右上角的"添加模块"。

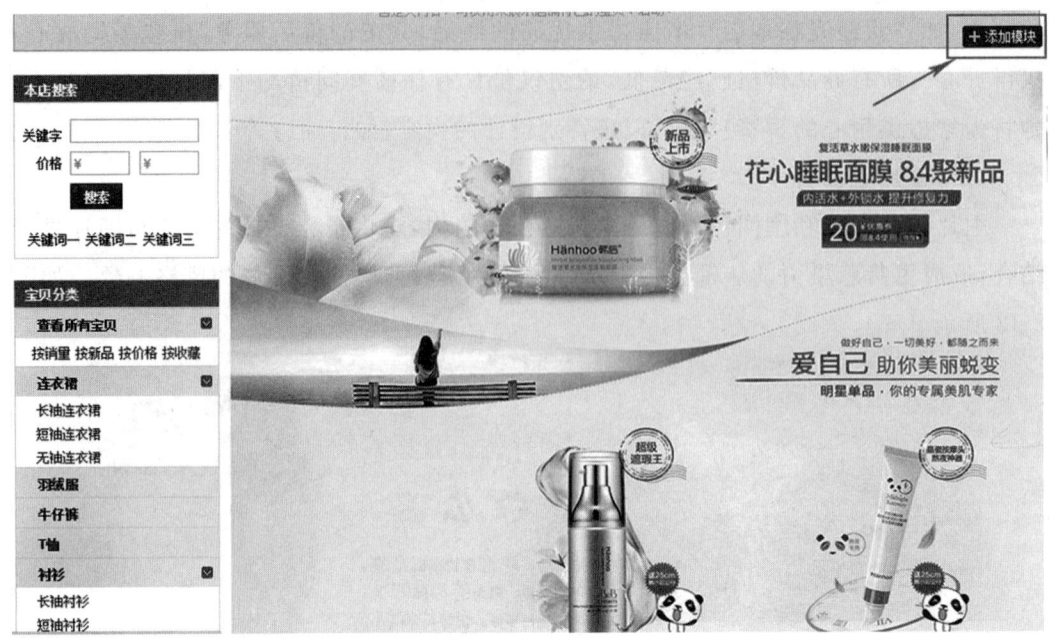

图 2-44 添加模块

步骤 3 在"添加模块"后,可以在界面中看到"自定义内容区",如图 2-45 所示。

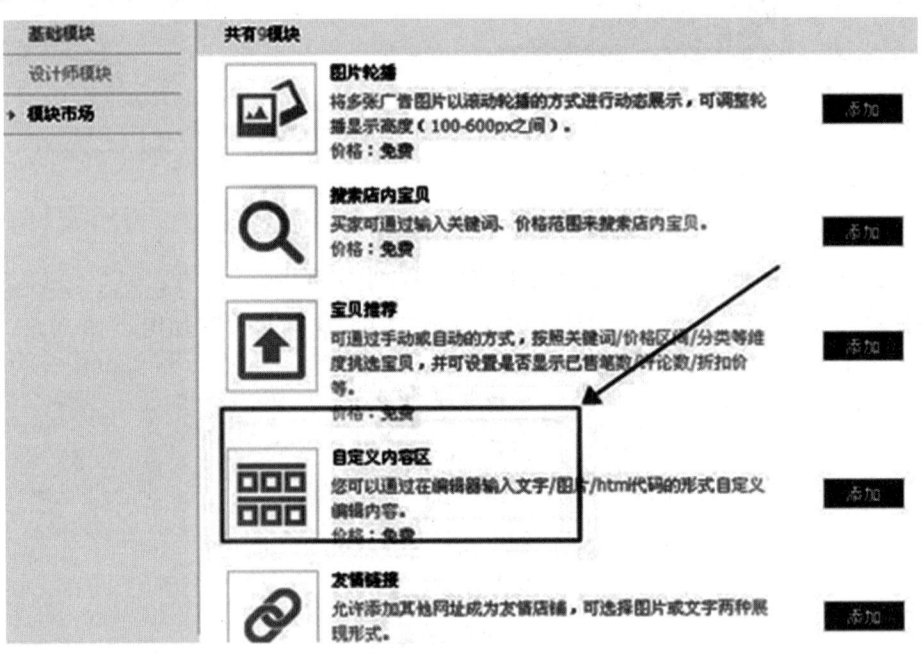

图 2-45 出现自定义内容区

步骤 4 添加"自定义内容区"后,会出现一个自定义内容的区域,如图 2-46 所示。

图 2-46 自定义内容区域

步骤 5　把鼠标移动到自定义内容区里面,会出现一个"编辑"按钮,点击这个按钮,出现如图 2-47 的界面。在编辑界面里编辑公告,公告内容的字体和颜色等可以根据店铺需要进行设置。

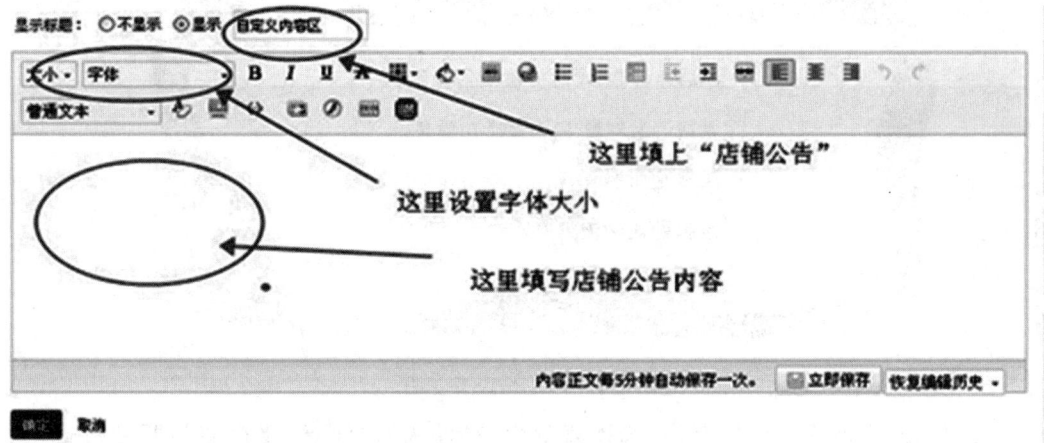

图 2-47　公告编辑区

(二)图片型公告制作与设置

要以图片作为公告栏的内容,就需要将图片上传到互联网上。将图片上传到互联网以后,会产生一个对应的地址,卖家可以利用该地址将图片指定为公告栏内容,即可将图片插入公告栏内。具体步骤如下:

步骤 1　寻找适合店铺的图片素材,打开图片素材,用裁切工具将需要的部分裁切下来。

步骤 2　裁切完成后,将图片的大小进行调整。选择菜单栏中调整图像大小的功能键"图像"→"图像大小"。

步骤 3　选择"选框工具",在背景图片上拉出一个矩形选框(这是为了以后填写文字用的),矩形选框会变成虚线形式。选框成功后,在菜单栏中点击选择"修改"→"平滑",将半径改为"8"。选框"平滑"后,在选框内点击鼠标右键选择"填充",将填充的颜色调为白色,透明度为 70%。

步骤 4　选择工具箱中的"横排文字工具",在图片中输入"店铺公告"文字,然后对文字进行自由变换,如图 2-48 所示。

图 2-48　输入公告标题

步骤 5　选择工具箱中的"横排文字工具",在"舞台"中输入公告文字,如图 2-49 所示。

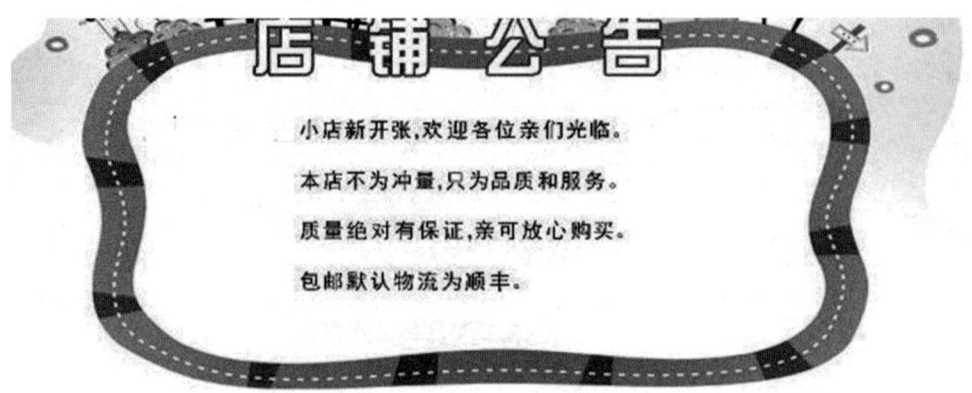

图 2-49　输入公告文字

步骤 6　将做好的公告存储,选择菜单栏"存储为"。注意:要存储为两种格式,一种是".jpg",另外一种是".psd"。存储成".jpg"格式可以直接使用,存储成".psd"格式则是方便以后修改。如果有了新的活动,可以直接在 Photoshop 中打开".psd"格式,在相应的图层上进行修改。

步骤 7　最后将公告放入店铺。将上传到网络空间的公告代码复制粘贴,这时自己动手制作的独特店铺公告就完成了,进入店铺即可看到。

任务实施

一、实训任务

(一)设计文字公告实训

文字公告从字面意义就可以看出来,此类公告是以纯文字方式显示,可以在公告栏中输入店铺动态、活动等。本实例最终效果如图 2-50 所示。

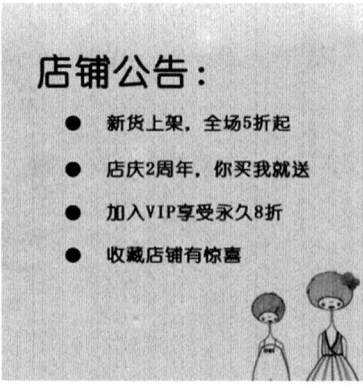

图 2-50　最终效果

步骤 1　按 Ctrl+O 组合键,打开一幅素材图像,如图 2-51 所示。

步骤 2　选取工具箱中的横排文字工具,在工具属性栏中设置字体为"幼圆",字体大小为"48点",设置消除锯齿的方法为"浑厚",颜色为"黑色";将鼠标移动至图像编辑窗口中单击鼠标左键,并输入文字,按Ctrl+Enter组合键确认输入,如图2-52所示。

图2-51 打开素材图像

图2-52 输入文字

步骤3 设置前景色为黑色,选取工具箱中的椭圆工具,移动鼠标至图像编辑窗口中单击鼠标左键,即可弹出"创建椭圆"对话框,设置宽度、高度均为20像素,再单击"确定"按钮,即可创建椭圆,效果如图2-53所示。

步骤4 选取工具箱中的横排文字工具,在工具属性栏中设置字体为"幼圆",字体大小为"24点",设置消除锯齿的方法为"平滑",颜色为"黑色";将鼠标移动至图像编辑窗口中合适位置,单击鼠标左键,并输入文字,按Ctrl+Enter组合键确认输入,如图2-54所示。

图2-53 创建椭圆

图2-54 输入文字

步骤5 按Ctrl+O组合键,打开"文字1"素材图像,选取工具箱中的移动工具,将素材图像拖曳至"文字类"图像编辑窗口中合适位置,如图2-55所示。

步骤6 按Shift键,选择除"背景"图层外的所有图层,单击鼠标右键,在弹出的快捷菜单中选择"链接图层"选项,即可链接图层;选取工具箱中的移动工具,将图像调整至合适位置,效果如图2-56所示。

图2-55 移动素材图像

图2-56 最终效果

(二)设计图片公告实训

利用图片公告制作新品上市公告,可使消费者及时了解店铺的新品上架信息和新品款式。下面详细介绍新品上市公告的设计与制作。本实例最终效果如图2-57所示。

图2-57 最终效果

步骤1 按Ctrl+O组合键,打开一幅素材图像,如图2-58所示。

图2-58 打开素材图像

步骤2 选取工具箱中的横排文字工具,在工具属性栏中设置字体为"幼圆",字体大小为"12点",设置消除锯齿的方法为"平滑",颜色为"褐色"(RGB参数值分别为53、

21、19);在图像编辑窗口中单击鼠标左键并输入文字,按 Ctrl+Enter 组合键确认输入,选取工具箱中的移动工具,将文字移动至合适位置,如图 2-59 所示。

图 2-59　输入文字

步骤 3　按 Ctrl+O 组合键,打开"回馈"素材图像,选取工具箱中的移动工具,将素材移动至"新品上市"图像编辑窗口中,如图 2-60 所示。

图 2-60　移动素材图像

步骤 4　展开"图层"面板,将"图层 1"移动至文字图层下方,并移动素材图像至合适位置,最终效果如图 2-61 所示。

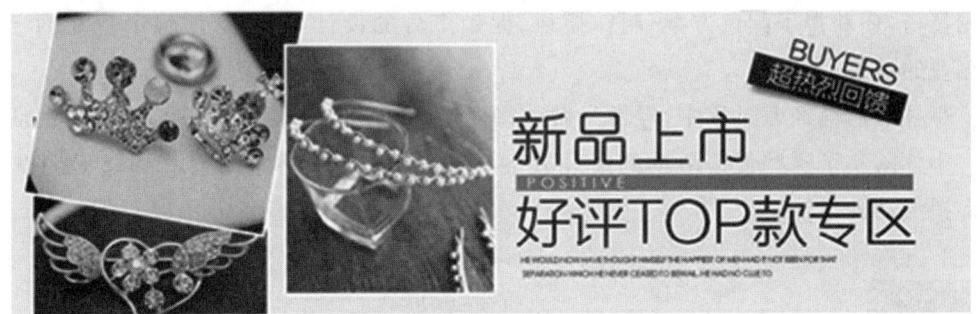

图 2-61　最终效果

注:实训内容源自华天印象编著的《Photoshop 淘宝网店设计与装修实战从入门到精通》。

二、实战任务

以学习小组为单位,利用网店公告内容撰写功能以及 Photoshop 设计公告相关知识,为自己的店铺设计公告,比如店铺开张公告、限时抢购公告、发货公告、售后公告等,形成小组公告设计文稿,分小组展示。

任务评价

任务编号	任务 2-3	
任务名称	网店公告设计任务	
任务完成方式	个人完成、小组协作完成	
任务评价内容	分值	
设计文字公告实训	30	
设计图片公告实训	30	
小组店铺公告设计实战	40	
成绩评定	自我评价	20%
	小组评价	20%
	教师评价	60%

任务四　网店促销区设计与制作

任务导入

随着小林对服装店的不断"装修",其生意蒸蒸日上,日访问量达到600IP,月销售订单为786件,月销售额为35035元。小林不断扩大上线产品的类目,参加公众推广活动,扩大了自己的运营团队。小林在经营过程中,不仅学到Photoshop软件的许多实用技巧,还获得了配色方案、制作模板、促销广告的设计等技能,增强了他在网上开店创业的自信心。

小林在店铺经营过程中,经常会做一些促销活动,如"买就送"活动、节日促销活动等。小林落实了这些促销活动的设计方案,下载图库素材,利用Photoshop软件来助力促销活动的设计。

任务分析

根据任务导入中的情景进行分析,在网店促销区设计与制作任务中需要理解两个问题:(1)网店促销区方案策划;(2)用相关软件制作网店促销区。

一、网店促销区方案策划

在制作网店促销区之前,需要对网店促销区活动方案进行策划。每次对促销活动进行设计时,小林都会专门查阅大量的资料,不管是从网络上还是从书籍中,都让其在学习的过程中收获很多。通过不断的学习、讨论和设计,小林制作出完整的网店促销区活动策划方案。

二、用相关软件制作网店促销区

策划好网店促销区活动方案之后,小林决定了广告的色调、背景和文字等元素,剩下的就是将所有素材在 Photoshop 软件中进行合成。

知识学习

宝贝促销区是旺铺非常重要的特色之一,它的作用是让卖家将一些促销信息或公告信息发布在这个区域上。宝贝促销区就像商场的促销一样,如果处理得好,可以最大限度地吸引买家的目光,让买家一目了然地知道你的店铺在搞什么活动,有哪些特别推荐或优惠促销的商品。

一、制作宝贝促销区的注意事项

旺铺的宝贝促销区包括普通店铺的公告栏功能,但比公告栏功能更强大、更实用。卖家可以通过促销区,装点漂亮的促销宝贝,以吸引买家注意。初次使用旺铺的卖家,在制作宝贝促销区时需要注意下面几点。

第一,宝贝促销区支持 HTML 编辑,卖家可以通过编写和修改 HTML 代码制作宝贝促销区。

第二,宝贝促销区限制该区域字数为 20000 字符。

第三,新旺铺取消了宝贝促销区高度为 500 像素的限制,但建议不要过高,同时宽度不要超过 738 像素,以获得最佳的浏览效果。

二、网店促销区方案策划

制作一份完整的网店促销区策划方案,是卖家在网店上经营的一种必备能力。一个成功的网店促销活动,需要卖家前期制作好一份完整的活动策划方案,后期才能一步步地去落实,然后才能看到效果。制作网店促销策划方案时需要注意以下几点。

第一,在策划的时候,首先要想到在促销活动里需要体现哪些东西,比如产品的优势、产品的特点,哪一些是比较吸引买家的地方等等。找到网店促销的利益点所在,是做好一个策划活动的大前提。

第二,定位目标用户。事先需要做一个市场调查,了解店铺产品最受哪一类人群欢迎,用户对这类产品的需求点在哪里,他们对产品哪一方面比较感兴趣等。事先做好市场调查分析,才能更加精准定位目标用户群,做出的策划方案才更有意义。

第三,用什么促销策略来吸引用户。可以根据用户的习惯心理来做促销策略方案。比如,这类产品的目标用户比较喜欢看到怎样的字眼,促销信息才会对产品更感兴趣等等。

第四,用什么方法来推广促销活动。建议卖家把网店促销活动的信息放在网店最显眼的首页,并且利用色彩来突出优惠信息,让用户一眼就能看到。采用直通车进行定向推广也是一个不错的选择。做好一场网店促销活动,需要卖家前期去做很多准备工作,只有把这些事前准备工作做到位了,才能为活动带来更多精准又有效的流量。

三、宝贝促销区的制作方法

目前制作宝贝促销区的方法主要有三种。

第一种方法是通过互联网找免费的宝贝促销模块，然后下载并进行修改，或者直接在线修改，在模板上添加自己店铺的促销宝贝信息和公告信息，最后将修改后的模板代码应用到店铺的促销区即可。这种方法方便、快捷，而且不用支付费用。缺点是在设计上有所限制，个性化不足。图2-62是网站提供的一些免费宝贝促销区模板。

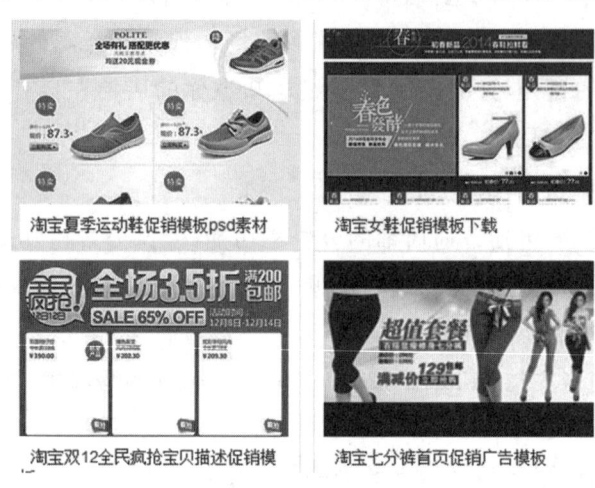

图 2-62　免费宝贝促销区模板

第二种方法是自行设计宝贝促销区网页。卖家可以先使用图像制作软件设计好宝贝促销区版面，然后进行切片处理并将其保存为网页，接着通过网页制作软件（如Dreamweaver、FrontPage）制作编排和添加网页特效。最后将网页的代码应用到店铺的宝贝促销区上即可。这种方法由于是自行设计，所以在设计上可以随心所欲，按照自己的意向设计出独一无二的宝贝促销区效果。缺点是对卖家的设计能力要求比较高，需要卖家掌握一定的图像设计和网页制作技能。自行设计促销区如2-63所示。

图 2-63　自行设计促销区

第三种方法是最省力的，就是卖家从提供网店装修服务的店铺购买整套装修服务，或者只购买促销区设计服务。目前网上有很多专门提供店铺装修服务和出售店铺装修模板的店铺,卖家可以购买这些装修服务。如图 2-64 所示。

图 2-64　购买促销模板

购买一个精美模板的宝贝促销区价格在几十元左右。如果卖家不想使用现成的模板,还可以让这些店铺为你设计一个专属的宝贝促销区模板,不过价格比购买现成模板稍贵。这种方法最省心,而且可以定制专属的宝贝促销区模板。缺点就是需要花费一定的金钱。

四、宝贝促销区设计实例

下面使用 Photoshop 设计宝贝促销区。建议在使用软件设计前,先用笔在纸上画一下,把布局详细地列出来,每个图片的大小也都计算好,做到心中有数。下面使用 Photoshop 设计宝贝促销区,具体操作步骤如下。

步骤 1　启动 Photoshop,选择"文件"|"新建"命令,弹出"新建"对话框,设置好图片的宽度和高度,点击"确定"按钮。新建空白文档,将文件保存为"促销 psd",如图 2-65 所示。

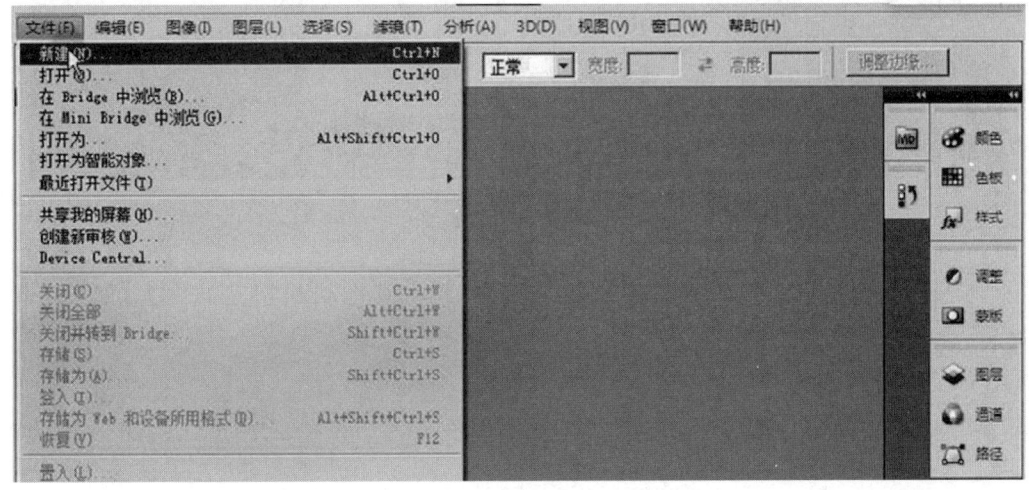

图 2-65　新建空白文档

步骤2　选择"文件"|"打开"命令,打开一张图像文件,按 Ctrl+A 组合键全选图像,然后按 Ctrl+C 组合键复制图像,如图 2-66 所示。

图 2-66　复制图像

步骤3　返回到原始文档,选择"编辑"|"粘贴"命令,粘贴图像,如图 2-67 所示。

图 2-67　粘贴图像

步骤4　按步骤 2、3 的方法粘贴其余图像,并将其拖动到相应的位置,如图 2-68 所示。

图 2-68　粘贴图像

步骤 5　选择工具箱中"横排文字工具",在"舞台"中输入文本"促销商品",如图 2-69 所示。

图 2-69　输入文本

步骤 6　选择"图层"|"图层样式"|"描边"命令,弹出"图层样式"对话框,在该对话框中设置描边颜色,单击"确定"按钮,设置图层样式,如图 2-70 所示。

图 2-70　设置图层样式

步骤 7　用同样的方法输入其余文字,并设置图层样式,如图 2-71 所示。

图 2-71　输入文本

注：宝贝促销区设计实例源自孙东梅编著的《淘宝网店页面设计、布局、配色、装修一本通》。

五、将促销区应用到店铺中

将宝贝促销区应用到店铺中,具体操作步骤如下。

步骤 1　进入"卖家中心",找到"店铺管理"下的"店铺装修",如图 2-72 所示。

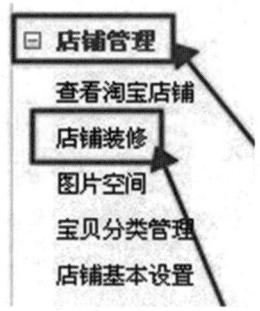

图 2-72　店铺管理页面

步骤 2　进入"店铺装修"页面,在店铺公告下单击"添加模块",如图 2-73 所示。

图 2-73　添加模块

步骤3　在打开的"添加模块"页面中单击"自定义内容区"后的"添加"按钮,如图2-74 所示。

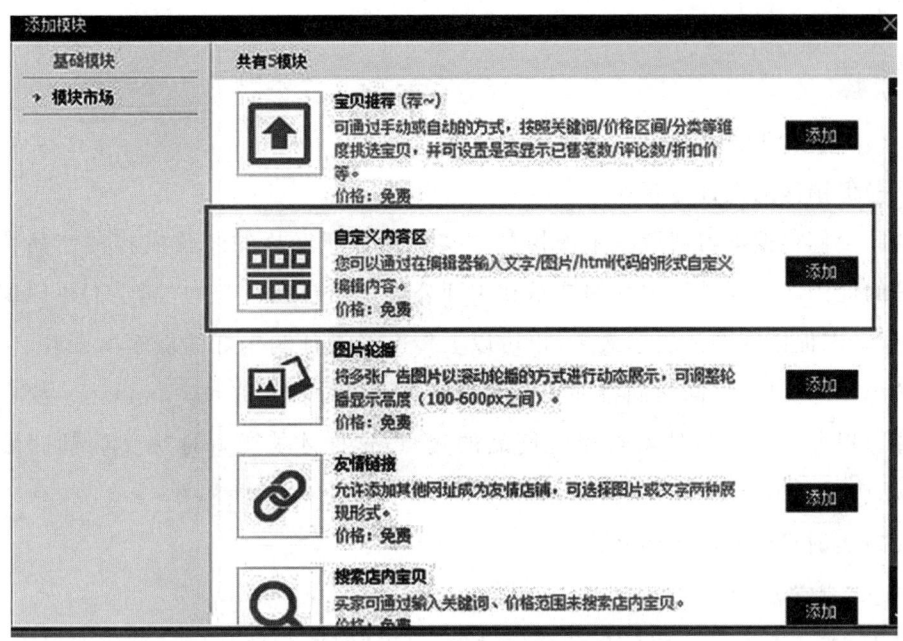

图 2-74　单击"添加"按钮

步骤4　在店铺公告下添加"自定义内容"区,单击"编辑"按钮,如图2-75所示。

图 2-75　添加了"自定义内容"区

步骤5　在打开的"自定义内容区"窗口中单击"插入空间图片"按钮,如图2-76所示。

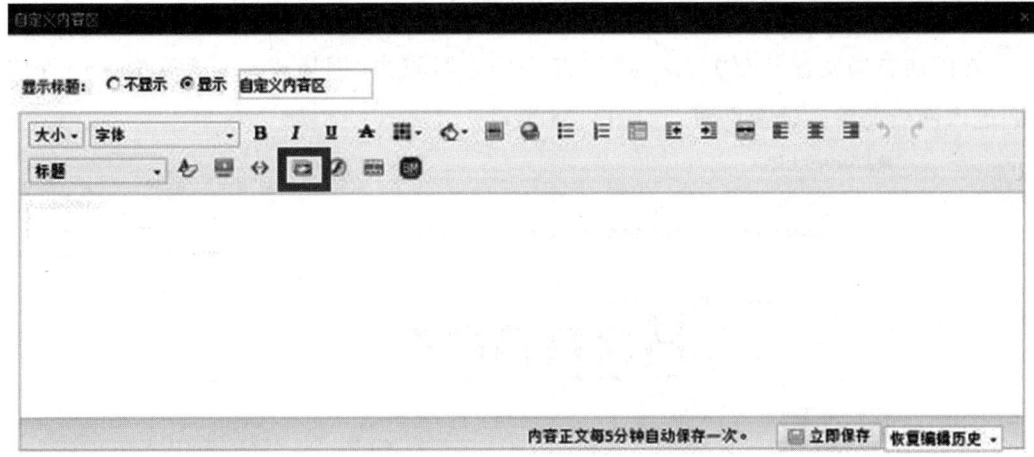

图 2-76　单击"插入空间图片"按钮

步骤 6　上传之前设计制作好的促销区图片即可。

任务实施

一、实训任务

(一)促销区的设计与制作

请同学们根据学习情境一中模拟开店实训任务所选择的经营内容和产品特性设计店铺的促销区。促销区图片的展示和店铺公告是结合在一起的,同学们可以编写代码,制作动态促销区图片展示效果,也可以上传已经设计制作好的促销区图片。注意:为了防止图片变形,请同学们将促销区图片的宽度尺寸控制在 120px 以内。要求促销区图片要根据不同的商品素材展现商品的卖点,这样才能更好地突出店铺商品的优势,带动店铺的销量。

(二)实训平台网店促销区设置

1.进入装修后台

进入 i 博导平台应用里的店铺装修后台,单击"网店管理"中的"网店布局设置"按钮,如图 2-77 所示,进入"网店布局设置"页面。

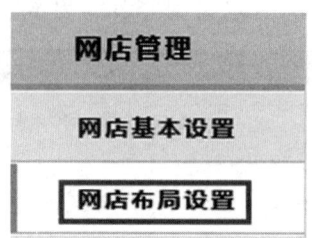

图 2-77　单击"网店布局设置"按钮

2.网店促销区设置

在网店布局设置界面中,找到"网店 Banner",点击"网店 Banner"后面的设置按钮,进入网店促销区设置页面。如图 2-78 所示。

图 2-78　网店 Banner 区域设置

将之前设计制作好的促销区图片上传保存。实训平台目前支持的图片格式为 jpg、gif、jpeg、bmp、png。

(注：实训任务源自 i 博导平台：http://www.ibodao.com/User/Appliance/ls/id/12.html。)

二、实战任务

以学习小组为单位，为本小组的店铺设计店内促销区方案，包括店内促销方法的选择、促销区内容的设计和促销区的制作。每个小组将成果进行展示，并对效果进行分析。

任务评价

任务编号	任务2-4	
任务名称	网店促销区设计	
任务完成方式	个人完成、小组协作完成	
任务评价内容	分值	
促销区设计制作的内容和创意	40	
促销区设计与店铺、商品的相关程度	30	
促销区的活动宝贝是否具有吸引力	30	
成绩评定	自我评价	20%
	小组评价	20%
	教师评价	60%

【学习巩固】

一、单项选择题

1. 淘宝店铺（C 店）常用尺寸是（　　）。
   A.950 像素　　　B.900 像素　　　C.850 像素　　　D.800 像素
2. 一个布局单元最多可以分为几个模块？（　　）
   A.2 个　　　　　B.3 个　　　　　C.4 个　　　　　D.5 个
3. 在一个装修页面中，最多可以添加几个布局单元？（　　）
   A.2 个　　　　　B.3 个　　　　　C.4 个　　　　　D.5 个
4. 下列哪个功能模块可以任意设置功能以及内容？（　　）
   A.宝贝推荐　　　　　　　　　　B.图片轮播
   C.自定义内容区　　　　　　　　D.搜索店内宝贝

5.店招上传是在"卖家中心"→"店铺管理"的哪个菜单中设置?（　　）

A.店铺装修　　　　　　　　　　　　B.图片空间

C.宝贝分类管理　　　　　　　　　　D.店铺基本设置

二、多项选择题

1.在选择店铺模板时主要需要确定哪两件事情?（　　）

A.店铺的装修风格　　　　　　　　　B.店铺的样式

C.店铺的出售商品　　　　　　　　　D.店铺的大小

2.在店铺装修中,可以对布局单元进行哪些操作?（　　）

A.添加布局单元　　　　　　　　　　B.移动布局单元

C.删除布局单元　　　　　　　　　　D.更改布局单元大小

3.页头背景图的背景显示有哪些方式?（　　）

A.平铺　　　　B.纵向平铺　　　　C.横向平铺　　　　D.不平铺

4.店招的分类以（　　）。

A.活动促销为主　　　　　　　　　　B.宣传品牌为主

C.产品推广为主　　　　　　　　　　D.美观为主

5.店标的图片格式可以是（　　）。

A..gif　　　　B..jpg　　　　C..psd　　　　D..png

三、问答分析题

1.简单讲述如何修改店铺布局。

2.简单讲述网店公告区功能模块的作用。

3.设计制作吸引买家的网店公告有哪些方法和技巧?

4.简述店招的分类以及每一类的特点。

◆ 情境三 ◆
网店商品信息管理

【学习情境导入】

如何进行网店商品信息管理

在经营过程中,小林发现一个店铺要发展起来,除了商品质量要有竞争力外,网店的产品页面也很重要,这需要对产品进行拍摄与美化,制作内容全面的产品详情页以及对页面进行实时的更新。开网店,怎样才能让转化率保持一个上升的态势?这不仅需要从内功做起,商品详情页的优化也很重要。商品详情页体现的是一个店铺产品的内在美,是架起顾客与产品接触的桥梁,起着举足轻重的作用。在不断的实践中,小林看到有一些网店产品详情页把店里所有的产品陈列在页面中,不但让人产生视觉上的疲劳,看不到所需要的信息,还会影响网速和流量,从而影响产品的销售量。

【学习情境分析】

在网店销售中,无论是新卖家还是老卖家,都知道宝贝详情页的重要性。一个好的宝贝详情页详细介绍店铺的产品或服务并且突出卖点,能激起顾客的购买欲,打消顾客的顾虑,促使顾客下单购买,从而提高店铺转化率并降低客服接待工作量。如何设计产品详情页?除了掌握产品拍摄技术,设计上要做到美化外,更重要的是对内容如何排版的规划,而规划最重要的一点就是要有连贯性,要一步步地引导消费者购买。小林通过分析,认为接下来主要做以下工作。

1. 商品拍摄与美化;
2. 网店商品描述与发布;
3. 网店商品信息更新。

【学习情境目标】

岗位细分	工作任务	技能目标	知识目标
网店设计与美工岗	任务一 商品拍摄与美化	1. 能够把商品真实、清晰地拍出来 2. 能用 Photoshop 软件对拍摄的商品进行美化	1. 了解室内商品场景设置 2. 熟悉网络商品拍摄光线处理 3. 掌握各类商品拍摄的要点

续表

岗位细分	工作任务	技能目标	知识目标
网店设计与美工岗	任务二 网店商品描述与发布	1.能够在网上搜集设计素材 2.能独立完成网店详情页的设计与制作	1.了解网店详情页设计流程 2.熟悉商品详情页的构成结构 3.掌握网店详情页的制作方法
	任务三 网店商品信息更新	1.能够对网店信息进行更新与维护 2.能够使用淘宝助理批量更新宝贝详情页的关联销售信息	1.了解网店商品信息更新的注意事项 2.熟悉网店信息更新的方法 3.掌握网店商品上下架技巧

任务一　商品拍摄与美化

任务导入

网店运营过程中,小林深深体会到当前竞争十分激烈,如何在众多的卖家中脱颖而出,漂亮的照片和出色的店铺设计则是最强有力的销售武器。如何拍摄出更吸引眼球的商品图片？如何进行商品图片美化及后期处理？面对消费者日渐挑剔的眼光,小林明白对产品的包装不能仅仅只停留在拍照上,还应根据每款不同产品的特质勾画出属于产品自身的宣传画幅,以独特的吸引力在花花绿绿的商品中博得消费者的眼球,从而引起消费者的消费欲望。

任务分析

根据任务导入中的情景进行分析,在商品拍摄与美化中需要理解两个问题:(1)宝贝的拍摄技法;(2)处理及美化宝贝图。

一、电商宝贝的拍摄技法

怎样把宝贝真实、清晰地呈现在买家面前,是开设网店必须掌握的一项基本技能,精彩的宝贝照片无疑会为商品增色不少。卖家有很多不同类型的产品,拍摄不同的商品需要不同的摄影棚,掌握不同的布光技巧。

二、处理及美化宝贝图片

照片拍摄后为获得更真实、更漂亮的宝贝效果,通常要使用 Photoshop 等软件对宝贝图片进行处理,包括抠图、去背景、处理图片亮度、校正偏色图片和处理照片污点等。

> 知识学习

一、购买合适的相机与辅助器材

在拍摄商品时,怎样才能把商品的细节和特色展现出来,这是很多卖家都关心的问题。而要拍摄好商品,前提是选择合适的相机与辅助器材。

(一)相机具备的基本功能

1. 手动功能

拍摄商品时,要根据光线和拍摄需要,自由调节相机的设置,手动功能是必选的。手动功能在相机上以"M"表示,如图 3-1 所示。

2. 微距功能

微距是拍摄网店宝贝时经常用到的一个功能,它可以很清楚地展现产品的细节。该功能一般在相机上以一朵小花为标志,如图 3-2 所示。

图 3-1　手动功能　　　　　　　　图 3-2　微距功能

微距的主要作用如下:

(1)**表达细质**。在展示商品局部细节特征的时候,可以使用微距功能,非常实用。

(2)**体现质感**。使用微距功能将商品的质感完美表现,特别是对于一些有纹理的商品。

(3)**虚化背景**。当注意力放在眼前的时候,视野远处就变得模糊和虚化了,相机也同样如此,可以加强商品表现力。

图 3-3 为使用微距功能拍摄的产品细节图。

图 3-3　使用微距功能拍摄的产品细节图

3.手动白平衡

另外,相机最好还具有自定义白平衡功能,即手动白平衡功能,如图 3-4 所示。

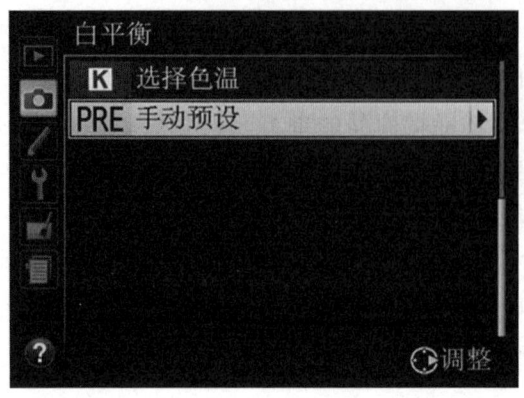

图 3-4　手动白平衡

(二)拍摄所需的辅助器材

1.三脚架

三脚架的主要作用就是能稳定照相机,保证摄像的清晰度。微距拍摄就会使用到三脚架,如图 3-5 所示。

2.灯光设备

灯光设备是室内拍摄的主要工具,主要用于在光线不足的情况下照亮场景,以便获得正确曝光的影像。节能灯、摄影灯以及外置闪光灯等都是常用的灯光设备,如图 3-6 所示。

图 3-5　三脚架　　　　　图 3-6　节能灯、摄影灯和外置闪光灯

3.摄影棚

专业的柔光摄影棚是拍摄小件商品的首选地点,除了购买专业的摄影棚外,还可以自制摄影棚,如图 3-7 所示。

4.反光板或反光伞

反光板的最主要作用就是为主光照明不到的暗部提高亮度,再现暗部原有层次,调节和控制画面阴暗反差,使亮暗过渡的层次丰富细腻,立体感和质感能得到较好的体现。反光板和反光伞如图 3-8 所示。

 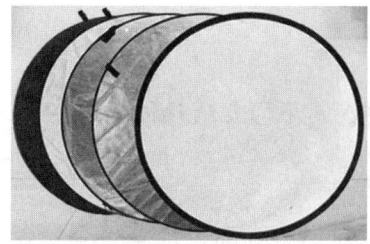 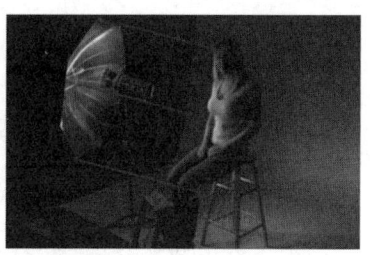

图 3-7　柔光摄影棚　　　　　　　图 3-8　反光板和反光伞

5.背景纸或背景布

我们常使用的背景道具有各种颜色的背景纸和背景布,可以让你有一个明快、干净的背景,如图 3-9 所示。

图 3-9　背景纸和背景布

二、宝贝拍摄的要求与技巧

(一)商品拍摄的特点与要求

商品拍摄不受时间和环境的限制,一天 24 小时都可以进行拍摄,拍摄的关键在于对商品合理的构图以及恰当的用光,将这些商品表现得静中有动、栩栩如生,通过图片给买家以真实的感受。

商品拍摄的特点如下:

(1)对象静止。商品拍摄区别于其他摄影的最大特点,是它所拍摄的对象都是静止的物体。

(2)摆布拍摄。摆布拍摄是区别于其他摄影的又一个显著特点,不需要匆忙地在现场拍摄,可以根据拍摄者的意图进行摆布,慢慢地去完成。

(3)还原真实。不必过于追求意境,失去物品的本来面貌。

商品拍摄的总体要求是将商品的形、质、色充分表现出来,而不夸张。

(1)形,指的是商品的形态、造型特征以及画面的构图形式。

(2)质,指的是商品的质地、质量、质感。商品拍摄对质的要求非常严格。

(3)体现质的影纹层次必须清晰、细腻、逼真,尤其是细微处,以及高光和阴影部分,对质的表现要求更为严格。用恰到好处的布光角度、恰如其分的光比反差,以求更好地完成对质的表现。

(4)色,商品拍摄要注意色彩的统一。色与色之间应该是互相烘托,而不是对抗,是统一的整体。"室雅无须大,花香不在多",在色彩的处理上应力求简、精、纯,避免繁、杂、乱。

（二）宝贝的分类拍摄技巧

不同的宝贝有不同的拍摄技巧,下面介绍几种常见宝贝的拍摄技巧。

1.服装拍摄技巧

（1）摆拍

无论是男装还是女装,摆拍都是一种常见的拍摄展示方式。摆拍需要注意三点:首先,服装摆拍时可以添加不同的配饰,如牛仔裤、小礼帽、鞋和包包等,让衣服看上去更吸引人。其次,衣服摆放时不要横平竖直地摆放在地上,可以选择倾斜一定的角度,或者给衣服捏造出一些自然的褶皱,这样能让图片看上去更有层次。最后,添加小花之类的装饰,点缀画面,如图3-10所示。

 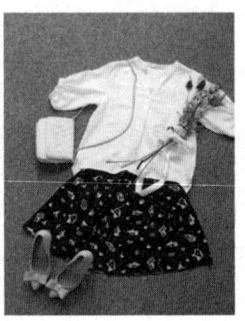

图3-10　摆拍

（2）挂拍

挂拍相比较平铺而言要难掌握一点,挂拍选择的背景墙最好为浅色,不仅百搭,也能很好地突出主体。通常挂拍都要使用到衣架,在选择时,可以选择与服装风格一致的衣架或者不太显眼的衣架。挂拍图如图3-11所示。

图3-11　挂拍

（3）模特实拍

这是较为理想的展示服装的方法之一。它可以通过模特的穿着展示服装的整体感观,服装的特点都能较清楚地展示。在拍摄时,加些生活用品或家具等做辅助背景,或者选择户外大背景拍摄也是很好的选择。模特实拍要求服装尽可能符合模特的身材,这样服装才能最完全、最准确地被演绎。模特实拍图如图3-12所示。

图 3-12　模特实拍

2.包类拍摄技巧

包类是指钱包、手提包、双肩包等商品,这类商品需要根据材质的不同进行拍摄。

(1)体现立体感。在拍摄背包的时候,为了体现其立体感,需要在包里装备一些填充物,让包包有型,从而让买家清楚地知道在实际使用中包包的模样。填充物可以是塑料袋或是废报纸,如图 3-13 所示。

(2)体现材质。皮包和皮鞋的材质一样,在拍摄时容易产生反光,因此照明的控制很关键,建议在拍摄过程中使用反光板,这样能使光线柔和许多。

(3)体现美感。拍摄钱包之类的包包时,一定要注意物品的摆放,要让小包包看起来很美丽。可以在拍摄时,在钱包的后面放置透明的物体支撑钱包,使其落在皮夹后方的阴影不那么显眼。钱包靠着盒子,倾斜地站立,摆放很自然且不呆板。

(4)体现细节。牢固的缝制和结实的拉链、五金能体现包包的品质,在拍摄的时候一定要表现出来。另外,包袋的内部结构也是买家所关心的细节,在拍摄时,将包包内部的填充物取出,放置一些生活用品,如纸巾、手机和钥匙等,如图 3-14 所示。

图 3-13　体现立体感　　　　　　图 3-14　体现细节

3.首饰珠宝拍摄技巧

珠宝摄影是商业摄影中最困难的工作,因为珠宝首饰本身体积小,又容易产生反射问题,所以较难拍出理想的、高贵的珠宝首饰效果。首饰体积通常较小,微距摄影是常用的技巧之一。首饰拍摄注重构图,使其不会显得单一。可以通过缩小景深,突出主体,虚化背景,如果想要整个首饰都能看得清楚,可以将相机移至与首饰垂直的地方进行俯拍,将首饰的主体作为画面的主体。

首饰的物质特性有反光材质与透明材质两种,合理地表现这两种主要的材质会提高画面内容的质量,辅助用品可以利用黑、白、灰卡纸,硫酸纸和反光纸等背景进行布光来得到自己想要的效果。不同的背景有不同的表现形式,黑色背景可以衬托物体的光亮美感,还可以使画面简洁明快,展示物体细节,让消费者更清楚地了解商品。

4.鞋子拍摄技巧

一般鞋子的拍摄采取侧面拍摄和斜侧面拍摄。模特穿着鞋子,前后做出走动的姿势或者摆出很惬意的姿势,这样方便看到鞋子空间的立体感,以及和腿部连贯形成自然、优美的曲线,给买家一个自我想象的画面,容易激发购买欲望。图 3-15 为鞋子拍摄图。

图 3-15　鞋子拍摄

三、宝贝图片处理与美化工具

俗话说"7 分拍 3 分修"。宝贝拍摄后,还需要进行后期的处理与美化,以使宝贝更加漂亮吸引人。下面介绍处理与美化宝贝的几种常用工具。

(一)美图秀秀

美图秀秀是一款免费图片处理软件,具有"图片特效、美容、拼图、场景、边框、饰品"等功能。相对于 Photoshop,美图秀秀更简单易学,比较适合没有基础的初学者。

(二)光影魔术手

光影魔术手是一款对数码照片进行后期处理及修饰的图像处理软件,其操作简单,使用者不需要任何专业的图像技术就可以制作出专业胶片摄影的色彩效果,是摄影作品后期处理、图片快速美容、数码照片冲印整理时必备的图像处理软件。光影魔术手具有"强大的调图参数、丰富的数码特效、海量的边框素材、随心所欲的拼图、边界的文字、水印"等功能。其优势是操作简单、易用,不需要任何专业的图像技术,能够满足绝大部分照片后期处理的需要,批量处理功能非常强大,足够胜任商品图片处理。其不足是:功能不够全面,部分图片处理仍需要借助 Photoshop 才能完成。

(三)Photoshop

Photoshop(简称 PS)具有强大的图像编辑和修饰功能,其核心内容包括抠图、图像的修饰、调色、合成等功能。编辑和修饰图像是图像处理的基础,可以对图像进行缩放、旋转、斜切、翻转、透视、变形等基本操作。也可以对图像进行复制、删除、去除斑点、修补、修饰图像的残损等操作，以便去除人像上不满意的效果。图像合成则是将几幅图像通过图层操作、工具应用合成为完整的、传达明确意思的图像。Photoshop 提供的绘图工具让外来图像与创意很好地融合，可以使图像的合成天衣无缝。校色调色是 Photoshop 中深具威力的功能之一，可方便快捷地对图像的颜色进行明暗、色调的调整和校正。

任务实施

一、实训任务

(一)宝贝修图美化实训

如图 3-16 的窗帘色泽不好，图片整体颜色泛白，用 PS 进行美化，最终效果如图 3-17 所示。

图 3-16 宝贝原图

图 3-17 宝贝美化后效果图

具体的处理步骤如下：

步骤 1 打开一幅原图，按快捷键 Ctrl+J，复制图层。如图 3-18 所示。

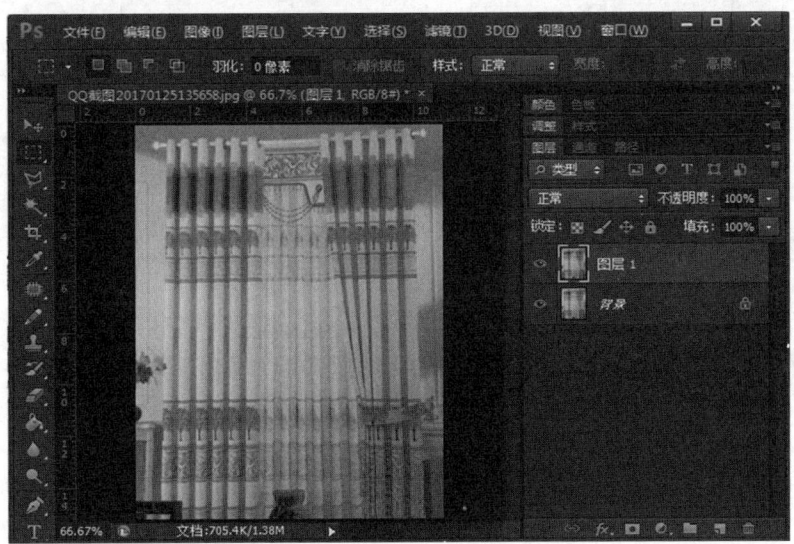
图 3-18 新建图层

步骤2　按快捷键Ctrl+L打开色阶功能。调整色阶,将色阶的左右两边往中间移动,这样就可以将那些不明显的色泽去掉。效果如图3-19所示。

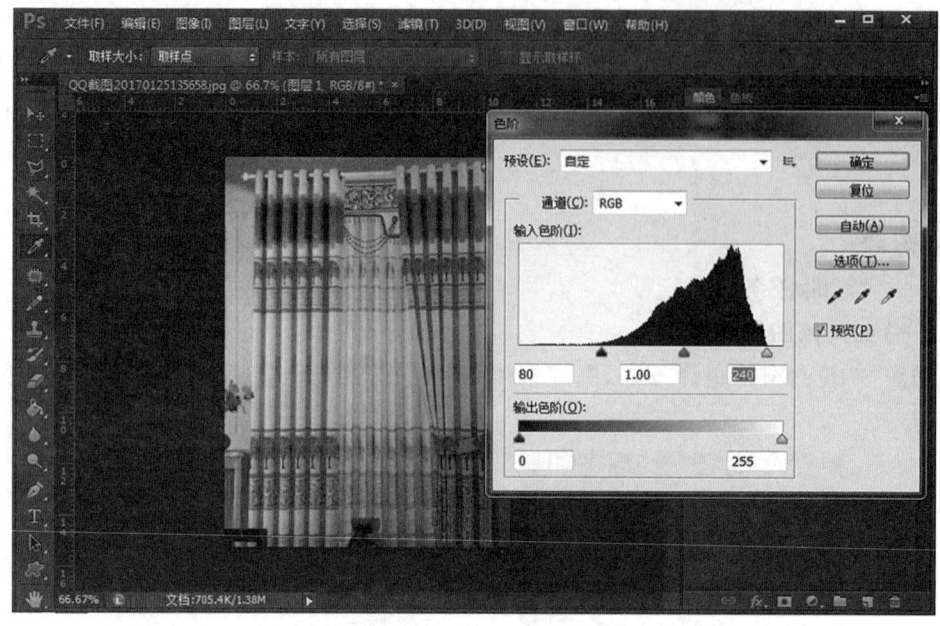

图3-19　调整色阶

步骤3　再次复制一个图层。为了让轮廓更加突出,我们选择滤镜→锐化。这样图片的轮廓就变得明显、清晰。如图3-20所示。

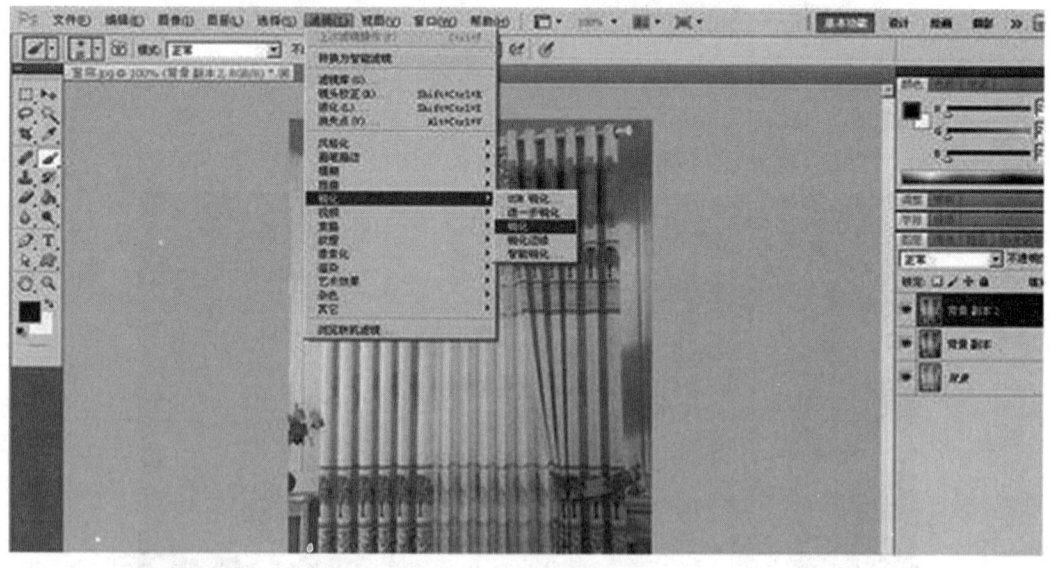

图3-20　锐化图片

步骤4　再次复制一个图层,这时我们来加一点儿修饰。打开滤镜—渲染—镜头光晕。在打开的菜单里,需要在哪里打上光晕就点哪里,然后确定。如图3-21所示。

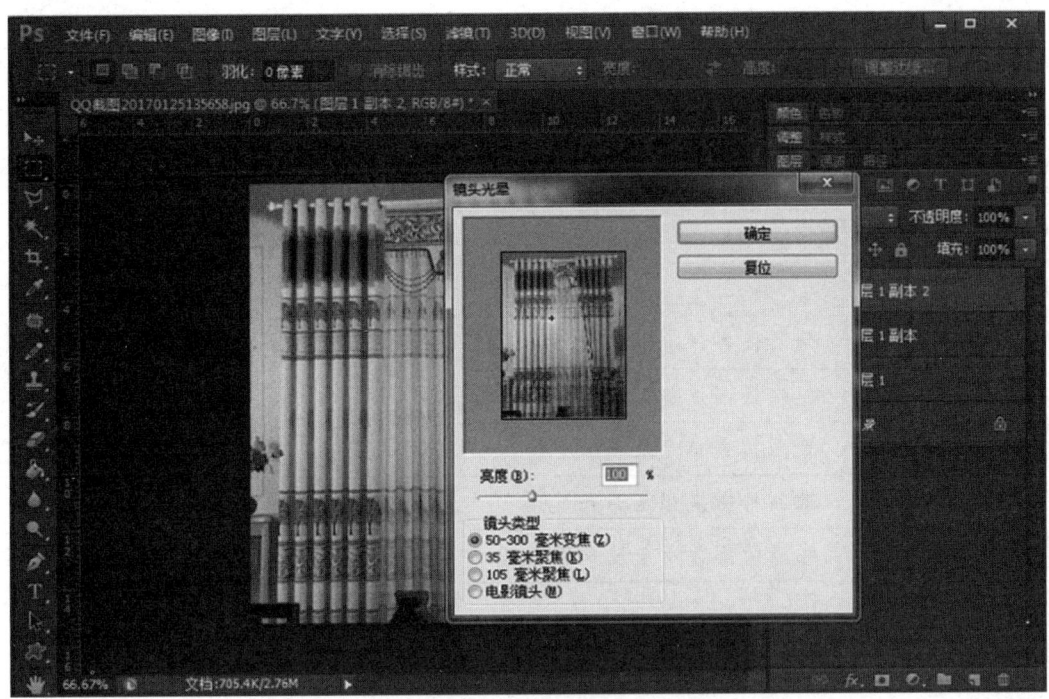

图 3-21　添加镜头光晕

步骤 5　再打一个光晕,图片就处理得差不多了,这样也比较美观。有了美观的图片,才能留住客户。最终效果如图 3-22 所示。

图 3-22　最终效果图

(注:实训素材来自 http://jingyan.baidu.com/article/b7001fe1699e800e7282ddb7.html 如何用 PS 美化宝贝图片。)

二、实战任务

每个学习小组为本小组网店中的商品进行拍摄,并进行后期处理和美化,将拍摄过程、后期处理过程以及最终商品图片记录下来，进行分享。

任务评价

任务编号	任务 3-1	
任务名称	商品拍摄与美化	
任务完成方式	小组协同完成	
任务评价内容		分值
宝贝图片美化实训		20
商品拍摄布光是否合理		20
商品拍摄搭配是否合适		30
商品拍摄的摆放及角度是否合理		30
成绩评定	小组评价	20%
	教师评价	80%

任务二　网店商品描述与发布

任务导入

宝贝拍摄处理美化后，小林开始为每一款宝贝制作产品详情页（描述页）。一个好的宝贝详情页详细介绍店铺的产品或服务并且突出卖点，能激起顾客的购买欲，打消顾客的顾虑，促使顾客下单购买，从而提高店铺转化率并降低客服接待工作量。那么，怎样的宝贝详情页才能更吸引目标客户呢？

任务分析

根据任务导入中的情景进行分析，在网店商品描述与发布中需要理解两个问题：(1)宝贝描述模板的设计要求；(2)如何对商品内容进行策划。

一、宝贝描述模板的设计要求

漂亮美观的宝贝描述页面，不仅仅为宝贝的介绍增色不少，并且在一定程度上增加了买家的浏览时间，无形中会增加更多出售宝贝的机会。

目前淘宝网上有很多宝贝描述模板由懂设计的卖家出售，卖家可以很方便地得到一个美观的宝贝描述模板。刚开店的卖家如果资金不足，可以自己设计宝贝描述模板，在不花钱的同时，也可以随心所欲地设计出自己的宝贝描述页面。在制作宝贝描述模板和进行设计前，需要了解一些注意事项。

（1）宝贝描述模板就是店铺的形象页面，其他设计如公告栏、店标、签名等也会根据其风格进行设计，所以宝贝描述模板的设计风格非常重要。

（2）宝贝描述页面是应用在网页上的，卖家可以通过浏览器来浏览，所以宝贝描述的页面设计需要符合 HTML 语法的要求。

（3）为了让宝贝描述页面在浏览器中尽可能快地显示，建议不要在宝贝描述模板中使用过多的大图。

（4）在宝贝店铺管理页面上直接设计宝贝描述并不方便，建议先在本地设计好宝贝描述模板，并将相关的图片上传到相册，然后将模板的 HTML 代码粘贴到店铺描述的设置上。

（5）宝贝描述页面上的图片地址链接必须正确，否则图片在页面上不能显示。

二、如何对商品内容进行策划

为了节省时间，避免大部分的重复工作，可以将商品描述内容分为两种类型，一种是特殊内容，另一种是通用内容。特殊内容是按每件商品的特色性质进行分类描述，例如图片、尺寸、参数等，必须对商品逐个编辑发布。通用内容是按每个商品的相同性质进行分类，例如快递说明、售后服务、购买须知、品牌故事、产品知识等，这些内容没有必要逐个去编辑，可以通过工具批量添加、批量修改、批量替换。不同阶段和不同能力的卖家，可以划分不同的商品描述栏目，分别实现不同的营销功能。

（一）基础描述栏目

本栏目主要提供买家最需要了解的基本信息。例如商品展示、商品描述、快递说明、售后服务、商品参数、商品报价、购买须知、退换说明、联系方式、尺寸相关、测量方法、模特展示、细节展示、购物流程、支付方式等。

（二）强化增值栏目

本栏目主要是提供更多的信息，增强商品描述的说服力，提供店铺的品牌感、专业感，让买家更放心地购买，同时减少咨询。例如效果展示、设计手稿、品牌故事、关于我们、产品知识、公司荣誉、鉴别方法、洗涤建议、使用方法、授权证书、质检证书、顾客评价等。

（三）营销刺激栏目

本栏目主要是为买家提供更多的产品选择，扩大购买范围，增加成交机会。例如热卖推荐、相关商品、搭配套餐、新品推荐、好评推荐等。

知识学习

一、详情页的尺寸

在详情页中，如果内容屏数过多，详情页过长，图片质量过高，会导致客户加载过慢，让客户产生厌烦感，增加客户的跳失率。因此，对于 PC 端来讲，一屏的高度大约等于 800 像素（屏是指用户的平均浏览器大小），优秀详情页的屏数应为 20 屏，也就是高度约为 16000 像素；而宽度选择上，C 店（集市店）和 B 店（商城店）宽度分别为 750 像素和 790 像素。

二、详情页的内容模块

详情页的内容基本上可以分成以下几个模块：

(一)宝贝的基本信息表

例如：某水杯的基本信息表，详情见图 3-23。

品牌名称：MIGO ♥关注

产品参数：

产品名称：MIGO 10-01576　　产地：中国大陆　　材质：耐热玻璃
玻璃杯花色：无色透明　　　　形状：圆形　　　　容量：301mL(含)-400mL(含)
品牌：MIGO　　　　　　　　货号：10-01576　　颜色分类：新草绿320ML 湖蓝色400ML ...
价格区间：80元以上　　　　　个数：1个　　　　主图来源：自主实拍图

图 3-23　某水杯的基本信息表

(二)关联促销

关联促销是指在一个宝贝详情页里放进另外一个或几个其他产品的促销信息或店铺优惠信息等。对于未能产生购买行为的客户，关联促销可以有效减少客户的跳失率。关联促销主要包含以下两个部分：

1.热销产品推荐

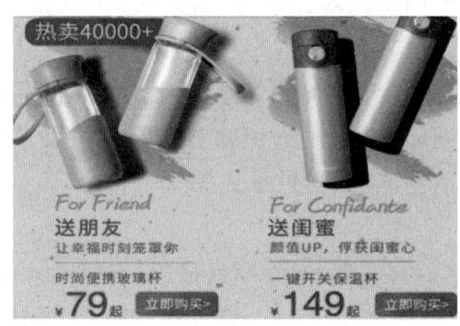

图 3-24　热销产品推荐

2.店铺促销活动

例如，收藏店铺返优惠、抽奖活动、打折活动、店铺优惠券与满减活动等。

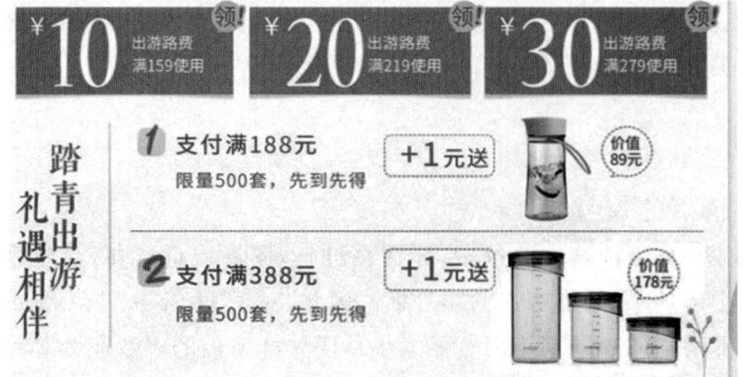

图 3-25　店铺促销活动

3.宝贝焦点图

宝贝焦点图是指展示品牌、产品特色、热销盛况、产品升级、促销信息且能够引发客户购买冲动的图片,通常以海报形式展示。如图3-26所示。

图 3-26　某水杯焦点图

4.宝贝整体展示

宝贝整体展示大体分为场景图和摆拍图两种。

场景图就是宝贝的使用场景、使用效果,让客户了解宝贝是否适合自己,如图3-27、图3-28所示。

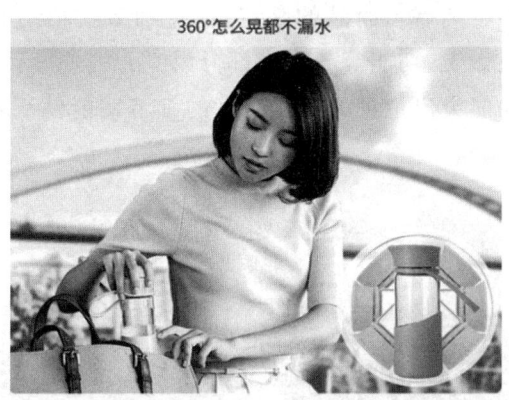

图 3-27　某水杯使用场景一

图 3-28　某水杯使用场景二

摆拍图（如图3-29所示）以突出产品为主，通过简单的背景对宝贝进行摆拍，比较适合家居用品、数码产品、鞋、包等小件物品。

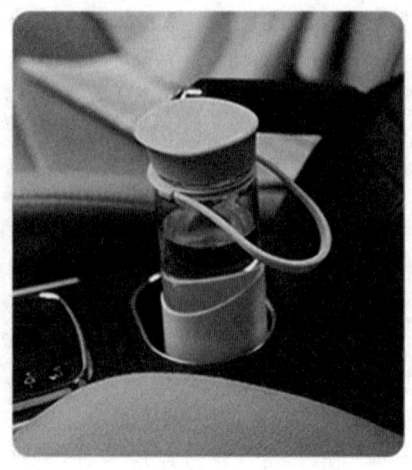

图3-29　某水杯摆拍图

如果宝贝有多个颜色，以主推颜色为主，其他颜色稍加展示即可，以保持整体风格统一；并且应多角度展示宝贝，宝贝的正面图、反面图、侧面图至少各展示一张。

5.宝贝细节展示

宝贝细节展示可近距离展示商品的亮点，通过细节实拍图和简短的文字，清晰地展示宝贝的材质、图案、做工、功能等各细小部分（如图3-30所示）。在进行宝贝细节展示时可利用放大镜的功能突出宝贝的卖点。好的细节图能使买家直观感受宝贝，从而提高转化率。

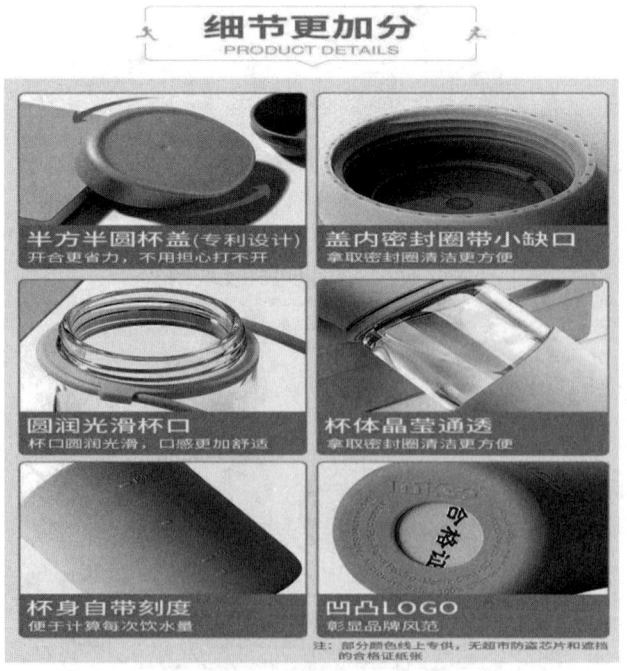

图3-30　某保温杯细节图

6.宝贝规格参数

宝贝规格参数包含货号、产地、颜色、材质、规格、重量、洗涤建议等,提供这些信息能有效减少客服工作量。如图3-31所示。

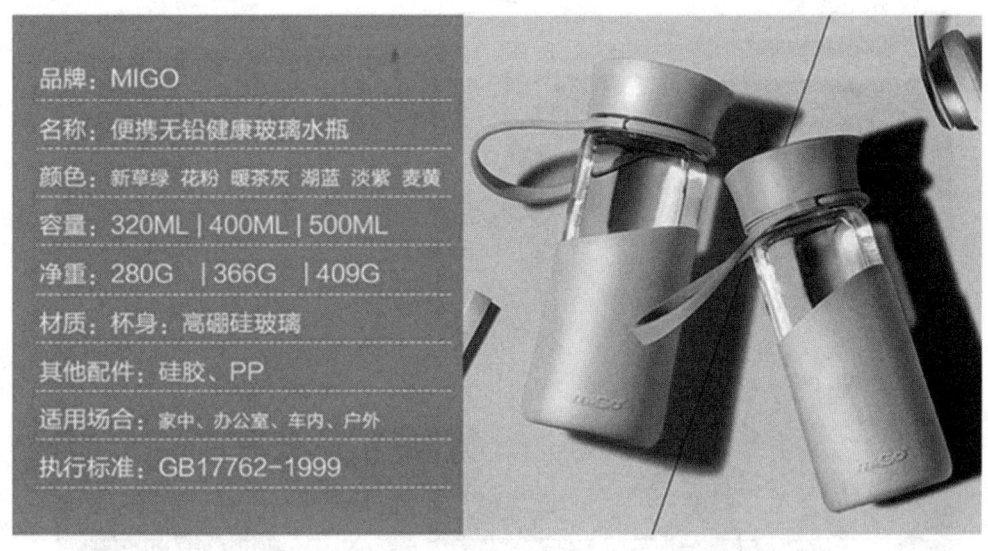

图3-31　某水杯规格参数

可使用常见的实物与宝贝进行对比,让客户更直观地了解宝贝的实际尺寸。如图3-32所示,用手机与水杯进行尺寸对比。

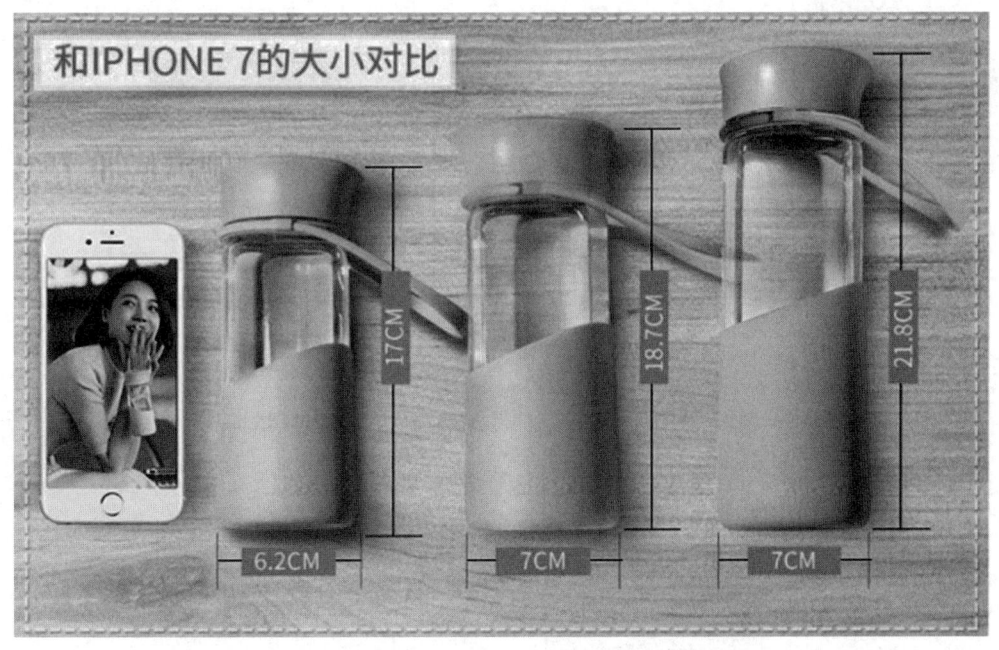

图3-32　某水杯尺寸对比

7.品牌说明

通过一系列的理念、品牌介绍,让买家觉得该品牌质量可靠,烘托出该品牌实力。

品牌说明主要由以下三个部分组成：

（1）品牌介绍。包含"品牌优势""荣获奖项""品牌故事"等内容。如图 3-33 所示。

图 3-33　某水杯的品牌介绍

（2）媒体推荐。如媒体名人推荐、媒体广告介绍等。

（3）正品证书、品质证书。如图 3-34 所示。

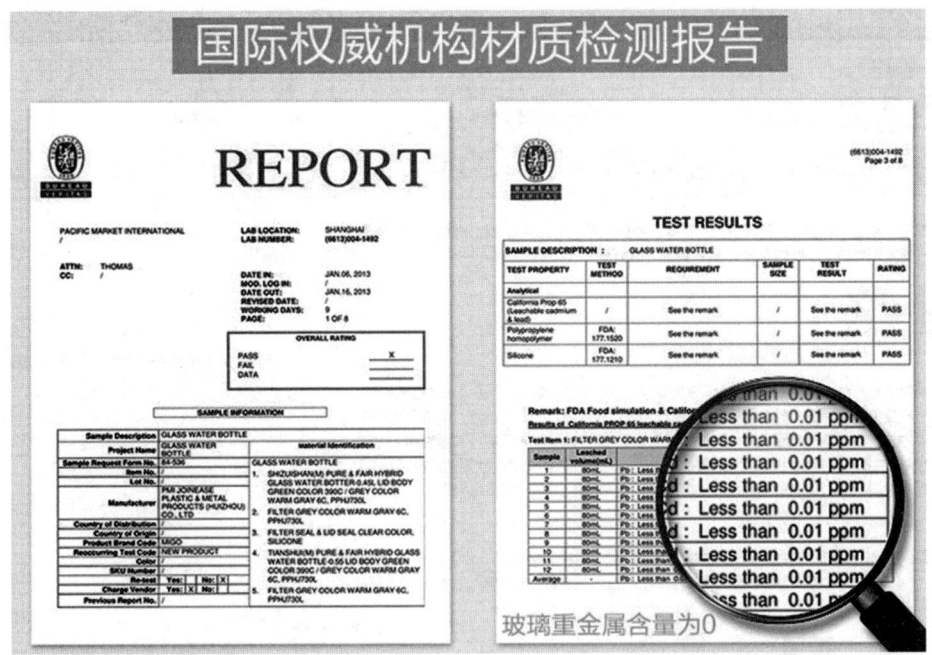

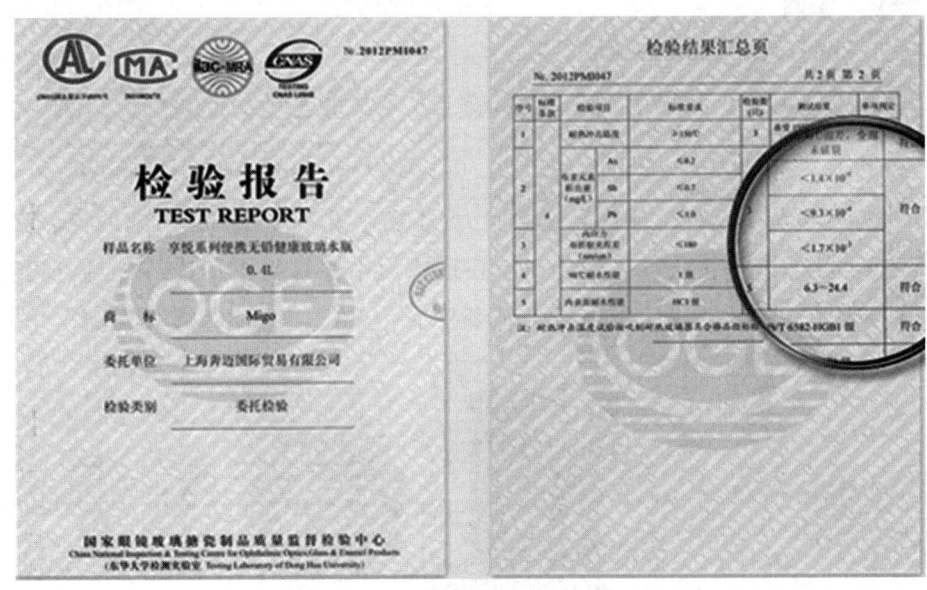

图 3-34 某水杯的证书展示

8.买家反馈信息

买家反馈展示包括好评如潮的相关截图、网络红人的使用体验、买家秀等。但很多买家都觉得截图并不真实,不如页面上系统自带的宝贝评价可信度高,因为卖家更愿意相信买家,所以也可以不加好评截图,让买家自己去看评价详情,提高其对此宝贝的认同感,如图 3-35 所示。

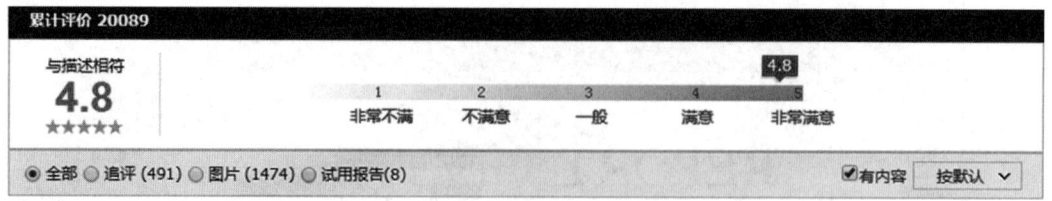

图 3-35　某养生壶的买家反馈信息

9. 包装展示

一个好的包装不仅可以体现店铺的实力,还能让买家放心购买店铺的商品。展示精细严密的包装,就是在向买家保证商品在运输途中不易受损坏,不仅能体现卖家的诚意,还体现了卖家的专业性。如图 3-36 所示。

图 3-36　某水杯的包装展示

10. 购物须知

购物须知包括邮费、发货、退换货、洗涤保养、售后问题等。提供详细的购物须知可以有效地减轻客服的工作量。如果商品存在物流问题,比如易碎品或液体侧漏等,还需提前在图片或文字中提醒买家,以免买家收到货物后给店铺不好的评分。如图 3-37 所示。

本店为MIGO品牌官方直营店，所有出售的商品均为官方正品，在本店购买的商品均可提供质量保障服务，真空保温产品保质期为3年，非真空产品保温保质期为1年。

 关于发货
在您成功付款后一般1天内安排发货，法定假日及活动期会有所顺延。按照买家留地址发货，请保持联系方式通畅。
默认快递为韵达、汇通、邮政小包。需发顺丰请联系客服补足运费额差。
请签收快递前，务必检查商品外包装完好，如发现破损可拒绝签收并联系客服人员，如果不检查签收，因物流运输所造成的损坏，本店不负责任，敬请理解。

 关于色差及尺寸
所有商品图片均为专业摄影师拍摄，后期精心修制及颜色调整，尽量与实物商品保持一致，但由于光线色温不同及显示器色彩偏差，可能导致实物与照片存在偏差，不属于质量问题，最终颜色以实际商品为准。
本店产品尺寸重量均为人工测量，仅供参考，可能因不同测量方式、工具等原因造成误差。

 关于工艺
MIGO塑料杯盖一般采用注塑工艺，在收尾时会有节点，并非产品瑕疵，请了解。
MIGO不锈钢杯采用特殊熔接工艺成杯筒，熔接处会产生缝印，这属于正常，没有缝印的杯子一般是加了化学涂层，掩盖住缝印，化学涂层使用久了会脱落并随水进入人体，对人体形成危害。MIGO坚持不使用任何化学涂层。

 关于退换货
按照国家三包规定执行，同时必须保证产品、配件及包装完整。
① 在签收产品后一周内如有质量问题无条件退换货，我们按照本店铺运费标准承担往返运费。
② 在签收产品后二周内如有质量问题无条件退换货，各自负责单程运费；
③ 若因个人喜好原因，在产品未开封使用、包装完整情况下签收7天内可以退换货，买家承担来回运费。

图 3-37　某水杯的购物须知

三、详情页切图

详情页设计完成后要上传到宝贝详情页。我们经常可以发现有些店铺由于详情页图片过大而使加载时间很长，很多买家会因为缺乏耐心而跳出页面。一般来说，做好的详情页都很长，这些宽度750像素、高度超过7000像素的图片，在一般的网速下，如果不加载5分钟都看不到图片。所以，必须对做好的详情页进行切片上传，建议详情页图片不宜超过25张，宽度与高度分别控制在750像素与1500像素左右，而且单张图片大小不宜超过300K，否则没等图片加载完，买家就直接关掉页面了。

此外，由于网速太慢会出现切割的图片被断开，所以在切割时还要尽可能把每张切片切割成一个完整的图片。

四、切片工具

Photoshop的切片工具（见图3-38）可以按要求截出图片的任何一部分，同时一张图可以切多个地方。Photoshop的切片在"另存为"的时候就能将所切的各个部分分别保存为一张图片。

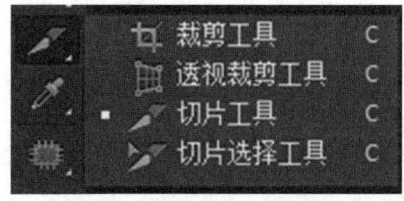

图 3-38　切片工具

切片工具的作用：可以在不改变尺寸的前提下缩小图片的大小，使网页在相同的网速下加载速度更快;还可以对每张切片加上链接,省去了 Dreamweaver 软件的应用。

保存切片:选择"文件"→"存储为 WEB 和设备所用格式"。若只需要代码文件,存储格式选择"仅限 HTML";若两者都需要,选择"HTML 和图像"。

任务实施

一、实训任务

1.商品详情页图片的设计与制作

请同学们根据模拟开店实训任务所选择的经营产品设计商品的详情页图片,详情页图片由文字与商品图片构成。

2.库存商品发布

(1)进入电子商务网店运营平台的商品发布后台;

(2)点击商品信息管理界面中的"库存商品列表"按钮,如图 3-39 所示,进入"库存商品"页面。

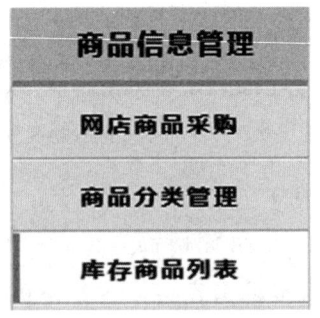

图 3-39　商品信息管理界面

3.商品基本信息发布界面

在库存商品列表中选择需要发布的商品。商品发布后可以看到剩余的商品库存数量、商品分类、商品销售价格、下架时间等信息。如图 3-40 所示。

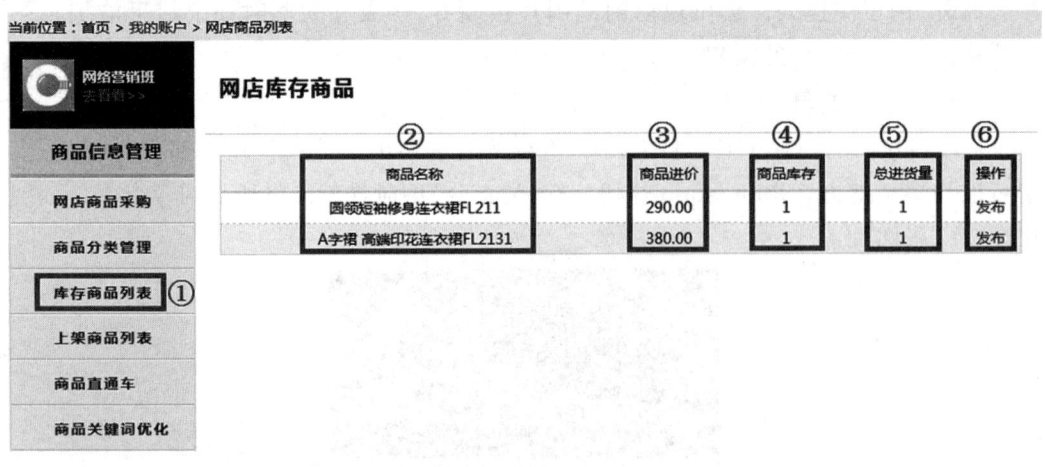

图 3-40　商品基本信息发布界面

4.网店商品详情发布

(1)填写商品名称。商品名称要注意中心关键词和匹配关键词的分配,让商品更容易被搜索引擎搜索到。另外，填写商品名称时要注意突出商品的卖点，以吸引买家进入查看。

(2) 填写其他基本信息：①库存商品，库存可以体现商品的库存量；②计量单位，计量单位为商品的计数单位，如件、瓶等；③市场售价，商品的销售价格，注意价格的设置技巧；④商品分类，商品属于什么类；⑤下架时间等（如图 3-41 所示）。

(3) 上传商品图片。将之前处理和设计好的商品图片上传。

(4) 商品描述。该部分为商品的详情页内容，这是买家最关注的部分，描述详情页设计是买家决定是否购买的关键。请同学们根据已学习的知识进行制作，主要包括商品介绍（材质、功能、尺寸、颜色等），实物图片（搭配图、多角度图、不同使用场景图片等），效果图（如效果对比图、模特展示图等），商品细节介绍（设计细节、工艺细节等），品牌故事（品牌说明、品牌起源等），其他说明（售后服务、物流服务等）。也可以将已经设计完毕的商品详情页上传到商品相册，便于后期直接上传；向商品描述页内插入已经设计好的商品详情页图片。

(5) 商品详情页完成后，单击"保存"后就可以在网店商品展示页面里面看到。商品发布后在网店库存商品列表里面可发现商品的状态变为"已上架"。如图 3-42 所示。

图 3-41　网店商品信息发布界面

网店库存商品

商品名称	商品进价	商品库存	总进货量	操作
A字裙 高端印花连衣裙FL2131	380.00	1	1	已上架
圆领短袖修身连衣裙FL211	290.00	1	1	发布

图 3-42　商品状态变化

（注：实训任务源自 i 博导平台：http://www.ibodao.com/User/Appliance/ls/id/12.html。）

二、实战任务

了解详情页制作的设计方法及步骤,以学习小组为单位,根据自己网店的内容,制作并上传宝贝详情页。将小组设计的宝贝详情页,按照文案撰写、版面设计、色彩应用、制作技术以及详情页创意等指标进行评价。

任务评价

任务编号	任务3-2	
任务名称	商品描述与发布	
任务完成方式	个人完成、小组协作完成	
任务评价内容	分值	
商品描述信息是否完整	20	
详情页设计是否有创意	20	
详情页设计是否突出卖点	20	
小组网店详情页制作实战	40	
成绩评定	自我评价	20%
	小组评价	20%
	教师评价	60%

任务三 网店商品信息更新

任务导入

刚经营网店时,小林总是等手中的商品销售完再去更新商品。后来小林发现这样做其实节奏有些慢了,因为消费者总是在追求新鲜感。因此,网店在经营过程中就要及时更新商品,用新鲜的东西来牢牢抓住消费者的目光。

任务分析

对导入中的情景进行分析,网店商品信息更新任务中需要理解两个问题:(1)上架新产品;(2)更新原来的产品。

一、上架新产品

我们经常会看到有些商品是有新品标签的,其实只要有这些新品标签,在同等情况下,引流效果会好很多。这就要求网店经营者要不定期上新品,保持一定的上新频率,这样对店铺的帮助是很大的。

二、更新原来的产品

针对一些问题产品,如零效果的产品、重复铺货的产品、效果差的产品,应该进行修改与更新,以提高产品的曝光量。当一些产品的的信息发生改变时,也应对宝贝信息进行修改。比如供应商由于销售、库存、研发等原因,会对销售的产品随时进行调整。同样,产品信息发布上网后,也要进行更新,让店铺里的产品和现实中的产品保持一致,方便买家和店主洽谈。更新原来产品的流程如下:

第一,进入卖家中心。

第二,在卖家中心左侧找到出售中的宝贝,每个宝贝下面都有一个选项——"编辑宝贝"。

第三,点击"编辑宝贝",打开每个产品的详细资料页面,然后将打算修改的资料逐项修改,例如一口价标题类目主图、运费模板的修改等。

知识学习

一、宝贝上下架注意事项

把控宝贝上下架的时间对于新品权重来说是非常重要的。很多不明就里的商家对于上架产品的操作显得没有计划性,这样不仅会造成与强大竞争对手竞争,也会造成本店宝贝之间互相竞争。上下架的时间,应注意以下三点。

(一)全店上下架时间错开

首先卖家要知道自己的黄金时间,也就是买家购买宝贝的高峰期。一般淘宝的高峰期是 11:00—16:00 和 19:00—23:00 这两个时间段(同时,也要视类目来区分),卖家店铺的黄金时间段看销量数据("生意参谋"实时概况或者"生E经"),自己店内的宝贝上下架时间也要错开,避免自己和自己竞争。

(二)关键词优化

网店的宝贝展示也是动态展示的,系统会不断更新。一般白天 15 分钟更新一次,晚上 19:30—23:30,30 分钟更新一次,所以,两个关键词相差不大的宝贝白天上架间隔 15 分钟,晚上间隔 30 分钟。

(三)同行上下架时间分析

首先要知道对手宝贝的上下架时间,可以查看"生E经",也可以通过第三方插件查看。如图 3-43 所示。

图 3-43　第三方插件查看宝贝上下架时间

二、更新商品信息流程

更新商品信息是指对已经发布的商品进行信息维护和修改，包括商品类目的调整、商品标题的调整以及商品基本属性的修改等。具体的更新流程如下：

步骤 1　进入到卖家中心以后，点击左侧的"宝贝管理"，在"宝贝管理"中点击"出售中的宝贝"，即可进行修改宝贝信息（如图 3-44 所示）。

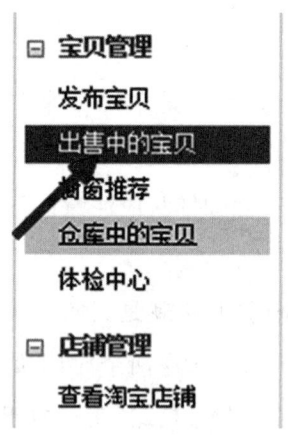

图 3-44　进入"出售中的宝贝"

步骤 2　点击"出售中的宝贝"之后，选择商品中的"编辑宝贝"，即可进行修改。

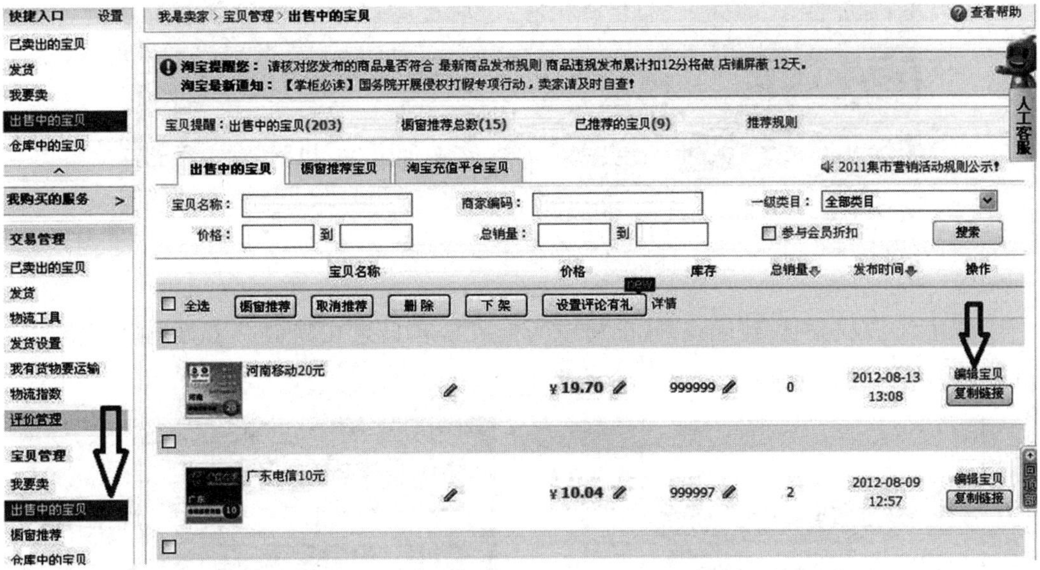

图 3-45 进入"出售中的宝贝"页面

步骤 3 进入"宝贝基本信息"页面，更新信息。

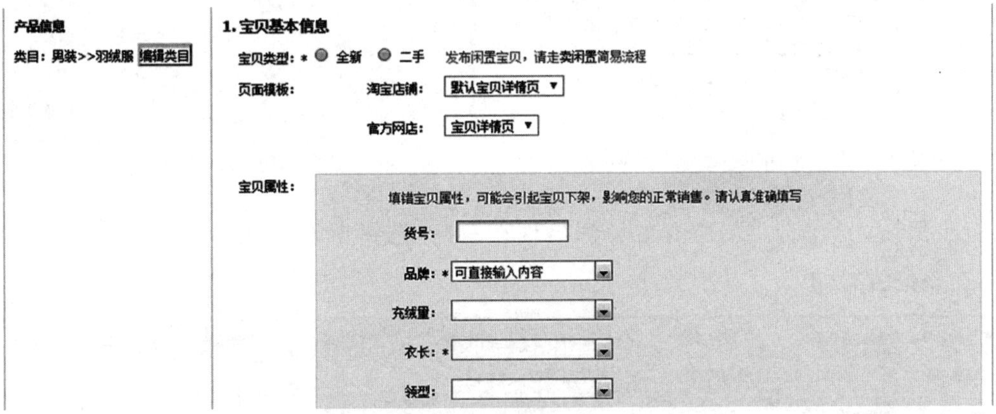

图 3-46 修改"宝贝基本信息"

任务实施

一、实训任务

本实训任务是使用"淘宝助理"批量修改宝贝。

步骤 1 使用旺旺账号登录"淘宝助理"，点击"我的助理"→"宝贝管理"按钮，进去之后先找到"同步宝贝"，同步后才能在"淘宝助理"里面看到自己店铺的宝贝。

图 3-47 "宝贝管理"界面

图 3-48 "同步宝贝"界面

步骤 2 在左侧找到并点开"出售中的宝贝",若只想在其中一个分类里面修改宝贝题目和插入图片,那么就选择这个分类。

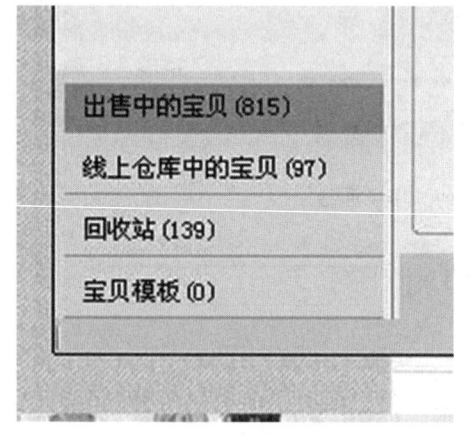

图 3-49 "出售中的宝贝"界面

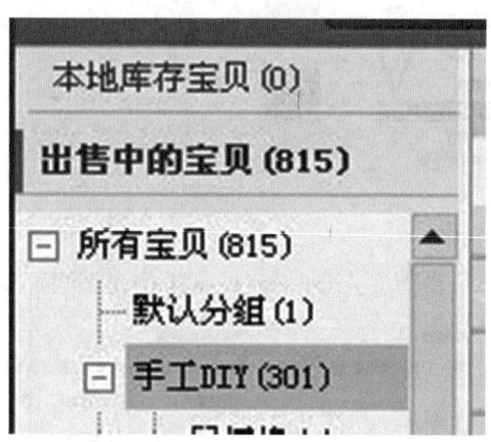

图 3-50 选择分类

步骤 3 这个分类的所有宝贝都出现在右侧,选择所要修改的宝贝,如图 3-51 所示,在该位置打勾。

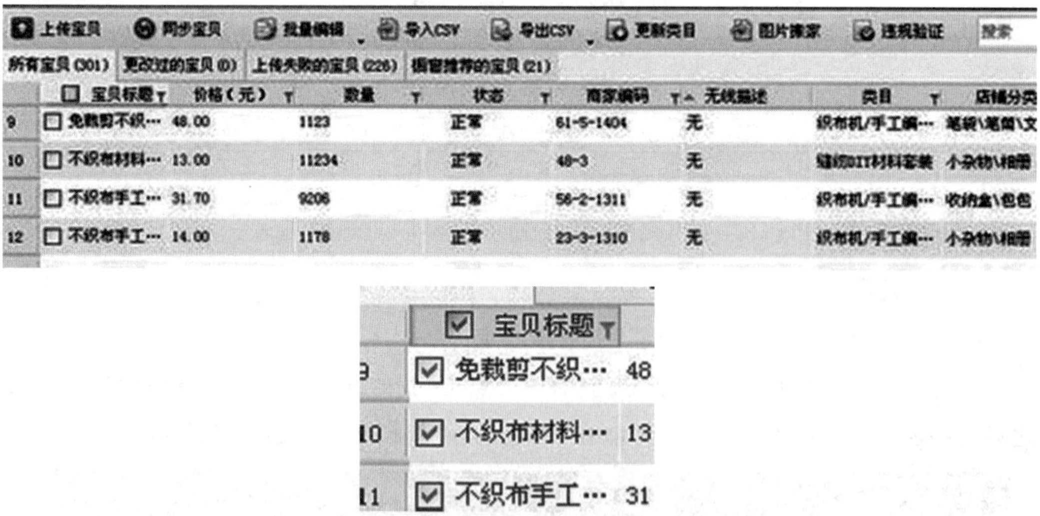

图 3-51 打勾

步骤4 选择"批量编辑"。例如我们先修改整个类目宝贝的名称,就选择"标题"→"宝贝名称"。

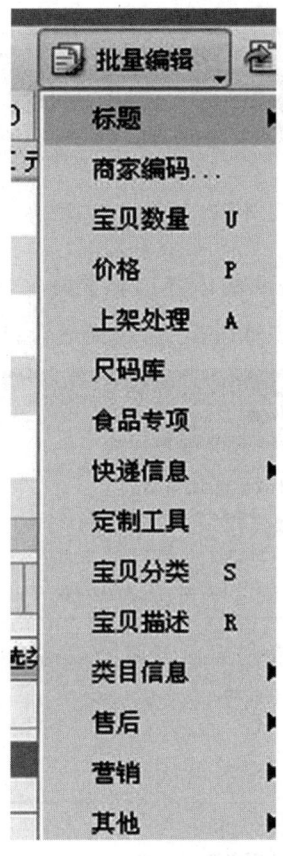

图 3-52 "批量编辑"界面

这时可以看到有几种非常实用的替换方法,选择你想做的,增加前缀或者替换文字等等,保存并预览,满意后可以上传宝贝。

图 3-53 "替换方法"界面

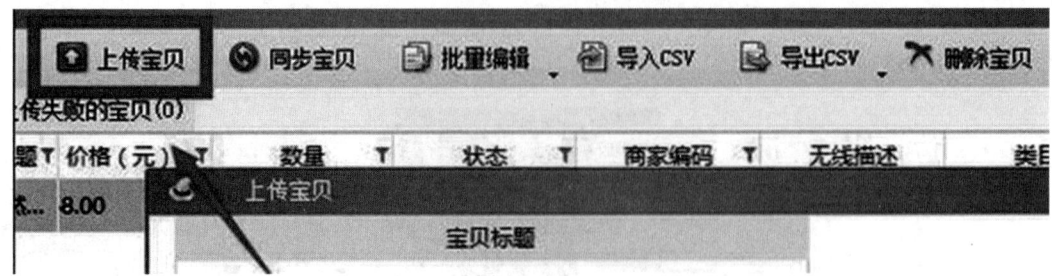

图 3-54 "上传宝贝"界面

步骤 5　如果想修改宝贝说明的内容也非常简单,还是选择"批量编辑"→"宝贝描述",可以发现这里也仍然有许多修改类型,找到适合自己的。

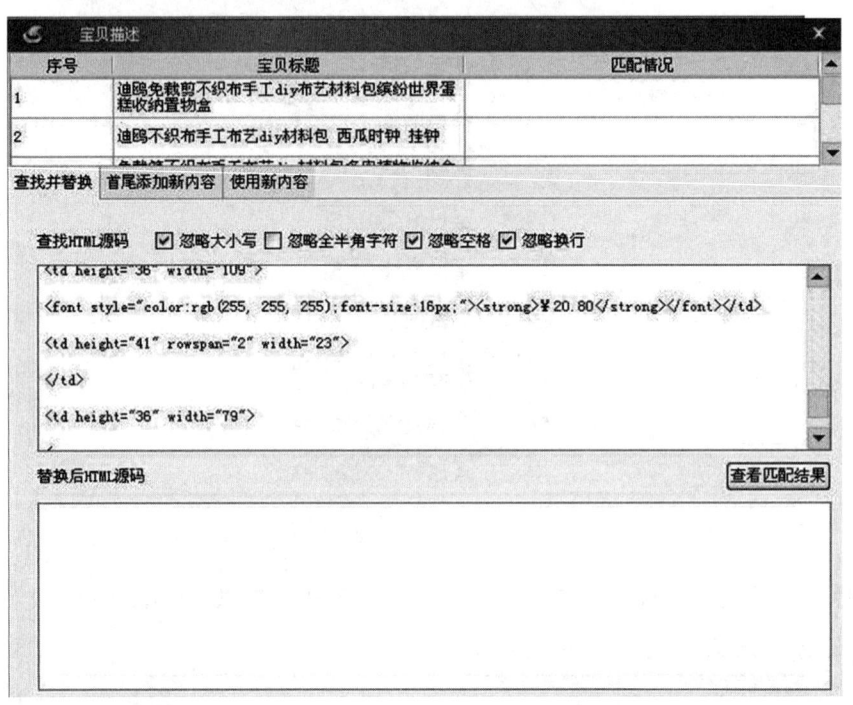

图 3-55 "宝贝描述"界面

这里需要填写的是 HTML 源代码,上面填写要被替换的代码,下面填写新的代码。如果想去掉某一处代码,只要上面填写不需要的代码,下面空着,这个代码就可以全部去掉。

步骤 6　修改满意后保存并预览,选择"上传",整个类目的所有宝贝全部都修改完毕。

二、实战任务

以学习小组为单位,根据商品库存、价格、描述等变动情况,对商品信息进行批量更新。

任务评价

任务编号	任务3-3	
任务名称	网店商品信息更新	
任务完成方式	个人完成、小组协作完成	
任务评价内容	分值	
使用淘宝助理批量修改宝贝实训	50	
商品信息更新实战任务	50	
成绩评定	自我评价	20%
	小组评价	20%
	教师评价	60%

【学习巩固】

一、单项选择题

1.设计商品详情页的主要原因是(   )。

A.从顾客的角度出发展示商品

B.丰富店铺展示的内容

C.从卖家的角度出发展示商品

D.方便管理商品

2.在设计商品详情页面过程中,第一步要做的是(   )。

A.了解商品详情页的组成

B.选择商品描述页的配色方案

C.手机商品详情页的素材

D.设计商品详情页的内容

3.网店需要及时更新商品,这样做的理由是:(   )。

A.会让顾客感觉到您的网店有人在照料,生意兴隆,也是采购货源方面实力的体现

B.如果无法做到频繁更新,就不更新

C.一次性把新商品全部添加上去

D.写都写好了,就不用修改,顾客看得懂就行了

4.Photoshop软件里"Ctrl+Enter"快捷键的作用是什么?(   )

A.复制图层   B.路径转化为选区

C.选区转化为路径   D.选择反向

5.以下关于详情页的说法,正确的是:(   )。

A.作为设计师一定要用图说话,所以宝贝详情页都要做成图片,以吸引买家

B.以细节图片和文字无限放大产品卖点、一般工艺、材质等细节说明,让买家更多地了解所展示宝贝的部分效果

C.产品类比就是与同类产品进行比较,挖掘本产品与其他产品的不同优势

D.为了增强买家对产品的信任度,截图放上大量好评可以增强买家对产品的信任感

6.一个卖家用影室闪光灯拍衣服,曝光不足有些暗,调整相机哪些参数可以使得图片更明亮?（　　）

A.色温、快门速度和光圈　　　　　B.ISO、快门速度和光圈

C.图片大小、快门和 ISO　　　　　D.焦距、快门速度和光圈

7.关于相机自动曝光,下列说法正确的是:（　　）。

A.自动曝光时大面积白色会显得更白,所以要减曝光

B.A（AV）不属于自动曝光

C.M 档是程序曝光模式,属于自动曝光

D.P 档可以全自动调节,不懂摄影的初学者可以选此项

8.以下哪个选项不属于店铺中的页面管理?（　　）

A.店铺基础页　　　　　　　　　B.店铺标签页

C.宝贝列表页　　　　　　　　　D.宝贝详情页

9.常见的三种服装拍摄环境是指室内布景、室外街景和（　　）

A.海滩　　　　　　　　　　　　B.房间

C.摄影棚内　　　　　　　　　　D.风景

二、多项选择题

1.为了让商品有竞争力,我们需要对商品做到以下哪些修改?（　　）

A.给商品起好标题

B.准备好商品图片,有必要时也可以适当处理一下

C.写好商品介绍文字

D.利用免费模板制作自己的商品介绍页

2.淘宝卖家发布宝贝的条件是（　　）。

A.卖家必须已经通过身份认证

B.卖家必须支持支付宝交易

C.按照发布环节中的要求填写符合条件的发布信息

D.所发布的商品必须遵守违规商品管理规则

3.商品描述页的组成包括以下哪些内容?（　　）

A.基础描述栏目　　　　　　　　B.强化增值栏目

C.营销刺激栏目　　　　　　　　D.宝贝分类栏目

4.详情页描述遵循的基本步骤包括以下哪些？（   ）

A.引发兴趣   B.激发潜在需求

C.赢得消费信任   D.替顾客做决定

5.为了使照片不会因单调、呆板而显得过于平淡，我们可以采取什么方法？（   ）

A.利用环境和饰品营造出商品使用的意境

B. 让光线有明暗对比

C.带上点近景，或者隐隐约约保留一点颜色比较淡的远景，以增强立体感，表现出丰富的拍摄层次

D.画面色彩的变幻和明暗跳跃

三、技能训练题

1.通过本情境的学习，请你为自己店铺中的一款产品设计一个详情页，主题、文案、配色根据店铺需要自拟。

2.讨论商品详情页结构的布局。

◆ 情境四 ◆
网店推广

【学习情境导入】

如何内外兼修地推广店铺

小吴经营一家球鞋淘宝店铺,目前店铺平均利润达到4000元/月,有4钻信誉。在小吴看来,在淘宝上开店,货源和价格是首要条件,但是真正想把店铺经营好,还需要通过宣传和推广才可以。小吴的店铺采用动感时尚的色彩搭配,大气又不乏细致的布局,颜色鲜亮的宝贝图片,加上4钻信誉,给消费者产生可信任的感觉。由于店铺经营的都是品牌球鞋,只有装修上去了才能衬托出产品的档次,让顾客觉得物有所值。在淘宝上给买家展示的商品信息主要是通过图片和文字介绍,所以店铺中商品的图片除了由厂商提供以外,小吴还从多个角度为商品拍摄了图片。店铺装修、店铺名称、商品名称以及商品描述等都属于内功,练好内功才能留住消费者,而吸引消费者则需要练好外功。小吴通过以下推广方法来宣传店铺:

一、购买旺铺并加入消费者保障计划

旺铺拥有普通店铺无法比拟的优势,模板可自定义的布局更多,卖家可以通过图片和文字更好地对自己的商品进行描述和展示。消费者保障计划可以在一定程度上提高店铺的信誉度,减少消费者的消费顾虑。

二、充分利用自己的空间

小吴经常在个人空间写一些关于自己经营店铺的文章,这样可以让消费者更了解自己,从而拉近与消费者的距离,增加信任感。

三、积极到消费者社区发帖

消费者社区是淘宝网的消费者购物交流平台,拥有很旺的人气,卖家经常在社区发表帖子和回复帖子,以提高自己的知名度。如果帖子能被设置为精华帖,将带来不少的浏览量,也会为店铺带来潜在的消费者。

四、交换友情链接

合适的友情链接可以给店铺带来流量,可以挑选一些经营的商品类目与自己经营项目相关但又不构成竞争关系的店铺交换友情链接。

五、参加平台的推广活动

淘宝网举办的促销活动有收费的,也有免费的,卖家可以根据自己的经营状况有针对性地参加。比较常用的有淘宝客推广活动,按照成交量收费,适合大部分卖家。当然,店铺资金预算充足的卖家可以购买平台的广告位如钻石展位,虽然费用高,但是效果比较明显。

六、店内开展促销活动

经常在店铺开展一些促销活动,并通过促销栏、论坛签名、阿里旺旺发消息等方式将促销活动宣传出去。

(注:案例源自吴琪菊、费一峰编著的《淘宝网开店与交易》)

【学习情境分析】

网店推广是网店运营中至关重要的环节。酒香也怕巷子深,卖家仅仅有好的网店装修和好的商品还远远不够,需要通过一系列宣传推广方法来吸引消费者,增加店铺流量和销量。因此,如何进行推广就是大家需要学习的。

1. 网店的推广策略和体系是什么?
2. 如何通过外部推广吸引流量?
3. 如何利用平台内的资源进行推广?
4. 如何做店铺促销来增加销售量?

网店营销推广的工作过程是:熟悉网店推广体系→进行网店站外推广→进行网店站内推广→进行网店店内推广。

【学习情境目标】

岗位细分	工作任务	技能目标	知识目标
网店推广岗位	任务一 网店推广体系	1. 能够抓住买家的购物心理过程 2. 能够设计网店的推广体系	1. 了解消费者购物心理 2. 熟悉网店推广策略 3. 掌握网店推广体系和步骤
	任务二 网店站外推广	1. 能够进行淘宝客推广 2. 能够参加独立第三方平台的活动 3. 能够利用微博、社区、微信等方法进行站外推广	1. 了解站外营销推广的方法及工具 2. 熟悉第三方平台的促销活动 3. 掌握微博、社区、微信等推广知识
	任务三 网店站内推广	1. 能够利用站内SEO(搜索引擎优化)进行推广 2. 能够利用直通车、钻石展位和淘金币等进行推广 3. 能够报名参加站内的常规促销活动	1. 了解站内推广的方法及工具 2. 熟悉站内的常规促销活动 3. 掌握站内SEO的原则 4. 掌握直通车、钻石展位、淘金币相关原理

续表

岗位细分	工作任务	技能目标	知识目标
网店推广岗位	任务四 网店店内推广	1.能够通过打造爆款进行网店推广 2.能够通过开展多种促销活动进行网店推广	1.了解店内营销推广的重要性 2.掌握店内营销推广的主要内容 3.掌握店内促销活动的类型

任务一 网店推广体系

任务导入

小林是一名电子商务专业的大学生,由于课外时间比较充裕和自由,开了网店。一方面希望通过网店经营来应用自己所学到的专业知识,另一方面也希望可以赚一些零花钱,减轻家庭经济负担。可是网店开了一段时间了,产生的订单却很少,小林非常烦恼。于是,小林请教经营网店多年的学长。学长告诉小林,如果想要店铺生意好,只把网店开起来是远远不够的,还需要了解消费者的心理及购物过程,以此对网店制定推广策略和推广体系。

任务分析

根据任务导入中的情景进行分析,在网店推广体系任务中需要理解两个问题:(1)网店的推广策略;(2)网店的推广体系和步骤。

一、网店的推广策略

要制定网店的推广策略,首先要理解消费者的购物心理。消费者的兴趣和需求引起购物动机,对店铺的信任和满意引起购物行为。而一个成功的网店经营者还需要将消费者变为自己的忠实客户,所以需要提高消费者的黏着度。

二、网店的推广体系和步骤

要制定网店的推广体系和步骤,需要了解消费者的购物过程。消费者首先得发现你的店铺,然后进入店铺,挑选和购买商品,在商品和服务好的基础上,再次购买店铺的商品。根据此过程,制定网店的推广体系和步骤。

知识学习

一、网店推广策略

(一)吸引买家眼球策略

互联网时代是一个信息爆炸的时代,在众多的店铺和商品信息中,能吸引消费者眼球是一个至关重要的推广策略。"吸引眼球策略"即如何让消费者在众多商品中发现你的商品，并被吸引进入你的店铺浏览，也就是要设法在买家能够接触到信息的地方，设置顾客感兴趣的信息。当前网店信息众多，要吸引买家的眼球，一是商品本身要有竞争力，例如某知名品牌的代理分销，或一些有新意、特别的商品，较容易获得顾客青睐。二是找准尽量多的信息接触点，通过多种信息投放渠道来展示商品信息，如空间论坛、博客、促销活动区、首页广告位、友情链接等都是有效的信息接触点。此外，站内搜索区是买家在购买商品时用得最多的工具，他们通常会通过关键字搜索商品，因而商品标题如何设置关键字组合就是重点。例如，下面是对同一商品的不同标题描述："珍珠项链"和"五钻推荐京润珍珠近圆强光白色淡水珍珠项链送妈妈婆婆送恋人"，显然，后者采用了"店铺信用等级＋商品品牌＋商品特性＋商品关键字"等多样关键字组合方式，因此更容易吸引消费者眼球，也更容易被买家搜索到。

(二) 促成交易策略

当买家对某个商品产生兴趣时，卖家应促进其由"打算买"向"现在就买"的转化。我们在实体店里会发现，卖家的一些限时打折、优惠活动、买满赠送等促销手段容易激发消费者的购买欲望，使其做出购买的决定。同样的，根据消费者心理行为，在网店，也需要通过一些促销手段来刺激买家的消费行为。所以，促成交易策略是卖家根据消费者心理特征，结合自身店铺情况，通过设置店内促销活动来推进交易进度的一种做法。如满就送、限时折扣、团购优惠、套餐搭配等促销活动，就是利用了顾客的消费心理，促使买家尽快做出购买决定。

(三) 增加消费者黏性策略

"增加消费者黏性策略"是指卖家在消费者购买商品后，通过客户关系管理、感情营销等方式，增加消费者黏性，使之再次购买并成为老客户的策略。著名的"二八"法则（即企业80％的销售额是由20％的消费者带来的）对于网店来说也是一样的。因此，在买家购买商品后，卖家要充分利用刺激其再次消费的营销手段和感情投资来增加消费者的黏性，例如赠送会员卡、积分、优惠券等；发货时赠送小礼品、贺卡等。例如消费者购买毛衣，收到货时发现多了一条毛衣链，可以和毛衣配套，还有贺卡等，这些细节会成为买家日后再光顾的重要因素。此外，还可以通过经常性的回访，表达对客户的关爱，来培养买家对网店的特殊感情和忠诚度。

二、网店推广体系

网店推广体系将以买家的购物流程为基础，这样才能取得更好的效果。下面将构建基于买家购物流程的推广体系。

(一) 让买家发现我的店

这个环节中，可以利用站外推广手段进行宣传，主要有博客营销、论坛营销、消费者社区推广、达人推广、微博营销、微信营销、第三方活动等。通过站外推广，让更多的消费者知道店铺的存在，提高曝光度。

(二) 让买家进入我的店

这个环节中，可以利用站内推广手段进行宣传，主要有平台黄金广告位、平台官方活动等。当买家已经进入平台内，这时店铺需要在平台内众多经营同类商品的店铺中吸引到消费者的注意,通过平台内的推广方法,可以达到这个效果。

(三)让买家购买我的宝贝

这个环节中,需要给买家可以信任的感觉。买家第一次光临店铺时,通常关注的是卖家的信誉、店铺的专业性、商品详细信息和评价等,因此卖家就要针对这些需求提供专业信息,如提供清晰、主题突出并具美感的商品图片,以及详尽的文字说明。在取得买家购物信任之后,可通过店内的促销推广手段来刺激其购买,如满就送、折扣、套餐搭配等。

(四)让买家再次购买

这个环节中,主要通过店内的推广手段让买家进行再次购买,如赠送再次购买优惠券、积分兑换、现金红包等。消费者为了不浪费优惠券、红包、积分等,容易产生再次购买的行为。

三、网店推广步骤

根据消费者的购物心理和购物过程,确定网店推广的步骤,如图 4-1 所示。

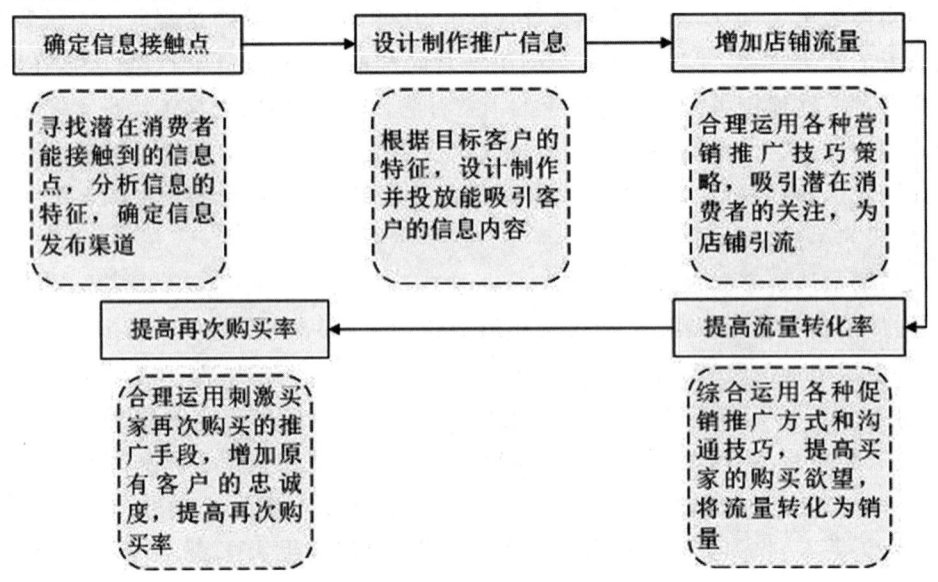

图 4-1 网店推广步骤

以上是网店推广的策略原则和体系,由于目前开店的主流平台是淘宝网和天猫网,所以,接下来的任务中将以淘宝(天猫)网为开店平台进行站外推广、站内推广以及店内推广的分析和实践,但是推广思路在其他开店平台也是类似的。

任务实施

一、实训任务

由教师挑选某家网店作为实践任务的对象。任务按照小组实施,小组成员根据教师确定好的对象进行分析。分析的内容包括网店开设时间、网店商品属性、商品受用人群等。小组根据分析结果制定推广策略和体系,随后将策划好的方案提交给教师点评。

二、实战任务

以学习小组为单位,对本小组所开设的网店进行市场定位和消费者行为分析,并以此为基础制定本网店的推广策略和推广体系。

任务评价

任务编号	任务 4-1	
任务名称	推广策略和体系的制定	
任务完成方式	小组协同完成	
任务评价内容	分值	
是否理解网店定位和消费者消费心理	20	
对推广策略的制定是否合理	40	
对推广体系的制定是否合理	40	
成绩评定	小组评价	20%
	教师评价	80%

任务二 网店站外推广

任务导入

小林在经过网店推广策略和推广体系的学习和应用后,明白要想让店铺的生意红火起来,首先必须要让消费者发现自己的店铺。要让消费者知道自己店铺的存在,就需要进行站外推广。于是,小林认真学习和应用网店站外推广方法和工具。

任务分析

根据任务导入中的情景进行分析,在网店站外推广任务中需要理解两个问题:(1)站外推广的方法和工具;(2)站外推广的流程。

一、站外推广的方法和工具

在站外推广的应用中,主要有淘宝客推广和第三方平台活动推广。除此之外,还需要借助其他的互联网营销方法和工具,如博客营销、微博/微信营销、论坛营销等方法,以此加大店铺的曝光度,引起消费者的注意,实现其展示目的。

二、站外推广的流程

在利用站外推广的方法和工具时,要注意应用的原则、技巧和使用的条件,并掌握具体的操作流程。

> 知识学习

一、淘宝客推广

淘宝客推广,是一种按成交计费的推广模式,淘宝客从淘宝客推广专区获取商品代码,通过微博、聊天工具、论坛、贴吧等工具进行推广,任何买家经过淘宝客的推广进入店铺完成购买后,淘宝客就可得到卖家支付的佣金。

(一)淘宝客推广类型

淘宝客的推广主要可以分成两大类:

(1)拥有独立平台的专业淘宝客。这类淘宝客精通网站技术,搭建专业的平台,如淘宝客返利网站(优秀淘宝站内 APP:开心赚宝、惠集网、返利、QQ 等)、独立博客、商品导购平台、用户分享网来吸引客户,赚取一定的佣金。

(2)自由的淘宝客。这类淘宝客没有固定的推广方式,不管技术还是实力都不是很雄厚,主要采用论坛、博客、SNS 平台或者微博、邮件、Q 群等作为推广方式。这类推广方式很适合大众新手。

(二)店铺参加淘宝客推广的条件

(1)店铺星级在一星以上或参加消费者保障计划;

(2)店铺非虚拟交易近半年的 DSR(detail seller rating)评分三项指标不得低于 4.5(开店不足半年的从开店之日起算);

(3)店铺好评率不得低于 97.5%;

(4)店铺状态是正常的;

(5)店铺内一口价的商品大于等于 10 件,拍卖品不能参加推广;

(6)店铺内商品状态正常,并且结束时间比当前系统时间晚。

(三)招募淘宝客的方法

(1)被动等待淘宝客。卖家设置好淘宝客推广的商品和佣金,被动等待淘宝客来推广。这种方法效果不是非常好。

(2)主动招揽淘宝客。卖家到与淘宝客相关的网站论坛上发帖,通过发表具有吸引力的帖子,吸引感兴趣的淘宝客。

(3)加入广告联盟。淘宝联盟因为其本身的资源优势,成为效果很好的广告联盟,推广效果好。

(四)淘宝客的推广技巧

(1)设置有吸引力的推广佣金。佣金是吸引淘宝客的主要因素,佣金的设置比例是 1.5%~50%,有些店铺设置了 30% 以上的佣金,对淘宝客的吸引力很大。

(2)额外奖励机制。店铺如果希望有更多的淘宝客进行推广,可以在佣金以外,设置额外的推广激励计划。

(3)设置有吸引力的标题,突出推广商品的亮点和卖点。如果这件商品有很大的销售机会,便会吸引淘宝客前来推广。

(4)推广爆款商品。如果卖家推广的商品是销售量高的宝贝,能给淘宝客带来很大的信心,就会吸引淘宝客推广。

(五)淘宝客推广流程

步骤1　点击进入"我的淘宝",依次进入"我是卖家"—"营销中心"—"我要推广"—"淘宝客"。如图 4-2 所示。

图 4-2　选择淘宝客推广

步骤2　页面跳转至"阿里妈妈"协议页面,浏览完协议,点击"下一步"。

步骤3　进入"支付宝"代扣协议页面,阅读完协议并填入需要绑定的支付宝账户及密码,点击"下一步"。

步骤4　进入"推广计划管理"设置页面(如图 4-3),有以下三种推广计划类型:

通用推广计划:可设置 1 个,适用于全店的推广计划。

定向推广计划:可设置 9 个,适用于卖家自己举行淘宝客推广活动,针对某一淘宝客群体发起该计划。4 钻以上的淘客才能参加该计划。

工具推广计划:可设置 1 个,卖家针对某个推广渠道设定该计划。

图 4-3　新建淘宝客推广计划

二、第三方平台活动

第三方平台活动是指平台以外的主体组织的活动,如和淘宝合作的独立促销平台和导购网站。比较有影响力的有聚卖网、独唱团、特价猫、秒爆品、众划算、试客联盟等(如图4-4所示)。第三方平台的活动主要有1元秒杀、9.9包邮、1~5折等。卖家可以通过在需要的第三方平台报名,通过审核后,参加促销活动。

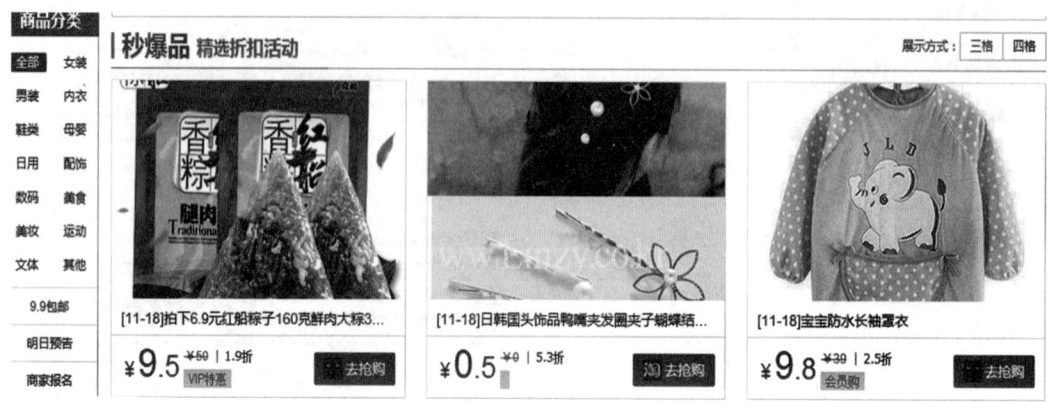

图4-4 秒爆品活动

(一)如何找到第三方活动平台

(1)通过链接地址:http://daohang.taobao.com/pingtai,进入营销平台活动导航页面,可以发现有第三方活动和官方活动。

(2)在"平台活动"下找到"第三方活动",就可以进入促销平台页面(如图4-5所示)。卖家可以根据店铺的信用等级查看相应的促销平台。

图4-5 第三方促销平台界面

(二)活动的参加条件

第三方活动基本都有一定的条件要求,打开活动的报名页面,就可以看到各项活动的条件要求。主要包括以下几个方面:

(1)店铺资质要求：B店（商城店）、C店（集市店）；开店时间长短；是否加入消费者保障计划；店铺动态评分，DSR值；违规级别要求等。

(2)商品要求：商品近一个月的销售量、参加活动的商品数量、价格折扣、好评数量、产品证书等。

所以，在参加某项活动之前，要先了解各个活动的要求和流程。

(三)活动参与流程和注意事项

1.活动报名流程

第一，报名，选择活动主题并签约，提交报名信息。第二，审核排期，系统审核加小二审核，小二排期，冻结保证金等。第三，活动上线，缴交费用，商品上架展现。第四，活动结束，保证金结算。

2.注意事项

参与活动的目的要明确，比如是为了树立品牌形象、清理库存还是提升新品销售量，活动的目的涉及产品的选择、定价和后期服务，非常重要。

提前做好相关工作。提前做好店铺商品销售、评分、DSR评分，以免报名失败；提前做好活动商品的详情页设置以及商品关联销售，促进活动期销售量和客单量的提升；提前做好客服培训和分工，避免流量增加后客服无法从容应对；提前做好库存和资金的准备，避免出现供货不足和资金短缺的问题；提前做好活动预热工作，促销通知到老客户，以免冷场，造成库存。

三、社交媒体站外推广方式

(一)论坛、博客推广

论坛参与者一般是具有某些共同兴趣和爱好的群体，了解论坛的群体是什么类型，卖家就可以确认商品是否适合在此推广，如天涯论坛、地方性论坛等。博客推广是利用博客这种网络应用形式开展网络营销。卖家可以利用博客这种网络交互平台，发布并更新店铺的相关信息，密切关注并及时回复博客上消费者的相关疑问以及咨询，并通过较强的博客平台帮助店铺零成本获得搜索引擎的较前排位，以达到宣传目的，如新浪博客、网易博客、腾讯博客等。

在论坛、博客上发布的内容可通过软文形式来表达，应避免太直接发布广告信息。因为论坛博客是网民交流观点的场所，硬性推广信息不会受到网民的欢迎。要有针对性地在论坛板块和博客板块上发布软文信息，这样会获得更好的效果。比如做童装的店铺，可以在育儿板块、亲子板块发布有关信息，并给予推荐或置顶。

(二)微博推广

要做好微博推广，首先需要选择一个用于营销推广的SNS（social network service，社交网络软件）平台，国外企业无疑会省心不少，只要选择Twitter或Facebook就可以了，对于国内企业来说，SNS平台还不甚明朗，新浪微博、人人网、嘀咕网等等都是非常流行的SNS沟通平台，企业可以选择一个流量大、覆盖率高、关注度较多的平台进行推广营销。如新浪微博联合淘宝开设出微博淘宝版，双方的合作主要体现在三方面：一是账号互通和店铺官微服务，二是更好的商品分享和用户沟通体验，三是更好的商家营销和促销功能。例如，"三只松鼠"品牌，在新浪微博就有自己的官方微博，这样可以与购买品牌产品的顾客进行互动，也可以方便快捷地展示网店的最新商品。"三只松鼠"官方微博如图4-6所示。

图4-6 "三只松鼠"微博推广

其次是考虑微博推广的内容。微博的内容可归纳为两大类，即原创类和转发类。原创类内容建立在原创的基础上，主要是以宣传店铺商品为主，发布关于商品的描述。例如，发布一条介绍"古伦"水晶盐的微博，介绍它的成分、产地、功效等，字数控制在140字以内。在发表时把写好的文字粘贴到文本框内，句末加上商品相应的网址链接即可。转发类内容是转发与经营商品行业有关的微博，与用户产生联系和互动。通过"评论＋转发"的形式产生新内容，这样不仅能丰富微博的内容，还能与参与微博评论的用户进行互动，使用户切实感受到微博运营团队的诚意与用心。

（三）微信推广

当今微信使用越来越普遍，信息交流的互动性更加突出，虽然博客推广也与粉丝互动，但是互动并不具备即时性，而微信就不一样了，微信具有很强的即时性，无论你在哪里，只要拥有一部安装了微信客户端的手机，就能够很轻松地同你的未来客户进行很好的互动。

一般来说，卖家首先要开设微信公众号，微信公众账号推广可以使用微信订阅号和服务号两种，二者的区别在于：(1)服务号不用认证，可免费申请自定义菜单，而订阅号需要认证。(2)服务号每月能群发4条信息，订阅号可以每天群发一条消息。(3)服务号群发的消息有消息提醒，订阅号群发的消息则没有提醒，并且直接放入订阅号文件夹当中。(4)服务号可以申请微信支付，订阅号则不能。

卖家通过微信公众号运营积累粉丝，可以策划一些活动，如转发就送××，关注送××等；微信的粉丝可以按照地区分类，这样可以有针对性地进行区域性的推广；活动策划要有目的，注重用户资料的收集，譬如关注微信公众号后回复"自己的姓名和手机号码"才能获得赠品等。在使用微信公众账号进行推广时，在推送内容的时候不能将一些电子商务网站的链接(如淘宝店铺链接)直接贴进聊天内容中,但是可以引导使用者用浏览器直接打开地址,如微信右上角的菜单中就有将链接在浏览器中打开的功能。微信内容编辑时可以做成简单的图文形式进行发送。需要注意的是要控制图片的大小,避免图片过大导致打开速度缓慢,否则用户体验的概率会大大降低。

任务实施

一、实训任务

利用 i 博导平台,以博客、论坛、微博、微信等站外推广方式进行模拟实训。

(一)登录实训平台

任务由个人完成,学生登录 i 博导学习平台 http://www.ibodao.com 个人中心,在"应用"中选择"电商技能竞赛平台"进入应用。如图 4-7 所示。

图 4-7　选择"电商技能竞赛平台"进入应用

(二)进入网店推广实训模块

在电商运营平台上点击"网店管理"中的"推广管理"免费推广按钮(如图 4-8)。

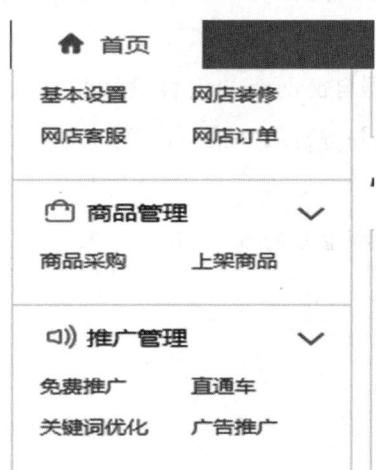

图 4-8　电商网店运营平台站外推广模块

(三)站外推广实训

进行博客、论坛、微博、微信、邮件等站外推广方式的模拟训练。

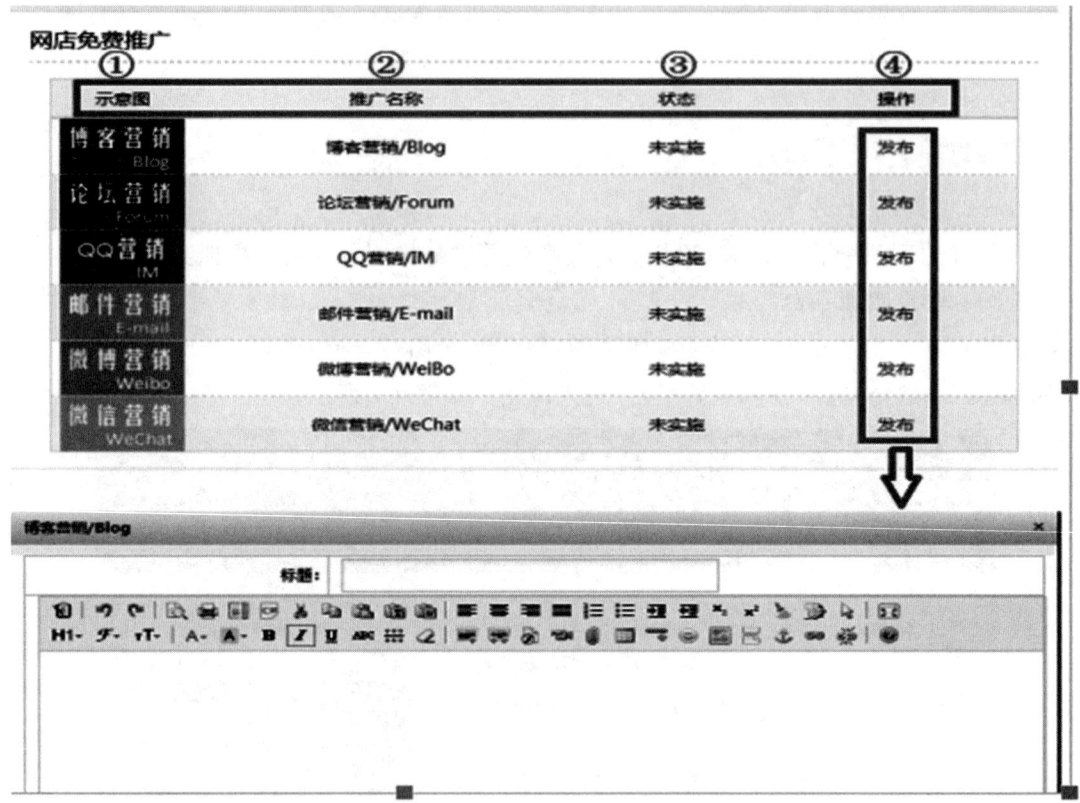

图 4-9 博客/论坛/微博/微信/邮件等推广方式

注意:各渠道发布推广文章图片等,还能带来流量和订单,应灵活使用。

(注:实训任务源自 i 博导平台:http://www.ibodao.com/User/Appliance/ls/id/12.html。)

二、实战任务

(一)站外推广实战

以学习小组为单位,根据自己网店的内容设计博客、论坛、微博、微信等站外推广体系,选择站外推广的方法,并进行站外推广内容的设计。

(二)淘宝客推广实战

将小组开设的网店进行淘宝客的推广,并关注推广效果,进行分析。

任务评价

任务编号	任务4-2	
任务名称	网店站外推广任务	
任务完成方式	个人完成、小组协作完成	
任务评价内容	分值	
站外推广方式和工具的选择是否合理	20	
博客、论坛、微博、微信等推广内容设计	40	
淘宝客推广	40	
成绩评定	自我评价	20%
	小组评价	20%
	教师评价	60%

任务三　网店站内推广

任务导入

小林在经营网店的过程中,发现虽然站外的营销推广活动能带来一定的流量,但是仍然没有非常明显的效果,想让消费者在平台的众多店铺中快速发现自己的店铺,进入店铺挑选商品并购买,成为店铺的回头客,还需要进行平台内的推广。他根据自己的推广目的进行网络搜索,发现有很多平台内部的促销推广方法。接下来,小林就将认真学习站内的营销推广活动如何开展。

任务分析

根据任务导入中的情景进行分析,在网店站内推广时需要理解两个问题:(1)站内推广的目的;(2)站内推广活动如何开展。

一、站内推广的目的

如果没有站内推广活动的引流,店内的营销推广会受到很大的影响,这也是店家小林遇到的问题。所以,如何让商品信息从店内走到站内,如何将消费者引入店铺内,是像小林这样的卖家非常关注的问题。这就要求网店需要在站内开展各种营销推广活动,吸引消费者的眼球,将站内流量引入店内,增加销售机会。

二、站内推广活动方式

小林确定站内推广目的之后,需要确定站内推广的方法。在以往的经历中,小林对站内的推广方式也有所了解。通过调查和网上搜集,小林了解到站内推广方式丰富多样,如直通车、钻石展位、码上淘、淘金币、参与平台促销活动等。小林明白如果能够有效利用平台的这些站内推广手段,可以大大提高店铺的流量和转化率。但是,站内推广的方式包括免费的和收费的,要充分利用免费的站内营销推广;针对收费方式,要根据自己的网店经营实际情况进行选择。于是,小林要学习如何利用站内营销推广方式来推广店铺。

知识学习

一、平台 SEO

平台 SEO(搜索引擎优化)是指卖家通过优化网店信息和商品信息,使得店铺的信息在平台搜索中的排名靠前,引起消费者的关注,进而带动商品销售的推广方式。平台 SEO 是网店不可或缺的免费流量渠道,大多数卖家主要通过搜索进入店铺,而且这个流量是免费的,可操作性强。那么如何进行平台 SEO 呢?

(一)网店名称

网店名称应在平台、百度等都可以被搜索到,这非常重要。有很多店主以为网店名称要简短易记,这其实是一个误区,网店的名字最多可以设置 30 个字符,要充分利用这些字符。一般可以做如下处理:把网店名称写在前面,后面再加上一些关键商品分类的词。例如:香港靓妞女童装独家定制品牌。卖家可以根据自己的网店进行联想,优化网店名称。

(二)商品标题

商品标题用于传达信息给买家,消费者搜索什么关键词?商品如何才能被搜索到?这是卖家非常关注的问题。所以,如何设置好标题关键字就显得尤为重要,涉及的关键词越多,越容易被消费者搜索到,标题关键词越准确,转化率就越高。判断和选择关键词可以从以下几个方面着手。

第一,通过搜索下拉框来判断关键词。把客户可能搜索的核心关键词放在搜索框中,相关的关键词就会以下拉列表的形式出现(如图 4-10 所示)。通过对不同的关键词进行测试,卖家能够发现大量的关键词,然后再根据自己的产品特点进行取舍设置。

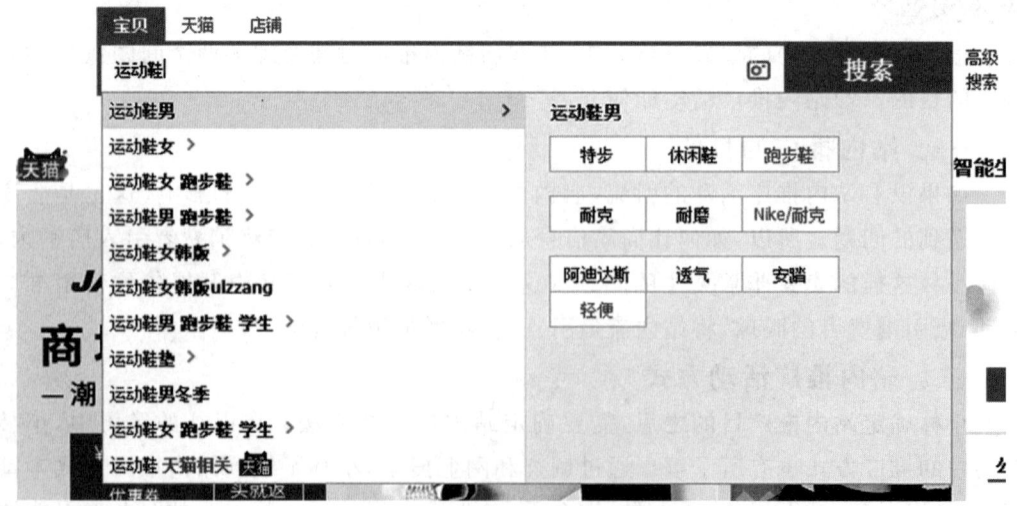

图 4-10　下拉框关键词查找

第二，通过搜索关键词查看"你是不是想找"里面出现的关联关键词，还有竞争对手的商品标题关键词来发现关键词。如图4-11所示。

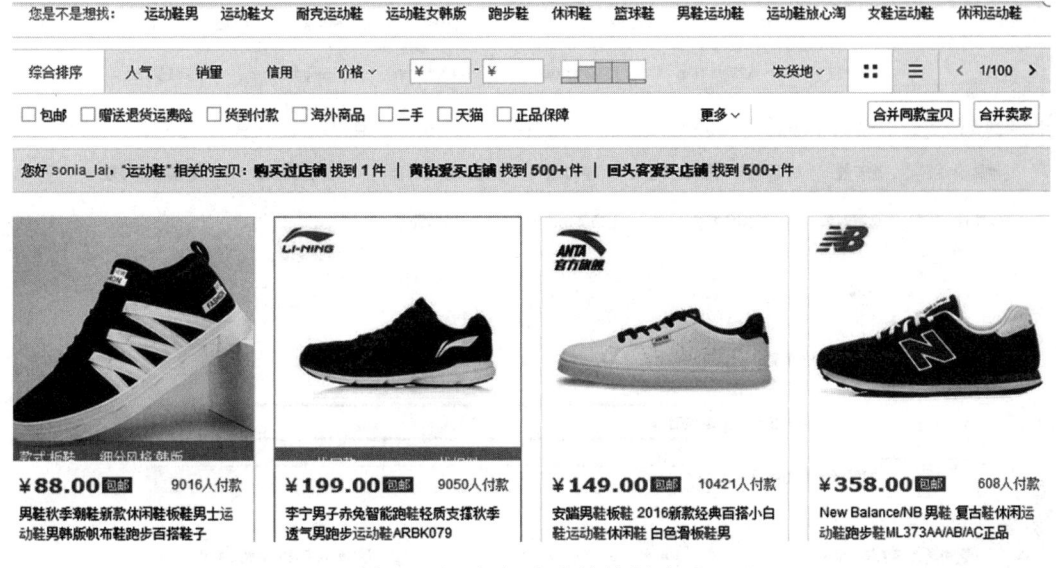

图4-11 竞争对手关键词查看

第三，还可以利用"生意参谋"的专题工具和"直通车后台流量解析"查找和判断关键词。通过专业工具里面的搜索热度、点击率、转化率等数据指标来判断关键词的使用。

商品标题的关键词设置应遵守如下原则：

(1)将30个字符标题充分利用。通过合适关键词的选用，将30个字符填满，每放进去一个关键词都可以增加被搜索到的概率。

(2)使用长尾关键词。建议在新店开设初期，重点考虑选用具有一定流量的长尾关键词，进而拉动热门关键词的排名。

(3)有效结合商品特点和消费者需求。将商品卖点、消费者需求词汇、促销词汇（如包邮、折扣等）、评价词汇（如100%好评）有效融合在一起，避免硬性填写关键词和重复填写雷同关键词。

(三)商品属性

商品属性包括前台类目属性和后台属性。卖家要密切关注前台一级、二级、三级类目的变化，关注每个类目下商品的数量、排名、销量和关键词，如图4-12所示。针对后台属性，要将商品信息填写完整，不要放空或者随便填写（如图4-13所示），后台属性的完整性和准确性会影响商品的搜索。

图 4-12　前台类目属性

图 4-13　后台类目属性

(四) 商品分类

很多卖家为了美观,采用全图片的商品分类方式,没有输入精准的分类文字,这种做法是不对的。网店的商品分类一定要精心策划关键词来进行分类。另外,为了更好地进行平台 SEO,需要对商品的分类进行优化,一个商品可以只属于一个分类,但是当有多维度分类时,要注意把商品放到相对应的几个分类中。如图 4-14 所示。

图 4-14　商品分类

二、站内常规促销活动

各大平台一般会在每年固定的时间举办主题促销活动。近年来,各大平台都尝试通过开展大型的促销活动吸引消费者,提高平台影响力,促销活动已成为平台站内营销的重要推广手段。如每年 11 月 11 日淘宝天猫的"双 11"活动、京东商城的"沙漠风暴"、苏宁易购的"双 11"打折等,每年 6 月 18 日的京东店庆、淘宝天猫和苏宁易购的"618"年中大促销(如图 4-15 所示),还有淘宝天猫 12 月 12 日的"双 12"促销活动等。

图 4-15　天猫"618"年中大促销活动

三、站内免费推广平台

卖家除了练好内功外,还需要充分利用站内的免费资源为店铺进行多方位的推广。淘宝站内的"论坛""帮派""淘画报""哇哦""掌柜说""店铺街"等都是可以利用的免费资源,通过这些免费推广平台,可以增加商品在淘宝各大板块中的曝光度。

例如"淘江湖"是一个真实的好友交互平台,依托淘宝网,用户可以及时了解好友的最新状况与动态信息,获得更可靠的购物经验与建议,一起享受网购,享受生活,感受不一般的淘宝新体验。如图4-16所示。

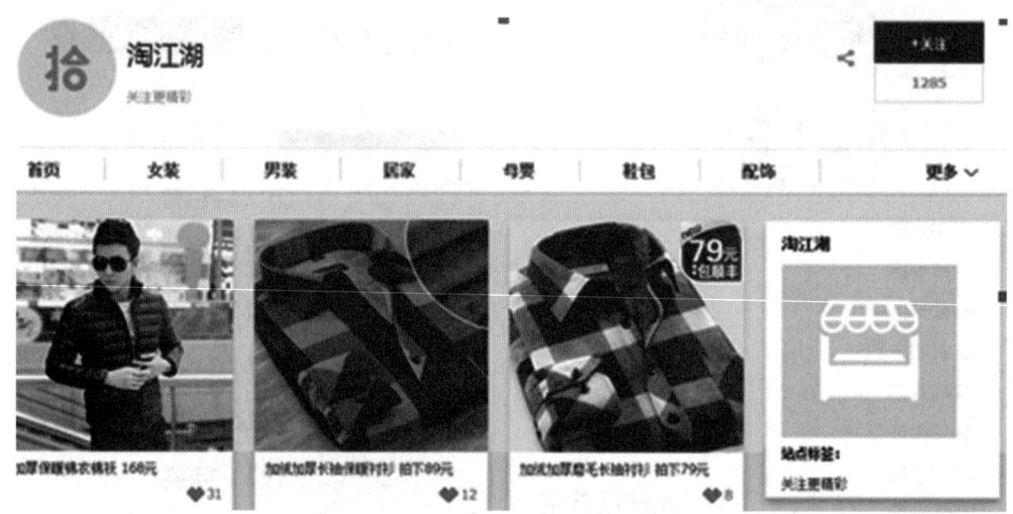

图4-16 "淘江湖"平台

以下是各个平台的网址链接:

"论坛":http://bbs.taobao.com

"帮派":http://bangpai.taobao.com

"淘画报":http://huabao.taobao.com

"哇哦":http://wow.taobao.com

"掌柜说":http://shuo.taobao.com

"店铺街":http://jie.taobao.com

此外,还有无线端的微淘,类似于微信公众平台,商家通过微淘信息的发布与粉丝关注,形成双向良好互动关系,从而达到商品、品牌推广的目的。

四、直通车

(一)直通车概述

直通车是淘宝网为卖家提供的推广工具,通过设置和推广宝贝相关的关键词获得流量,根据流量的数量进行付费,进行宝贝的精准推广。它类似于百度的竞价广告,卖家通过直通车后台设置关键词、创意文案和排名出价。买家通过搜索相关关键词,点击查看搜索结果。

直通车虽然是建立在付费基础上的推广方式,但是,由于它是建立在消费者搜索基础上的广告投入,见效快、针对性强、效果容易统计,所以,在站内推广中与淘宝SEO、钻石展位成为店铺站内引流的三大主力。

(二)直通车的推广原理

直通车推广原理是根据宝贝设置的关键词进行排名展示,按点击进行扣费,商品若只是展示,没有被点击是不计费的。

首先,卖家想推广某一个商品,应为该商品设置相应的关键词及推广标题;

其次,买家在淘宝网通过输入关键词搜索商品,或按照宝贝分类进行搜索时,就会出现推广中的商品;

再次,如果买家通过关键词或宝贝分类搜索后,在直通车推广位点击店铺的商品,系统就会根据设定关键词或类目的出价进行扣费。

(三)直通车的适用性

1.适用对象

直通车适用于淘宝店铺3♥及以上的C店和天猫商家,特别适合急于引流又有一定推广预算的店铺。

2.应用范围

直通车应用于店铺引流、店铺上新款前测款和商品上架后打造爆款的活动。

(四)直通车的付费特点

第一,按照点击量收费。直通车第一次开户需要预存500元推广费用,预存的费用可用于未来的推广。推广费用按照点击付费,当潜在消费者点击推广信息后产生费用,和推广时间无关。

第二,卖家出价越高,排位越靠前。直通车的广告推荐位按照卖家的价位高低来排序,例如共有50个买家购买了"户外运动鞋"这个关键词,那么只有出价在前面的才能排在搜索的第一页。

第三,卖家付费控制。卖家可以根据自身投入的预算自由控制和随时调整关键词价格;卖家自主设定每日推广的最高限额;卖家可以通过选择投放的时间和地点,提高推广的有效性。例如卖家是兼职经营网店,主要是晚上经营店铺,可以选择只在晚上投放直通车广告。

(五)直通车分类

直通车的推广形式可以分为商品推广、店铺推广、活动推广和定向推广。

1.商品推广

当消费者搜索商品关键词时,卖家在直通车推广的商品就会展示出来。一个关键词搜索页面的直通车推荐位共有13个,分别是搜索页面右侧的8个推荐位和页面最下方的 5 个推荐位,如图 4-17 所示,排在第一和第二的商品关注度最高,关键词搜索页面第二页的最佳位置是第 14 名和第 15 名。

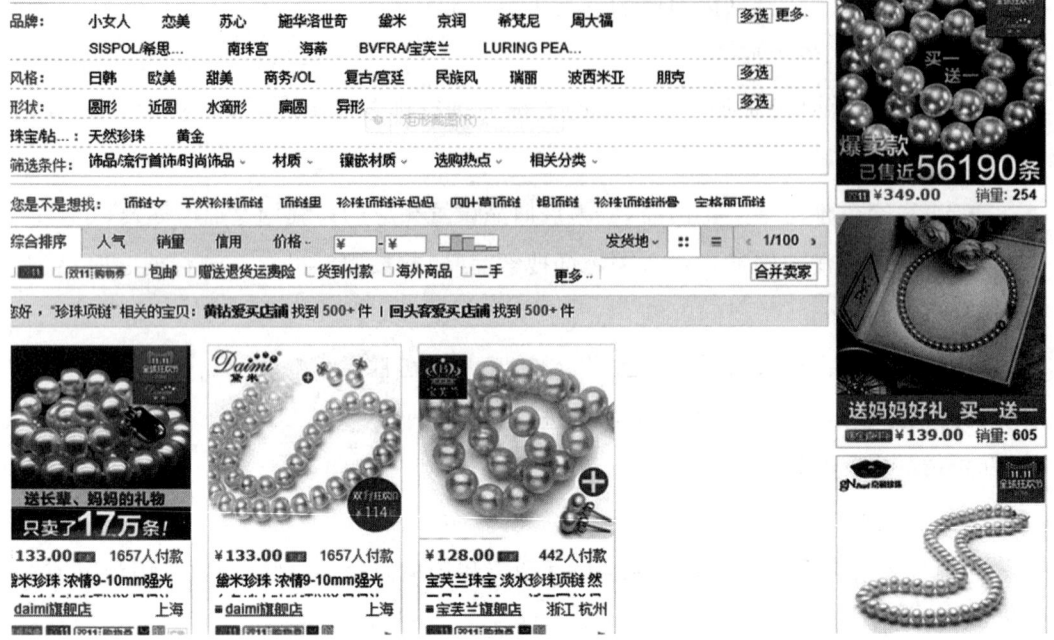

图 4-17　淘宝直通车的展示位置

2.店铺推广

店铺推广是卖家对店铺首页、导航页、商品分类等进行推广,主要是为了进行品牌推广。展示位置在搜索结果右下侧的"店家精选"区域、热卖页面右下侧"店家精选"区域、一淘热卖搜索结果左下侧"店家精选"区域。图 4-18 是直通车店铺推广的展示位置。

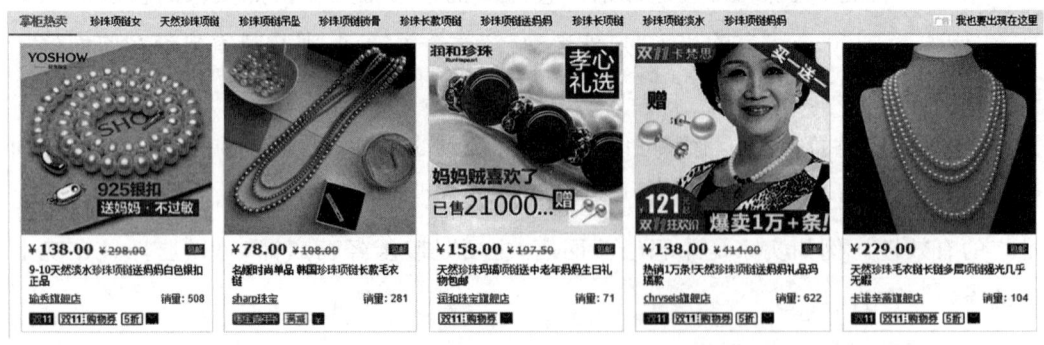

图 4-18　直通车店铺推广的展示位置

3.活动推广

活动推广是在一段时间内将符合特别运营要求的商品放在特定位置上展示。如"热卖单品"活动,直接在淘宝首页的最下方位置展示。

4.定向推广

定向是直通车利用站内数据,通过人群行为习惯定向、内容定向,分析消费者的兴趣和需求,锁定目标消费者,将店铺的推广信息展示在消费者浏览的页面上。参加定向推广的商品信息会在流量大的位置出现,如在"旺旺每日焦点"以及"我的淘宝"中"已买到宝贝"页面、收藏夹等页面出现。图 4-19 是直通车定向推广展示。

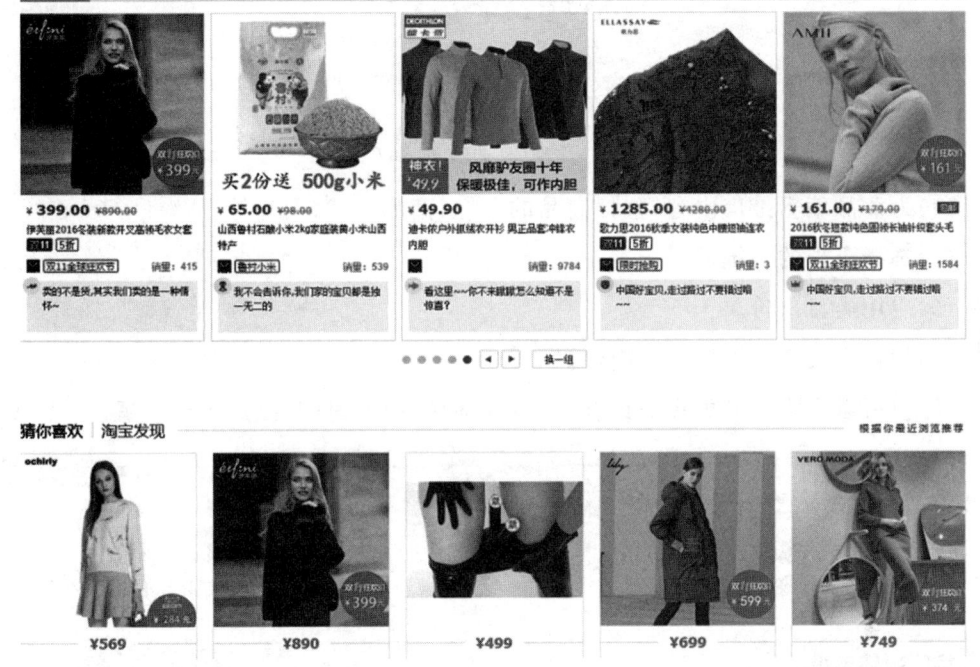

图 4-19　直通车定向推广展示

(六)直通车的操作流程

(1)卖家登录直通车,进入后台的账户系统。

(2)选择已经有的推广计划,或者新建一个推广计划。

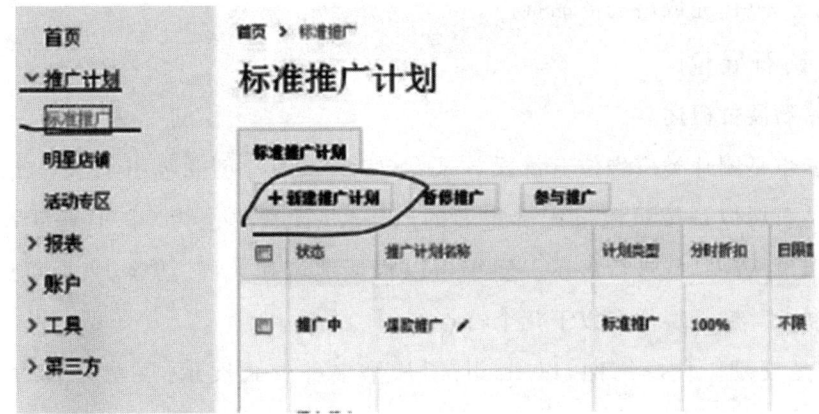

图 4-20　新建一个直通车推广计划

(3)选择参加该推广计划的一个或者多个商品。

图 4-21　选择商品参加推广计划

(4)为商品编辑推广内容,包括商品的标题、商品描述、图片等。

(5)选择合理的关键词。

(6)启用类目出价。

(7)为每个关键词设置默认出价。

(8)也可以为推广做更多的设置,如投放地域、投放时间、投放平台设置。

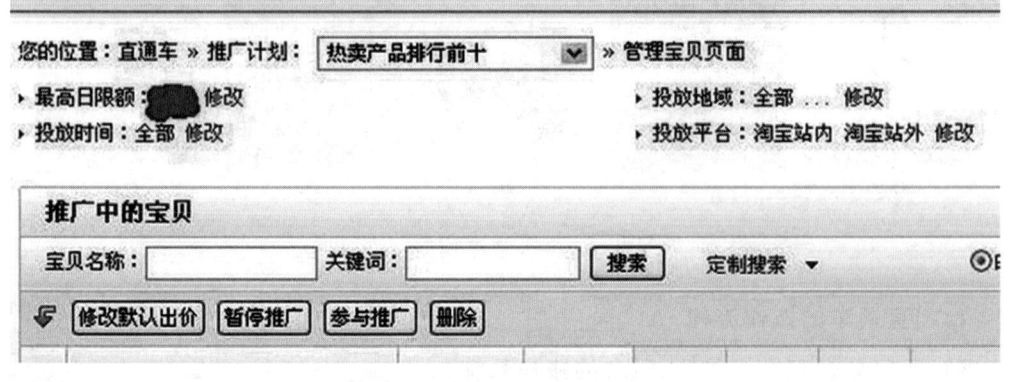

图 4-22　直通车推广更多设置

(9)设置完后,完成新的商品推广。

五、钻石展位

(一)钻石展位概述

钻石展位是图片类广告位竞价投放平台,它依靠图片创意吸引买家点击,获取巨大流量。钻石展位是按照流量竞价售卖的广告位,计费单位为 CPM(每千次浏览单价),按照出价从高到低进行展示。卖家可以根据地域和人群、访客、兴趣点三个维度设置定向展示。钻石展位有以下几个特点:

(1)超炫展现。色彩绚丽,以 flash、图片等多种形式展示;展示位置大,展示效果好。

(2)覆盖范围广。覆盖全国 80% 的网上购物人群,每天有超过 15 亿次的展示机会。

（3）定位准确。目标定向性强，可以根据人群特性定向投放，实现精准定位。

(二)钻石展位的适用范围

钻石展位面向 C 店和 B 店开放，但是对店铺资质有一定的要求。参加钻石展位活动的店铺好评率要达到 98% 以上，信用等级在三钻以上，各项 DSR（店铺动态评分）得分在 4.5 分以上，销售商品数量 10 件以上，店铺没有重大违规行为。

(三)推广形式

1.单品推广

单品推广适合热卖单品和季节性单品。想要打造爆款，通过一个爆款单品带动整个店铺销量的卖家以及需要长期引流并不断提高单品页面的转化率的卖家可以采用这一推广形式。

2.活动店铺推广

活动店铺推广适合有一定活动运营能力的成熟店铺以及需要短时间内大量引流的店铺。

3.品牌推广

品牌推广适合有明确品牌定位和品牌个性的卖家。

(四)钻石展位的展示位置

1.平台首页

在首页的第一屏和后面的几屏都有钻石展位，图 4-23 是第一屏的钻石展位。

图 4-23　首页钻石展位

2.商品频道

商品频道的首页钻石展位，如图 4-24 所示。

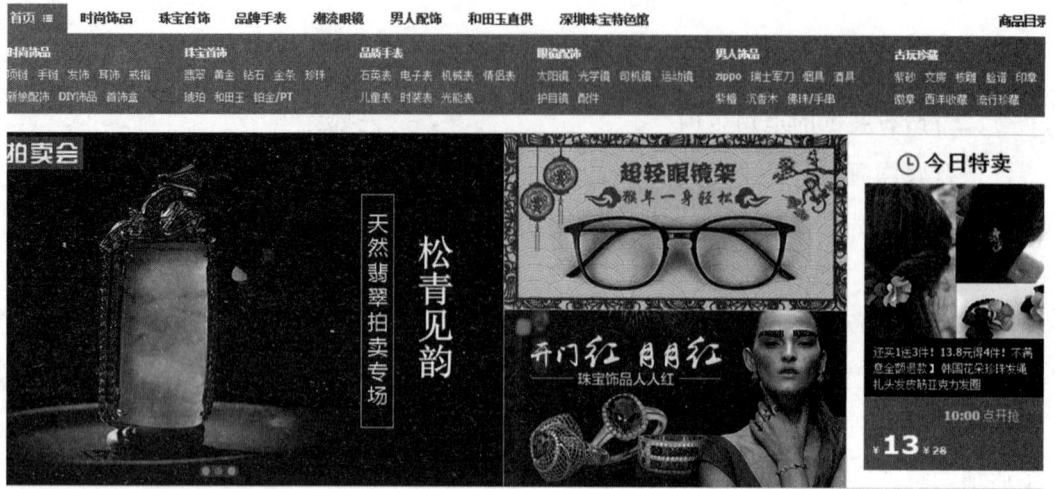

图 4-24　商品频道钻石展位

(五)钻石展位的操作流程

第一,进入"我的淘宝"→"营销中心"→"我要推广"→"钻石展位"。

第二,进入钻石展位操作界面。

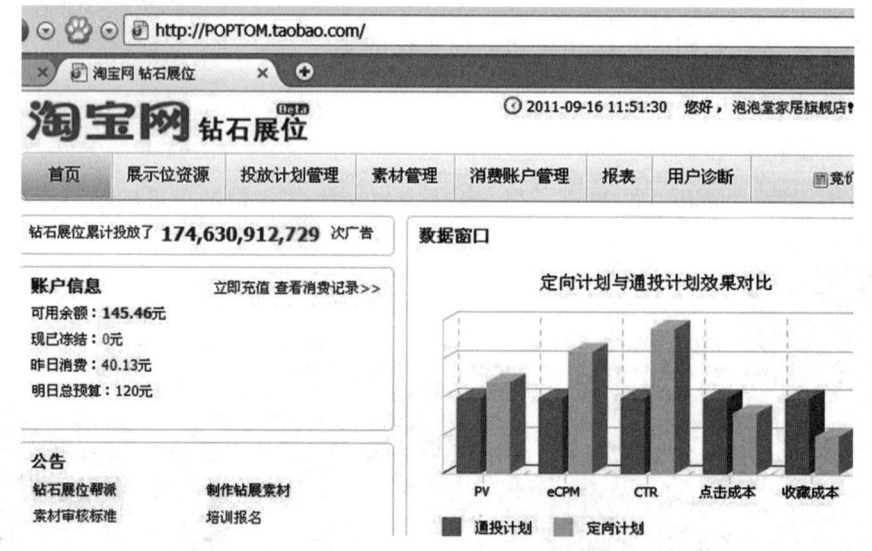

图 4-25　钻石展位界面

第三,点击"展示位资源",然后可以选择"我的收藏"下的展位。

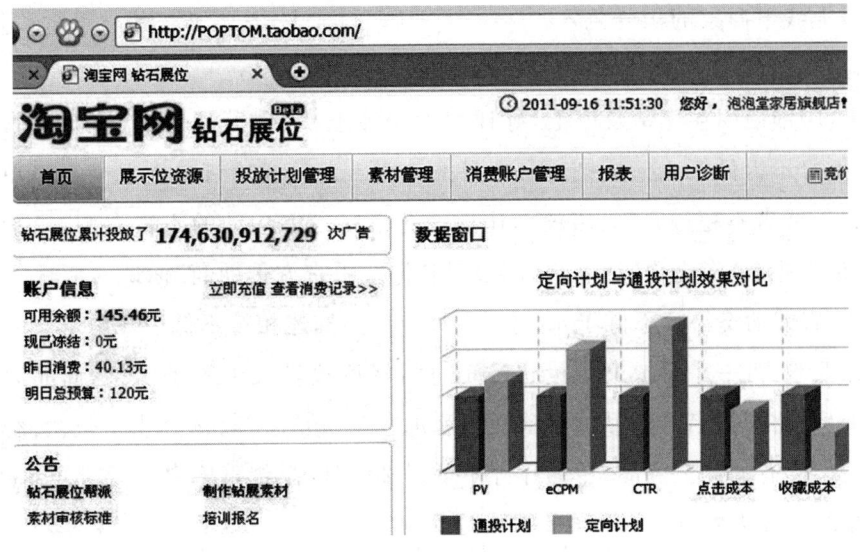

图 4-26 选择展位

第四，钻石展位选好后点击"展位购买流程"。

图 4-27 钻石展位购买流程

第五，参加出价，跳转到展位详情参考页面。

图 4-28 展位出价详情页

第六，上传已做好的广告图片素材，等待审核，审核通过即可竞价投放。

六、活动推广

(一) 淘金币

淘金币是虚拟积分。在淘金币平台 (http://taojinbi.taobao.com) 上，买家能够兑换、竞拍到全网品牌折扣商品；也可以兑换、抽奖得到免费的商品或者现金红包，并可以进行线上线下商家的积分兑入。

1.淘金币的适用范围及要求

C店：店铺信用在三钻及以上，好评率大于等于98%；开通旺铺并加入消保；店铺的DSR得分不得低于4.6；店铺近一个月人工介入退款成功订单占总交易订单数量不超过0.1%，或者不超过6笔；店铺因违规处罚禁止参加活动的不得参与；店铺无侵权行为；店铺从报名"淘金币"活动之日起悬挂"淘金币官方赞助商"标识两个月。

B店：店铺动态得分不低于4.5分，宝贝与商品描述相符不低于4.6分。

商品要求：近一个月成交数量超过10件，好评数量大于等于5条，商品原价不高于全站平均价格；报名的商品标题前面要添加"淘金币"字样；选择当季热卖商品，避开淘金币上架已有的同款商品；单品库存不低于200件，热销款库存不低于500件。

2.淘金币活动类型

淘金币的活动形式包括日常单品、类目专区和专场专题。日常单品选择网店的热卖商品，向淘金币后台报名参加淘金币活动，后台审核完毕，将商品上架，可以在商品所在类目中展示7天，选择的产品品牌不限。类目专区所选择的商品必须是同一个品牌的商品，选择网店的3~9款同品牌单品，报名参加活动。专题专场活动需要专人负责运营，店铺提供50款以上折扣商品，投入30万元以上广告费用进行专题制作，提前37天和淘金币小二沟通合作意向，专人跟进计划。

3.淘金币活动注意事项

第一，要做好基础准备工作。在做淘金币活动的一周时间内，流量会比较大。店铺需要做好前期的准备工作，才能应对。如在人员的准备上，要对客服进行专门培训，了解好活动规则，设置好快捷回复，这样才能确保活动期间的转化率；做好商品库存的准备，确保商品的库存数量，包括活动商品和店铺其他商品的库存数量。第二，注重二次销售。淘金币活动规定"淘金币价"兑换后有效期只有12个小时，这种有效期设置会促进店铺的二次销售。所以，卖家要通过更好地了解淘金币平台中"买过该宝贝的人怎么说"板块，及时提供更好的服务，培养忠诚客户。第三，注重相关商品的营销。由于淘金币活动可以带来流量的快速增加，卖家要抓住机会，在店铺首页、商品描述页面进行其他商品的推介，提高销售量和客单价。

4.淘金币活动流程

（1）进入"我的淘宝"→"营销中心"→"我要推广"→热门资源类目下的"淘金币"。

（2）进入淘金币操作界面，在最新通知里面点击"立即报名"（如图4-29所示）。报名地址：http://taojinbi.taobao.com/sponsor/sponsor_agreement.htm。

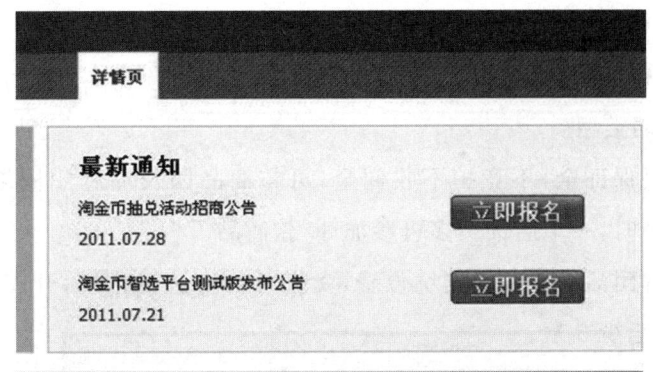

图 4-29　淘金币报名

（3）报名须按如下流程填写相关信息。如图 4-30 所示。

图 4-30　淘金币报名流程

（4）添加淘金币活动报名商品。如图 4-31 所示。

图 4-31　在淘金币活动中添加商品

（二）聚划算

1.活动适用范围及要求

C 店要求是 3 钻及以上、好评率 98% 及以上的消保旺铺；B 店要求综合动态评分 4.5 分及以上；店铺"宝贝与描述相符"项动态评分 4.5 分及以上。

店铺需有较强的运营能力，有完善的运营、客服团队，能给予买家优质的购物体验及服务。

店铺不得在处罚期内，不得涉嫌信用炒作；若店铺是虚拟物品转实物交易，虚拟物品交易比例应 < 50%。

店铺需承诺在活动下线后 7 天内（最好在 5 日之内）完成发货，并承诺因发货延迟、货不对版等问题,买家申请退货退款,运费由卖家承担;若商家不能完成7天内发货,聚划算有权对商家进行处罚。

2.聚划算活动类型

整点聚:需要保证金,不竞拍不收佣金,可与商品团及品牌团同期活动。整点开团,开团时长9小时,一个店铺最多可参加30款商品。

品牌团:品牌团活动收取固定坑位费,卖家可自行选择排期,开团时长为2天,一个店铺参团商品至少6款。

商品团:针对单个商品参团,竞拍活动排期,需要缴交竞拍费和佣金,每天早上10点到次日早上8点开团。

聚家装:针对全国范围售卖整体家装类商品,提供高客单、高品质、高性价比商品,需提供物流服务,周一到周三预热3天,周四到周日售卖4天展示。

生活汇:用于生活团日常报名。

3.聚划算活动注意事项

聚划算活动包括运作前期、中期和后期。运作前期要重点考虑参加活动的目标客户群体有哪些,根据目标客户群体制定相应的活动方案。接着,进行具体的活动准备,如促销活动细则、人员培训、库存准备、页面设计、软硬件的准备等。另外,还需要在活动前通过其他途径对活动本身进行宣传推广。活动中期,要对活动进行全程跟踪,关注进展动态,注意异常事件的处理,同时注重活动商品的关联营销,开展店内其他商品的促销活动。活动后期,要总结活动效果和不足之处,积累经验,便于下一次活动的开展。

4.聚划算活动流程

(1)进入"我的淘宝"→"营销中心"→"我要推广"→热门资源类目下的"聚划算"。

图4-32 聚划算活动页面

(2)输入网址 http://ju.taobao.com/tg/sellerHome.htm,进入聚划算报名页面。报名资格审查流程:商家登录→初级认证→报名商品→机审→宝贝海选邮寄样品→进入终审→排期→正式上线。

图 4-33　聚划算活动报名

(3)点击添加宝贝,宝贝报名→资料填写项目。

图 4-34　添加参加活动的宝贝

(4)等待小二审核,审核通过后寄样品,然后排期上线即可。

任务实施

一、实训任务

(一)直通车模拟实训

1.利用 i 博导平台进行商品直通车推广的模拟实训。

2.任务由个人完成,学生登录 i 博导学习平台 www.ibodao.com,进入"应用"中"电商运营平台"。

3.在"电商运营平台"上点击"推广管理"中的"直通车"按钮。

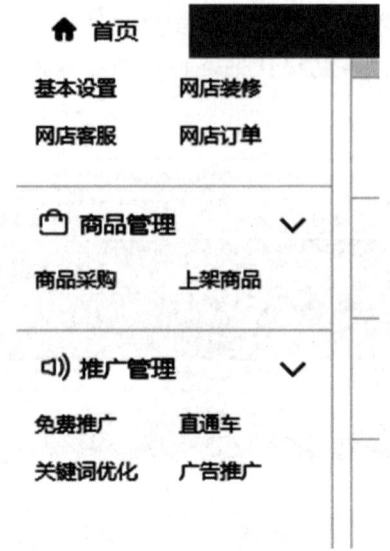

图 4-35 "电商运营平台"商品直通车模块

4.商品直通车界面:(1)上架商品;(2)商品售价;(3)推荐商品;(4)创意图片;(5)创意标题;(6)推广设置。

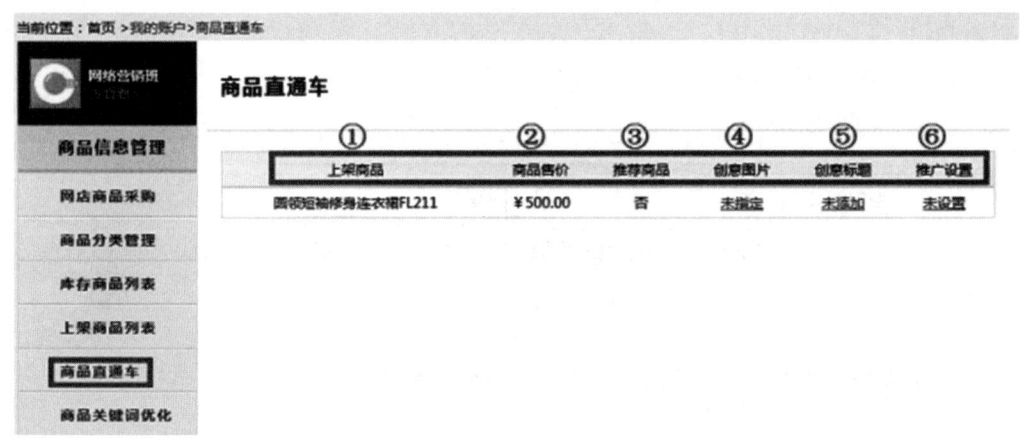

图 4-36 商品直通车具体操作模块

5.创意图片、创意标题:(1)商品相册;(2)制定图片创意;(3)创意图设置成功;(4)填写标题。

图 4-37　创意图片和标题的设置

6.推广设置:(1)网店商品;(2)商品直通车关键词;(3)基础价;(4)竞价;(5)投入资金,注意店铺可用资金变化。

② 商品直通车关键词	③ 基础价	④ 竞价	⑤ 投入资金
补丁高端印花连衣裙FL2131	￥7.00	￥	￥
补丁连衣裙FL2131	￥6.80	￥	￥
FL2131	￥1.90	￥	￥
高端印花连衣裙FL2131	￥1.80	￥	￥
高端印花连衣裙	￥3.50	￥	￥
补丁A字裙 高端印花连衣裙FL2131	￥9.00	￥	￥
补丁A字裙	￥4.90	￥	￥
连衣裙FL2131	￥1.00	￥	￥
补丁A字裙FL2131	￥4.60	￥	￥
A字裙 高端印花连衣裙FL2131	￥2.30	￥	￥

图 4-38　商品直通车的推广设置

(二)商品关键词优化模拟实训

1.利用 i 博导平台进行商品直通车推广的模拟实训。

2.任务由个人完成,学生登录 i 博导学习平台 www.ibodao.com,进入"应用"中"电商运营平台"。

3.在"电商运营平台"上点击"推广管理"中的"关键词优化"按钮。

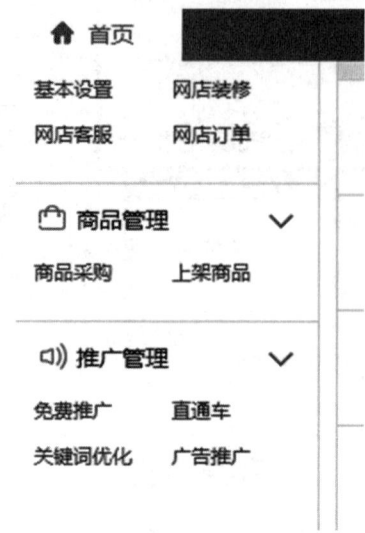

图 4-39 "电商运营平台"关键词优化模块

4.进入商品关键词优化界面,可根据关键词优化方法选择优化(格式有正确、错误,请多摸索尝试)。

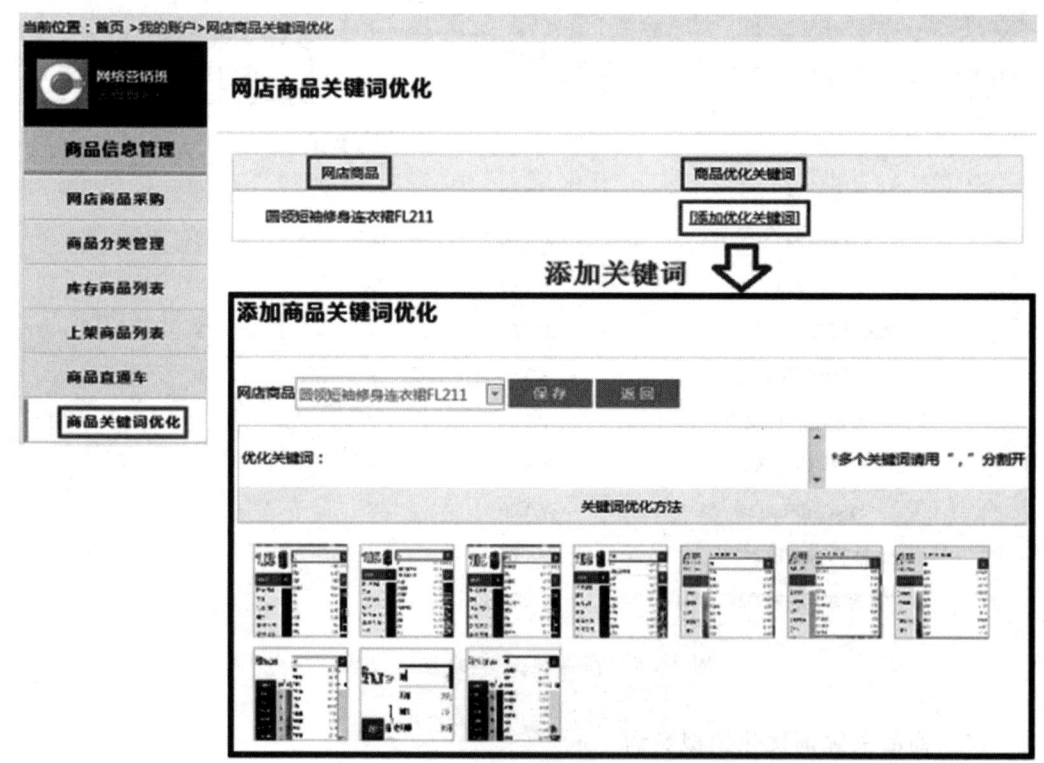

图 4-40 商品关键词优化界面

(注:实训任务源自 i 博导平台:http://www.ibodao.com/User/Appliance/ls/id/12.html。)

二、实战任务

以学习小组为单位,利用平台 SEO 相关知识和站内免费推广平台对小组开设的网店进行站内推广,关注推广效果并进行分析。

根据小组网店的经营情况,选择是否进行付费的站内推广,如直通车、钻石展位等。若选择付费推广,应选择何种推广方式?请关注推广效果并进行分析。

形成小组站内推广策划文稿,分小组展示。

任务评价

任务编号	任务4-3	
任务名称	站内推广任务	
任务完成方式	个人完成、小组协作完成	
任务评价内容	分值	
直通车及关键词优化模拟实训	20	
SEO 设置实战	30	
站内推广平台实战	30	
站内付费推广方式实战任务	20	
成绩评定	自我评价	20%
	小组评价	20%
	教师评价	60%

任务四　网店店内推广

任务导入

小林在经营网店的过程中,发现店内营销推广是网店推广的基础和核心内容,想要提高店铺的销售量和人气,就要进行必要的店内营销推广。他通过互联网搜索查询和向有经验的网店店主请教后,发现有很多店内的促销推广方法。接下来,小林将认真学习并考虑店内的营销推广活动如何开展。

任务分析

根据任务导入中的情景进行分析,在网店店内推广任务中需要理解两个问题:店内推广的目的;店内推广的方式。

一、店内推广的目的

无论做什么事情都应该有目的,店内推广活动也是一样,店内推广的目的有很多类型,比如新品上架、提升商品销量、处理积压库存、提升品牌知名度等。小林根据目前的网店情况确定了两个目的:提高网店的知名度和提升销售额。

各种站内、站外的推广活动都可以为网店带来流量,在此基础上,卖家再结合店内的各种营销推广活动,就可以全面提升消费者的购买转化率、商品销售量以及店铺知名度。

二、店内推广方式

小林确定推广目的之后,需要确定推广方式。在以往的经历中,小林对网店的推广方式也有所了解。小林通过调查和网上搜寻,了解到店内推广方式包括店内活动,如限时打折、积分兑换、满就送、包邮、抵用券、赠送等形式;还包括各种营销推广工具的使用,如商家促销工具、团购、抽奖等。综合这些推广方式和工具,根据店内营销推广的目的,小林将店内推广方法归纳为:促进消费者购买,刺激消费者多买,激励消费者再买。根据这三方面进行分析和实施。

知识学习

一、促进消费者购买

(一)限时打折

1.限时打折简述

限时打折是通过一定期限内商品打折来刺激消费者的购买欲望,为鼓励买家采购而在价格上给予一定数额的折扣,这是提升转化率和购买量的一种实用推广手段。由于网店(如图4-41所示)只能浏览,和实体商店相比少了很多乐趣,因此在做限时折扣活动推广时,网上的折扣要比传统商店的折扣力度大,这样才能吸引消费者进行网店购物。

图4-41 限时折扣活动

平台给网店提供限时打折的后台管理,淘宝平台上网店每个月做限时折扣的活动时间和数量是有限制的,一般每个网店每个月的活动不超过50个,时长不超过480

小时。

2.操作步骤

(1)进入"我是卖家"→"营销中心"→"促销管理"→"限时打折",页面如图 4-24 所示。

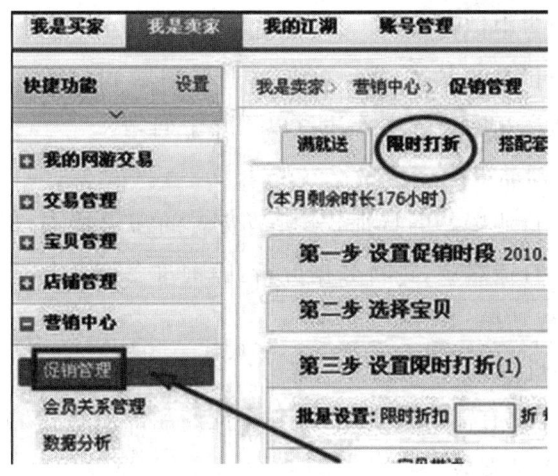

图 4-42　限时打折操作界面

(2)设置限时打折活动的具体信息。

图 4-43　限时打折活动设置

(二)秒杀

秒杀是店铺不定期推出库存量大的产品,在规定时间段统一发布,享受超低折扣优惠,通过秒杀页面促进密集型大量购买,这是可以快速吸引流量的活动。例如在淘宝网上最吸引人的是 1 元秒杀,快速增加店铺人气和购买量。

秒杀需要注意以下两个问题:

1.秒杀活动前做好充分的宣传工作

由于秒杀的产品不会太多,是赔本赚人气的推广方式,所以一定要提前宣传秒杀的活动,通过论坛、微博、推送等多种宣传方式,吸引消费者的眼球。

2.折扣力度要足够大

巨大的价格优惠是秒杀的主要特征,所以参与秒杀活动的商品价格降价幅度要相当大,如原本上百元的价格卖几块钱,这样才能达到迅速积累人气的效果。

(三)打造爆款

爆款是指店铺销售中销售量大、人气高、供不应求的商品。爆款不仅带来流量,更重要的是可以带来销售量的暴增,提升店铺的总销售额和信誉度,同时还会带动关联商品的热销。在打造爆款的过程中要注意以下几个问题:

1.如何选择爆款商品

根据行业环境和行业爆款的特征,分析消费者的需求特点,以便于确定店铺里的哪款商品最适合用于打造爆款;进行数据分析,提前准备爆款打造,在销售旺季之前提前推广,提高爆款的成功率。

2.保证商品的性价比

作为爆款商品,需要有高的性价比,既要保证商品的质量,又要设置相对合理的价格,这样才能吸引更多消费者。

3.利用消费者的从众心理

消费者都会选择人气旺、销量大而且好评多的商品,卖家要抓住消费者的心理特点,重点推广人气商品,让消费者产生延续性的从众判断。

二、刺激消费者多买

(一)满就送

1.满就送概述

满就送是店铺为了促进消费者尽量多消费而设置的一种促销推广方式,它是消费者在网店购物金额达到一定数量的时候,卖家给予消费者的赠送行为,包括返现金、包邮、赠送优惠券、赠送实物、积分等。满就送的关键在于赠品的选择上,一个合适的赠送形式,会对销售起到积极的促进作用,而不恰当的赠送方式反而只是增加成本。如若赠送实物,一定不要赠送次品或劣质品,这样会适得其反;此外要注意预算,控制好成本。

满就送有一定的金额要求,也有一定的时效限制,开展满就送的店内营销推广方式可以提升消费者的购买欲望和客单量。

2.满就送操作步骤

(1)进入"我是卖家"→"营销中心"→"促销管理"→"满就送",单级优惠设置页面如图4-44所示。

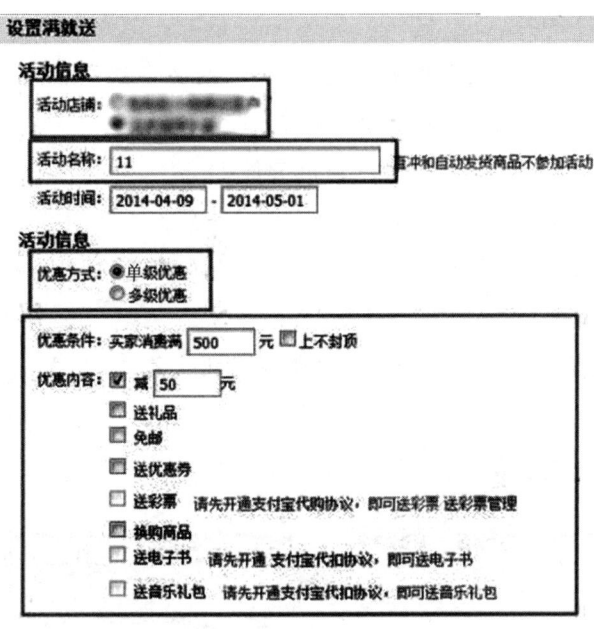

图 4-44　满就送单级优惠设置页面

(2)满就送多级优惠设置,可以同时设置多级优惠,如"满减"和"包邮"同时设置,如图 4-45 所示。

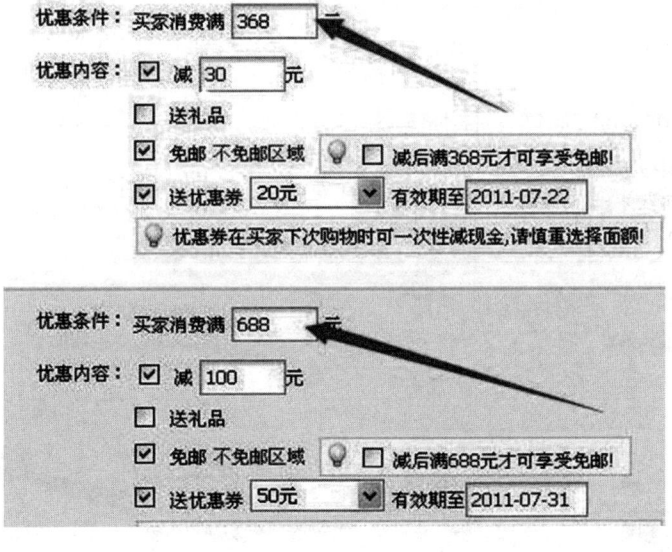

图 4-45　满就送多级优惠设置页面

(二)套餐

1.套餐简述

套餐是促进消费者进行关联消费的一种营销推广方式,由于套餐购买的方式可以比单独购买的总价低,提高组合购买商品的性价比,所以可以提高消费者的购买积极性,刺激客户多买,进而提升消费者购买的客单量和店铺的转化率。

2. 套餐营销推广的特点

(1)带动商品销售。利用套餐搭配销售,可以带动多款商品的同时消费,在提升消费者客单量的同时,还可以带动多个商品的销量和评价。

(2)套餐组合。搭配的商品数量不超过五件。

(3)套餐组合。商品要求具有较强的关联性。组合过程中注意商品结构的搭配,商品之间的关联性要强。否则,强行搭配可能影响消费者的购物热情。

3. 操作步骤

(1)进入"我是卖家"→"营销中心"→"促销管理",点击"搭配套餐"→"创建搭配套餐",设置套餐标题。

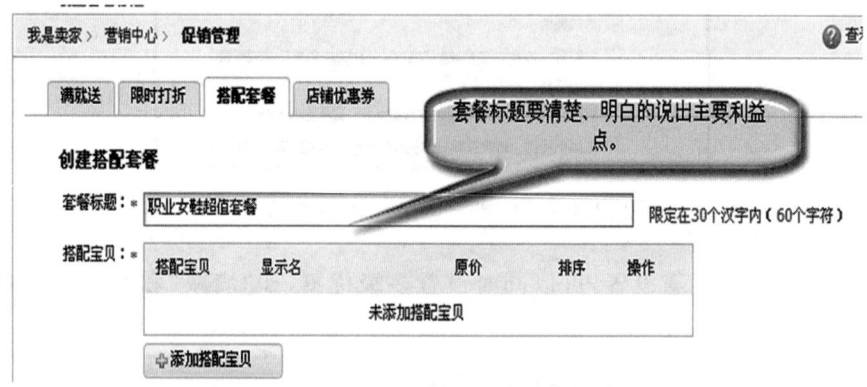

图 4-46　设置套餐标题

(2)选择搭配宝贝,如图 4-47 所示。

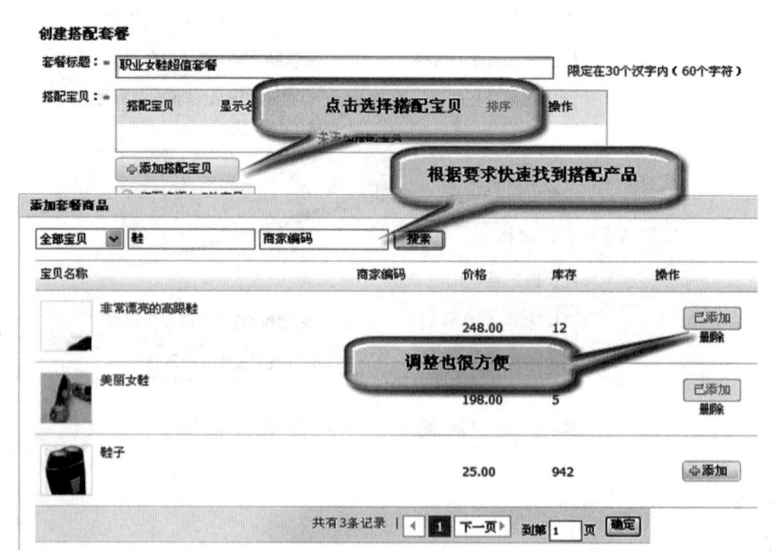

图 4-47　点击选择搭配宝贝

(3)设定套餐产品与价格,如图 4-48 所示。

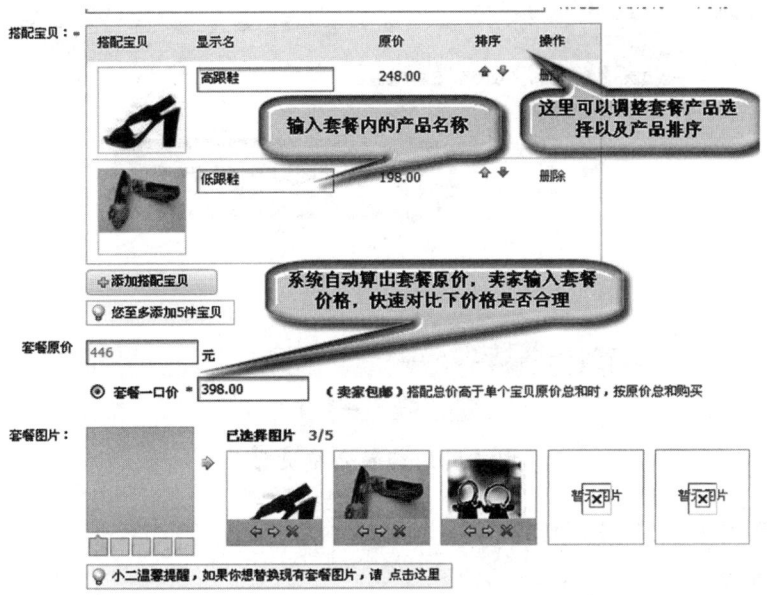

图 4-48　设置套餐产品价格

(4)挑选套餐图片,如图 4-49 所示。

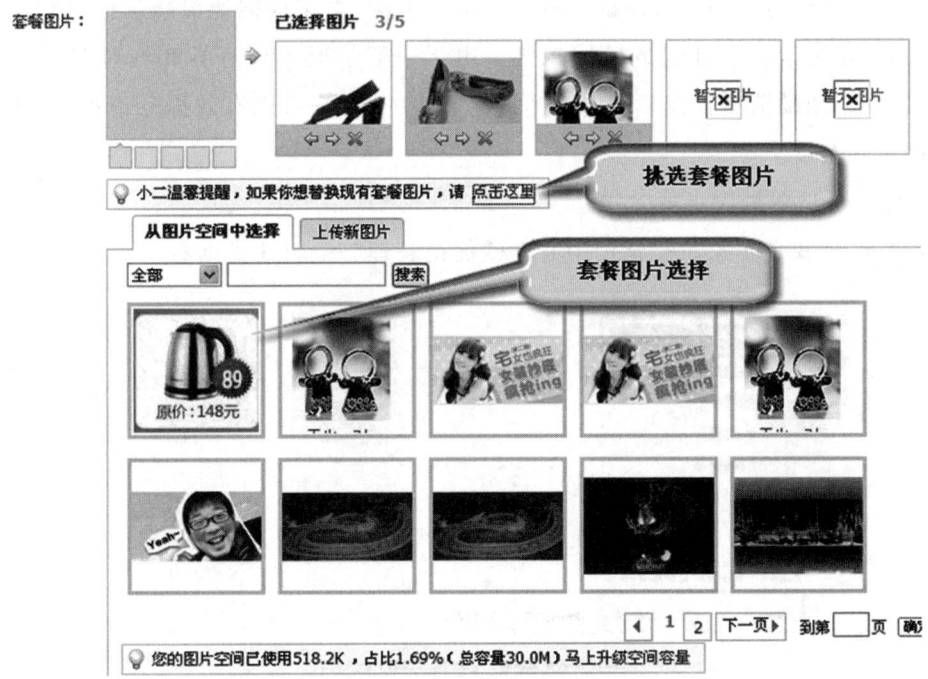

图 4-49　套餐图片设置

(5)套餐介绍说明,如图 4-50 所示。

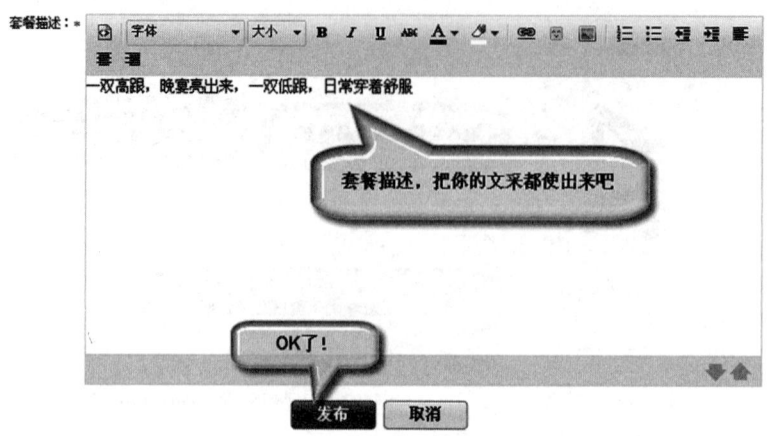

图 4-50　套餐介绍说明

（6）设置成功，发布搭配套餐。

三、激励消费者再买

（一）优惠券和红包

1. 优惠券和红包简述

优惠券和红包是网店常用的一种促销推广手段，卖家根据情况赠送优惠券或者现金红包，并制定卡券和红包的使用规则。由于一般情况下优惠券和红包都有使用时效，所以可以激励消费者在短期内产生再次购买的行为，可以有效提升销售量、店内人气和网店知名度。

2. 优惠券设置操作步骤

（1）进入"我是卖家"→"营销中心"→"促销管理"→"店铺优惠券"。

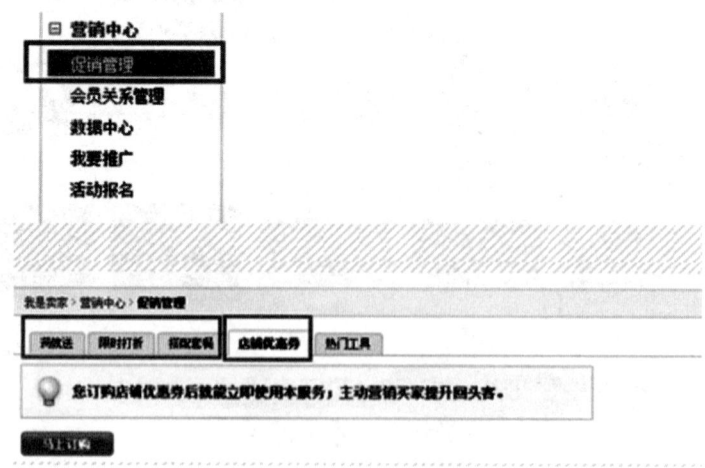

图 4-51　"店铺优惠券"页面

（2）在满就送优惠内容里增加"店铺优惠券"选项。

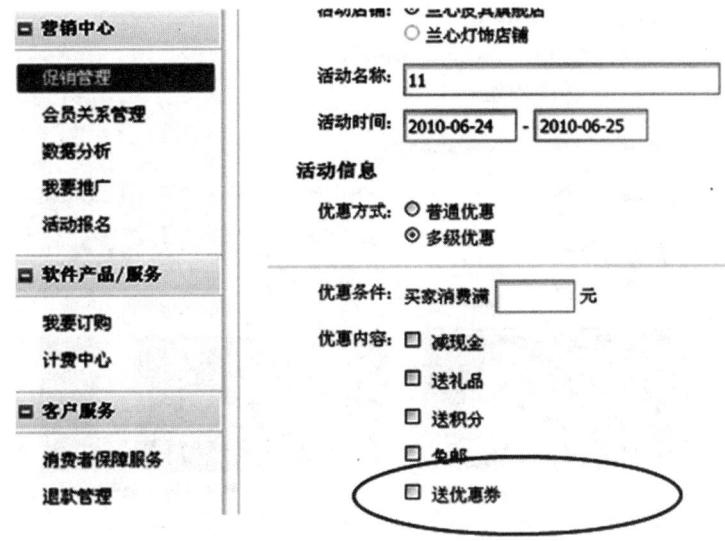

图 4-52　满就送赠优惠券

(3)通过"会员关系管理"的"会员营销"精准投放店铺优惠券。通过"会员营销"送出的优惠券,单笔订单大于优惠券 0.01 元即可使用。

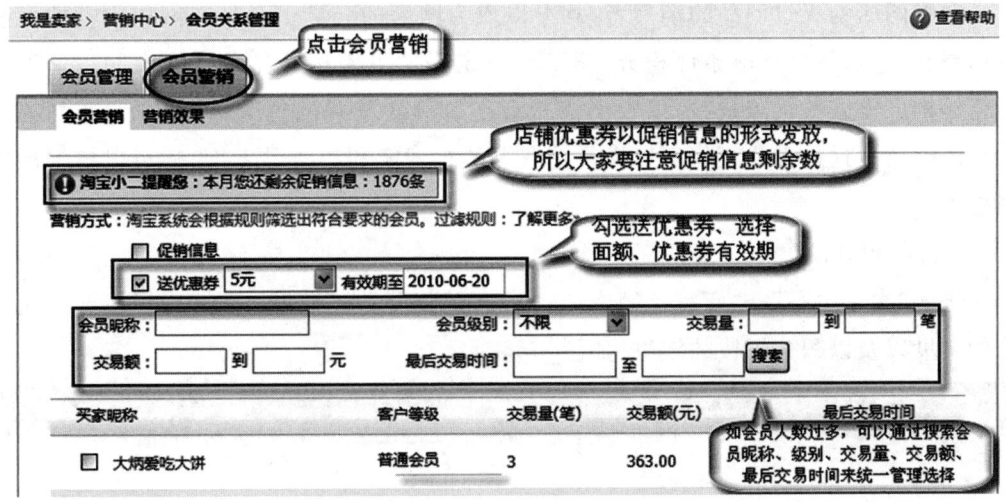

图 4-53　在"会员营销"中设置优惠券

(4)通过创建店铺优惠券买家领取活动,主动营销客户。

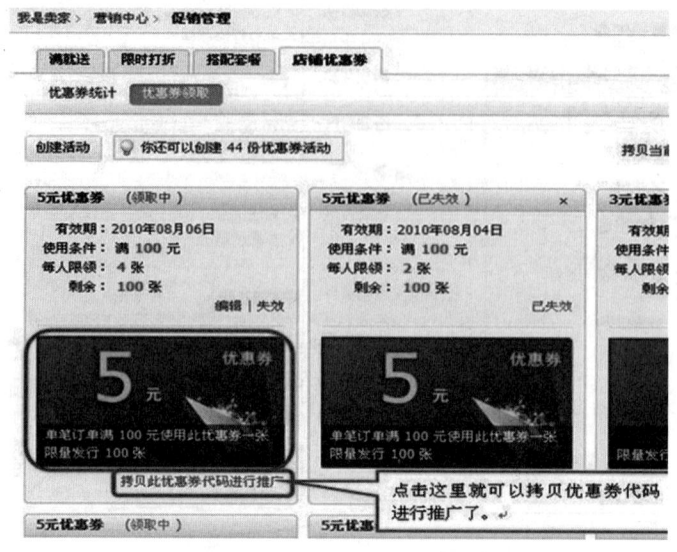

图 4-54　创建店铺优惠券

(二)会员与积分

1.会员与积分简述

在本网店购买过商品的消费者,均可以成为网店的会员。会员在网店内消费商品可以享有优惠,并且还能累计积分,累积到一定程度可用积分免费兑换商品。这种店内营销推广方式的优点是:可以吸引消费者产生再次消费的行为,并会介绍新的消费者到店购物。这种方式不仅可以提升消费者的忠诚度和消费黏着度,还可以挖掘潜在消费者。

2.会员积分设置

进入"卖家中心"→"商家营销中心"→"店铺积分"→"新建一批积分"并选择送积分的宝贝以及以积分抵钱的宝贝,如图 4-55 所示。

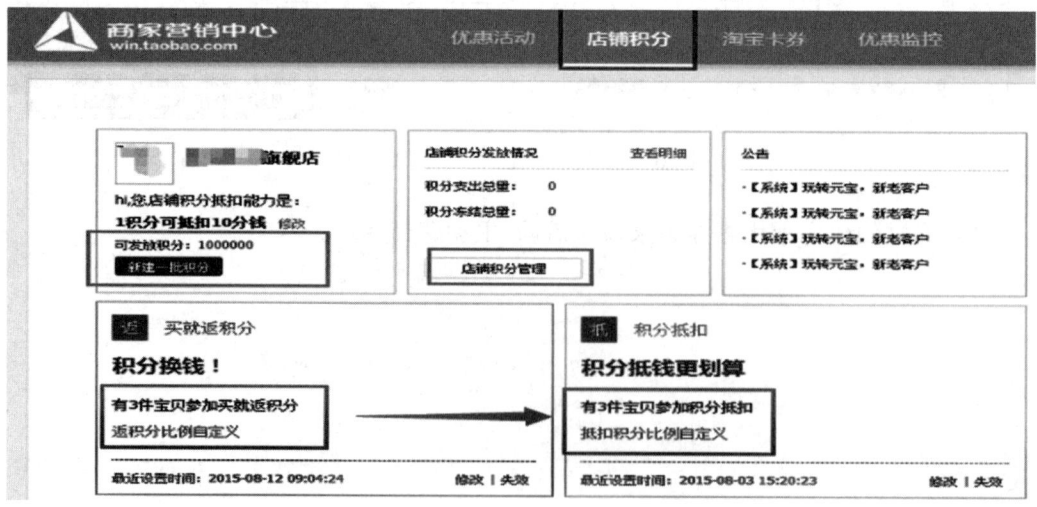

图 4-55　积分设置

> 任务实施

一、实训任务

打造网店爆款商品

步骤1 分析商品行业环境。分析商品所属行业的爆款特征,按照爆款特点选择准备打造为爆款的商品(如图 4-56 所示)。第一,要研究整个商品类目销量靠前的商品,寻找最流行的风格款式;第二,要对选择的爆款商品进行合理定价,爆款商品大多采用薄利多销的策略;第三,调查市场,了解市场环境,从而确定爆款目标销量。一般根据搜索关键词查看行业销量前三的商品,以此确定自己的目标销量、店铺日均 UV (独立访客)、日销量,根据所选的推广工具,计算出推广预算是否在店铺可承担范围内。

图 4-56 确定爆款目标

步骤2 首页要放置爆款商品图片。在所有商品描述默认页顶部放置爆款的宣传图片。

步骤3 进行爆款商品详情页优化(如图 4-57 所示)。做好爆款商品详情描述,配上商品细节图、模特图、实物对比图,还有必要的文字说明。详情描述要做得细致,吸引买家能继续看下去,最后购买。需要考虑以下问题:商品主图中是否传递了产品的卖点与利益点?商品详情页中,卖点有没有突出?有没有细节展示和多角度展示?是否有售后保障?是否从消费者角度出发,打消并解决了消费者的疑虑与问题?大多数买家都有从众心理,更愿意相信其他买家的选择。所以,在爆款页面中要突出购买记录和评价记录,这样可以促进买家购买。如图 4-58、图 5-59 所示。

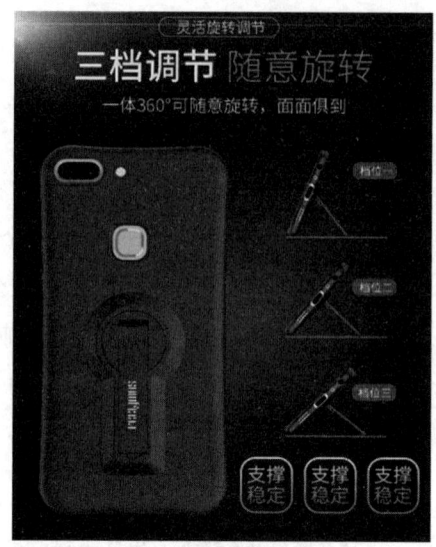

图 4-57　优化后的商品图片

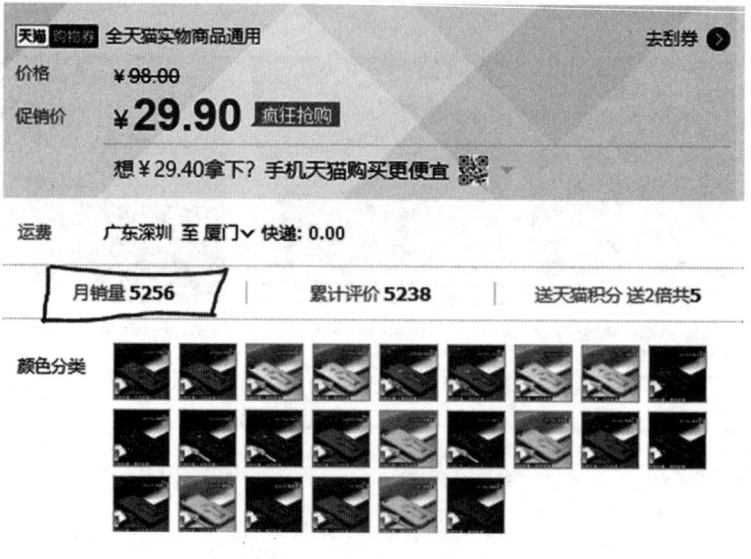

图 4-58　30 天销量记录

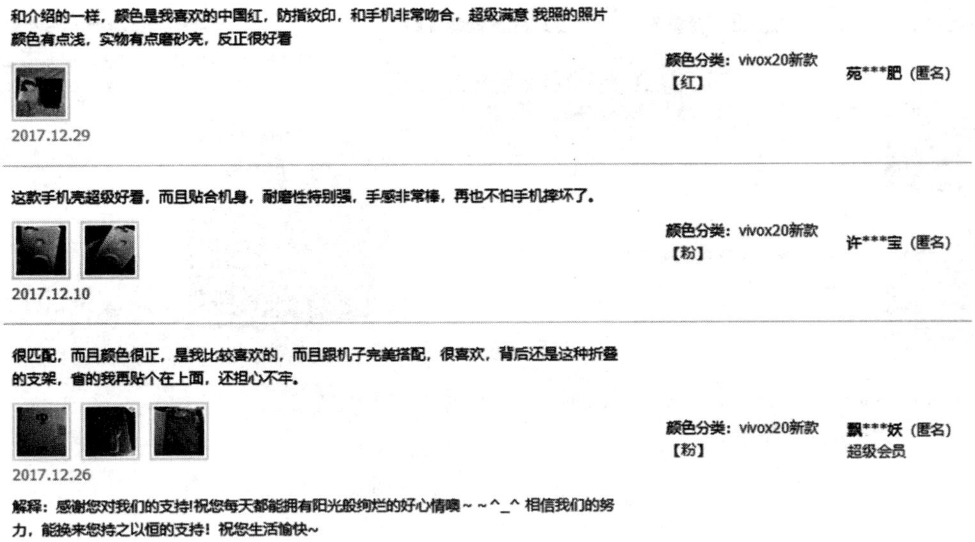

和介绍的一样，颜色是我喜欢的中国红，防指纹印，和手机非常吻合，超级满意 我照的照片颜色有点浅，实物有点磨砂亮，反正很好看
颜色分类：vivox20新款【红】
苑***肥（匿名）
2017.12.29
这款手机壳超级好看，而且贴合机身，耐磨性特别强，手感非常棒，再也不怕手机摔坏了。
颜色分类：vivox20新款【粉】
许***宝（匿名）
2017.12.10
很匹配，而且颜色很正，是我比较喜欢的，而且跟机子完美搭配，很喜欢，背后还是这种折叠的支架，省的我再贴个在上面，还担心不牢。
颜色分类：vivox20新款【粉】
飘***妖（匿名）
超级会员
2017.12.26
解释：感谢您对我们的支持!祝您每天都能拥有阳光般绚烂的好心情噢~ ~^_^ 相信我们的努力，能换来您持之以恒的支持！祝您生活愉快~

图 4-59　购买评价记录

步骤 4　关联商品准备。要好好把握爆款带来的流量，关联店铺中的其他商品，尽可能让买家看到店铺中的其他商品，让买家在店铺中的浏览路径形成一个闭合回路。

步骤 5　信息预热和开展优惠。利用店铺的公告栏，告知进店的消费者即将有爆款推出活动，对爆款商品进行预热，获得更高的关注度。积极开展店铺优惠活动，让买家感受优惠活动，看到经济实惠的商品，才会考虑购买。如图 4-60 所示。

公益宝贝
当前商品立减
¥3
抢
三个档位可调节
玩游戏

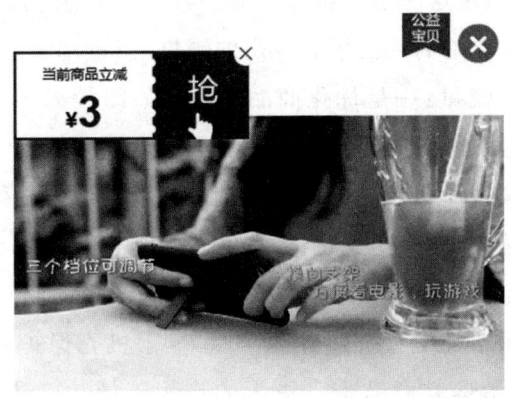

图 4-60　开展优惠活动

步骤 6　推广引流。推广方式有很多种，如 VIP 频道、聚划算、新人专享、直通车、淘宝客等。可根据店铺情况及之前的推广预算，选择合适的推广方式。以直通车引流为例，直通车需要开始调整，筛选关键词，出价调高，推广内容修改，图片更替测试（如图 4-61 所示）。除了直通车，淘宝客佣金也需要适当调高。除了付费推广外，还需要充分利用站内的免费活动资源。

图 4-61　直通车内容调整

步骤 7　客服培训。搜集客服在沟通过程中买家反馈的信息,不定时检查客服人员的聊天记录,了解其是否进行爆款重点推荐等。从客服反馈的信息中,可以获知买家关注的信息,从而进一步进行调整。此外,客服需要对老顾客会员进行营销,老顾客的流量精准度高,对店铺已经有所认知,所以利用老顾客的资源进行爆款的初始推广有绝对的优势。

步骤 8　加大推广,数据检测与跟踪。对商品各项运营数据的监测及跟踪是最核心的要点,很多卖家都清楚这一点。根据数据分析,能够确定爆款推进成长期的工作重点与方向。在此阶段店铺商品已经有一定的销量,流量基本稳定,转化也趋于稳定,要做的事是进一步加大流量:一是优化商品图片。如图 4-62 所示,在淘宝网搜索"衬衫",截取一排商品。这三张图同时在一排,但是最吸引买家眼球的是第三张,图片中有品牌和促销信息。二是优化标题关键词。自然搜索是站内最优质的免费流量,在商品已经有一定的销量基数时,标题关键词可以加入热度词,如苹果手机壳正品更改之前是"【狂暑季】isido iphone6S 手机壳电镀金属苹果 6s 手机壳手机套",更改之后是"isido 正品 iphone6S 手机壳电镀金属外壳苹果 6s 手机壳保护套包邮"。这样可以进一步充分利用关键词,给爆款商品带来更大的自然流量。三是充分利用后台营销工具。例如淘宝直通车,可以继续优化关键词,测试提升点击率,提升质量得分,从而调整出价排名。质量得分低的词删除,无转化且点击成本高的词删除等。另外,单靠关键词所带来的流量也是有限的,"类目出价"和"定向"也要开通。开通了"类目出价"及"定向"后,相对应的直通车的流量一般会增加一倍。四是店铺内流量导入。店铺首页有"Banner 推荐""宝贝页推荐",左侧栏推荐位作为流量入口。

图 4-62　搜索图片优化

步骤 9　效果评估，总结经验。在爆款活动结束后，要去了解相关的数据，如询单率、下单率、回头率等。分析数据并优化行动方案，总结经验，以进一步打造更多的爆款单品。

二、实战任务

由个人完成店铺的满就送、打折促销、搭配套餐等促销活动的操作。

以学习小组为单位，为本小组的店铺设计店内促销方案，包括选择店内促销方法，设计促销内容，分析效果。每个小组将成果进行展示。

任务评价

任务编号	任务 4-4	
任务名称	店内推广任务	
任务完成方式	个人完成、小组协作完成	
任务评价内容	分值	
打造爆款实训项目	25	
满就送操作	15	
打折促销操作	15	
搭配套餐操作	15	
小组店内促销推广方案设计	30	
成绩评定	自我评价	20%
	小组评价	20%
	教师评价	60%

【学习巩固】

一、单项选择题

1.下列方法中,哪个方法不适用于提升客单价?(　　)

A.客服推荐引导客户多件购买

B.在爆款T恤旁边做另外一款T恤的关联搭配

C.在衬衫旁边搭配T恤,T恤推荐

D.在店铺做套装的搭配销售

2.活动报名的时候什么样的商品容易报名并符合我们店铺需要的呢?(　　)

A.价格极低,但是没有什么利润的

B.热卖的爆款

C.有一定好评并且是应季的、有一定库存深度的

D.图片一般,吸引力不强

3. A卖家设置了5元的店铺红包。店内A商品为30元,B商品为10元,当消费者同一笔订单购买A和B商品时,运费合计5元,用户有2张该店铺的5元店铺红包,那么消费者实际支付多少元?(　　)

A.35元　　　　　B.40元　　　　　C.30元　　　　　D.45元

4.淘宝客和直通车最大的区别是:(　　)。

A.都是淘宝平台的一种推广模式

B.前者是按成交计费,后者按点击付费

C.能让卖家更好地获取流量取得订单

D.能针对性地定向推送到指定的目标用户

5.直通车商品标题字数是多少个以内?(　　)

A.15个　　　　　B.10个　　　　　C.20个　　　　　D.25个

6.店内的宝贝数量要满足几件以上才可以上直通车?(　　)

A.10件　　　　　B.15件　　　　　C.20件　　　　　D.30件

7.淘宝直通车是哪种计费方式?(　　)

A.按展示付费(CPM)　　　　　B.按点击付费(CPC)

C.按成交额付费(CPS)　　　　D.淘宝小二说了算

8.经常更新文章吸引读者,培养粉丝,扩大潜在顾客群体,这是哪一种推广方式?(　　)

A.友情链接　　　B.博客　　　　　C.淘宝客　　　　D.论坛

9.在网上提供一块公共电子白板,每个用户都可以在上面书写,可以发布信息,也可以进行讨论或聊天的是(　　)。

A.发帖子　　　　B.淘宝论坛　　　C.加入盟友　　　D.友情链接

10.(　　)又称搜索引擎广告,通过设定关键字的方式进行产品和企业宣传。

A.搜索优化广告　　　　　　　B.网络品牌广告

C.文字链接广告　　　　　　　D.关键词广告

二、多项选择题

1.公告栏广告发布技巧包括(　　)。

A.写一个好标题

B.内容部分,则要简明扼要

C.在相关的类别、地点发布广告

D.留下可靠快捷的联系方式

2.以下说法正确的有(　　)。

A.销售额＝流量×转化率×平均客单价

B.转化率越高的产品,直通车质量得分越高,然后点击越省钱

C.关键词的优化选取是为了给宝贝提供一个优先的排名展示机会

D.钻石展位是在淘宝用图片的方式以展示付费获取流量,俗称"小硬广"。钻石展位最好集中在推广品牌和活动时使用。

3.如何打造爆款?(　　)

A.前期准备　　　　　　　　　B.行业竞争分析

C.单品选择　　　　　　　　　D.单品详情页面准备

4.流量再多,没有转化都是枉然。决定店铺转化率的三大因素有哪些?(　　)

A.页面优化　　B.促销活动　　C.天天特价　　D.导购服务

5.发布宝贝到微博需要注意哪些条件?(　　)

A.争取发布时机

B.引发关注的描述文字

C.漂亮的宝贝图片

三、技能训练题

1.对于化妆品,如何实现站外的引流广告设计?

2.站内宣传工具的使用对店铺经营的影响主要表现在哪些方面?

3.请结合淘宝网的相关活动资源设置,试分析"凡客诚品"网有哪些推广资源,这些资源的推广应用与淘宝有什么区别。

4.打开"卖家中心",查看"营销中心""促销管理"各种促销工具的使用说明和使用流程。

5.分析你所经营商品的竞争对手店铺,查看其常用的店内活动和促销工具有哪些。

◆ 情境五 ◆
网店客户服务

【学习情境导入】

如何让客户服务不成为企业成长的绊脚石

在互联网快速发展的时代,网民数量急速扩张,为了争夺眼球,追逐利益,精明的商家削尖了脑袋,开发出一个个可供休闲娱乐、网络互动的平台。于是一场不见硝烟的拼杀让网民们目不暇接,在商家的引导下,网民们每天忙于写博客、织围脖(博客)、抢车位、偷菜等等。每个个体用户对网站来说确实不会产生什么影响,但是当一个企业的客户服务体系长期在非良好状态下运行,其负面影响积累到一定的程度,将产生难以弥补的损失。那时亡羊补牢,可能为时过晚,只是我们太多的互联网企业还没有预见到这一点。

新浪博客现已成长为中国最具影响力的超人气博客品牌,快速成长的背后,其客户服务如何呢?百合在新浪博客频道上发了最后一条博客:"2006年在这里建了博客,时常来写些东西,这里如同心灵的家,感谢这相伴的几年。然而最近闹了一些不愉快,辛辛苦苦写成的文章,在电脑里没备份,被新浪弄丢了(百合在旅行途中,花费几小时写的博文,点击"发表",网页没有变化,如是几次,网页消失)。客服人员非说不是他们的问题,我请求新浪帮我恢复数据,而几天过去了,已经过了他们承诺的期限。如果新浪根本不在乎他的用户,那么就离开吧,本想把所有文章删掉,但想到几年时间,不忍。于是留下,只是之后不会再在这里写东西了。这不是小气而是一种态度。再见了新浪,再见了我的博客!"百合离开了,带着他的2900个粉丝。在整个事件中,客服人员犯了如下错误:

一、服务难以让人产生信赖

客服态度不谦和,总是一副例行公事的口吻,并多次使用反问句和否定句。

二、客服不能以同理心对待客户的遭遇

客服没有站在客户立场上考虑,写一篇文章费多少心血,丢了多可惜。客服不但没有表示同情,反而一味强调客户的账号不存在异常。

三、客服不够专业

客户原本只是想咨询为何发表不了文章,并不想和新浪有冲突。而客服处理方法和流程不合理。客户从多个角度表示无法发表博文,客服只有一个建议:再试试,以至于客户无法和客服沟通。

客户想找上一级主管来处理这个问题,客服阻挠说没这个权限。如果自己权限范围内没有办法解决问题,应该及时上报给上一级主管或其他部门来处理。

四、反应速度慢

微博作为一个平台,给用户提供的就是一个及时、准确、真实发布信息的通道,如果过了一个相对恰当的时间,客户发送微博就已经失去了它原本的意义了。

(注:案例源自王淑翠编著的《客户服务案例》)

【学习情境分析】

一个客服的服务状况,折射出一个团队的服务水准,而一个团队的服务水准,直接反映该公司对客户服务的重视程度。进入21世纪,纵观全球500强企业,我们会发现,它们都有一个共同的特点,即把客户的需求摆在第一位。因此,必须学习如何进行客户服务。

1.网店的客户服务体系是什么?

2.如何通过沟通处理客户投诉?

3.如何进行售前、售中、售后客户服务?

4.如何应用客户关系管理系统?

【学习情境目标】

岗位细分	工作任务	技能目标	知识目标
网店客服岗	任务一 网店客服谈判与沟通技巧	1.能够独立对网店客户关系进行管理 2.能够掌握与网店客户进行谈判、推销,处理客户投诉的基本技巧	1.了解客户服务的相关概念 2.了解客户心态分类及对策的相关知识 3.掌握网店客服能力及常规服务技巧 4.熟悉网络客服商务客户维护与谈判的常规知识
	任务二 网店售前、售中、售后客户服务	1.掌握相关在线客服工具的设置和操作 2.能够完成售前、售中、售后客服工作任务	1.了解客服工作的分类、基本要求及工作流程 2.了解常用的在线客服工具 3.掌握售前、售中的沟通技巧 4.掌握售后客服及投诉处理技巧
	任务三 网店客户关系管理	1.了解常用的客户关系管理工具的基本操作 2.能够熟练操作淘宝客户关系管理系统	1.掌握客户关系管理的相关概念 2.了解客户关系管理的核心 3.了解电子商务环境下客户关系管理的特点 4.了解客户关系管理的发展趋势

任务一　网店客服谈判与沟通技巧

任务导入

小林通过互联网搜索查询和向有经验的网店店主请教,利用店内的促销推广方法,提高店铺的销售量和人气。他发现咨询的客户增加了很多,但转化率并不高。小林继续向有经验的网店店主请教,发现店铺有了人气后,我们要做的是如何把这些流量转化成我们店铺的购买力,这时客服工作就尤为重要,那么小林接下来就要认真学习如何和客户进行谈判和沟通了。

任务分析

根据任务导入中的情景进行分析,在网店客服谈判与沟通技巧体系任务中需要理解两个问题:(1)寻找及甄别客户;(2)客服谈判与沟通技巧。

一、寻找及甄别客户

要将产品很好地推销出去,必须明确自己的客户定位。首先要了解客户的购物心理,这样我们才能有针对性地进行沟通,进而加以引导。其次根据这些网络购物者的特点进行购物客户类型分析,这对于提高网店客服的服务质量和服务效率具有极重要的作用。

二、客服谈判与沟通技巧

要促进订单的产生,找到客户资源以后,就要考虑如何与客户沟通,与客户建立关系,把潜在客户变成新客户,把新客户变成老客户。

知识学习

一、寻找及甄别客户

(一)客户购物心理分析

客户进入网店以后,除了获得某些具体商品的需求以外,还有其他一些常被忽视的需求,持续增长的数据显示出网络购物这一消费模式的庞大市场潜力。网络消费群体与传统市场消费群体截然不同,企业必须对消费者的网络购物行为进行心理分析,这样才能更好地进行经营管理。那么,这些网络购物者的购物心理又是如何呢?

1.追求价格低廉心理

价格是消费者购物时考虑的重要因素。网络购物具有生命力的重要因素就是价格普遍低廉。

2.图便捷的消费心理

网络购物具有得天独厚的便捷性,网络商城每时每刻都在为客户提供咨询、购物、配送等服务,为客户提供购物时间与地点的便利、获取信息的便利及货款支付的便捷。

3.躲避干扰的消费心理

现代消费者更加注重精神的愉悦、个性的实现、情感的满足等高层次的需要,消费者希望在购物中能随便看、随便选,保持轻松、自由的心理状态,自尊心理得到最大限度的满足。

4.追求时尚的消费心理

网络购物是一种新的购物方式,追求时髦和新奇生活方式的消费者就会尝试这种购物方式。

买家以上四种购物心理又带来常见的五种担心心理,分别是卖家信用是否可靠?价格低是不是产品有问题?同类商品那么多,到底该选哪一个?交易是否安全?收不到货,货物损坏和退货邮费怎么办?

(二)客户类型分析及相应对策

网络购物客户按照不同的划分标准,有着不同的类型。对不同类型的客户采用的服务策略也是不同的,具体分类及应对策略如下:

1.按客户性格特征分类及采用的对策

(1)友善型客户。特征:性格随和,对自己以外的人和事没有过高的要求,具备理解、宽容、真诚、信任等美德。这一类客户通常是企业的忠诚客户。策略:提供最好的服务,不因为对方的宽容和理解而放松对自己的要求。

(2)独断型客户。特征:异常自信,有很强的决断力,感情强烈,不善于理解别人;对自己的任何付出一定要求回报;不能容忍欺骗、被怀疑、怠慢、不被尊重等行为;对自己的想法和要求一定要被认可,不容易接受意见和建议。这一类客户通常是投诉较多的客户。策略:小心应对,尽可能满足其要求,让其有被尊重的感觉。

(3)分析型客户。特征:情感细腻,容易被伤害,有很强的逻辑思维能力;懂道理,也讲道理,对公正的处理和合理的解释可以接受,但不愿意接受任何不公正的待遇,善于运用法律手段保护自己,但从不轻易威胁对方。策略:真诚对待,做出合理解释,争取对方的理解。

(4)自我型客户。特征:以自我为中心,缺乏同情心,从不习惯站在他人的立场上考虑问题,绝对不能容忍自己的利益受到任何伤害,有较强的报复心理,性格敏感多疑,时常"以小人之心度君子之腹"。策略:学会控制自己的情绪,以礼相待,对自己的过失真诚道歉。

2.按消费者购买行为分类及应采取的相应对策

(1)交际型。有的客户很喜欢聊天,先和卖家聊了很久,聊得愉快了就到店里购买东西,成交后也成了朋友,至少很熟悉了。对于这种类型的客户,要热情如火,并把工作的重点放在这种客户上。

（2）购买型。有的客户直接买下商品，很快付款，收到东西后也不联系，直接给好评，对卖家的热情很冷淡。对于这种类型的客户，不要浪费太多的精力，如果执着地和他（她）保持联系，他（她）可能会认为是一种骚扰。

（3）礼貌型。买卖双方因为一件商品而有了联系，如果卖家热情如火，在聊天过程中运用恰当的技巧，客户会直接到店里再购买一些商品。若卖家售后服务做好了，客户或许因为不好意思，还会到店里来。对于这类客户，要尽量热情，能多热情就多热情。

（4）讲价型。这类客户一而再地讲价，永不知足。对于这种客户，要咬紧牙关，坚持始终如一，保持微笑。

（5）拍下不买型。对于这种类型的客户，可以投诉、警告，也可以全当什么都没发生。

3.按网店购物者常规类型分类及应采取的相应对策

（1）初次上网购物者。这类购物者在试着领会电子商务的概念，他们的体验可能会在从网上购买小宗安全种类的商品开始。这类购物者要求界面简单，过程容易。产品照片对说服这类购买者完成交易有很大的帮助。

（2）勉强购物者。这类购物者对安全和隐私问题感到紧张。因为有恐惧感，他们开始只想通过网站做购物研究，而非购买。对这类购物者，只有明确说明安全和隐私保护政策，才能够使其消除疑虑，轻松面对网上购物。

（3）便宜货购物者。这类购物者广泛使用比较购物工具。这类购物者不玩品牌忠诚，只要最低点价格。网站上提供的廉价出售商品，对这类购物者最具吸引力。

（4）"手术"购物者。这类购物者在上网前已经很清楚自己需要什么，并且只购买他们想要的东西。他们的特点是知道自己做购买决定的标准，然后寻找符合这些标准的信息，当他们很自信地找到了正好合适的产品时就开始购买。快速告知其他购物者的体验和对有丰富知识的操作者提供实时客户服务，会吸引这类购物者。

（5）狂热购物者。这类购物者把购物当作一种消遣，他们购物频率高，也最富于冒险精神。对这类购物者，迎合其好玩的性格十分重要。为了增强其娱乐性，网站应为他们多提供观看产品的工具、个性化的产品建议以及电子公告板和客户意见反馈页之类的社区服务。

（6）动力购物者。这类购物者因需求而购物，而不是把购物当作消遣，他们有自己的一套高超的购物策略来找到所需要的商品，不愿意把时间浪费在东走西逛上。优秀的导航工具和丰富的产品信息能够吸引此类购物者。

二、与客户谈判和沟通技巧

（一）与客户沟通的六大原则

在网店经营中，卖家与客户虽然不会直接面对面，但是与客户打交道的时候，却必须更加注意技巧，否则客户流失的速度会比实体店快得多，因为客户会马上关掉页面，离开您的网店。所以，在网店经营中，在与客户沟通中要把握六大原则：

1. 预先考虑客户需求

每位客户的需求特点虽然不一样,但作为客户都有一个共同的购物心理,有共同的规律可循。在网店经营中,应从商品图片的拍摄、商品说明以及信息回馈等各方面为客户考虑周详。必须保证快速回复客户提出的问题,这样就要求卖家经常到网店来维护,如果实在有事不方便上网,也应该留下别的联系方式及相关说明,以免让客户感到受到冷落。

为客户服务不仅要为客户解决问题,而且要带给客户愉快的心情,使整个购买过程变成一个享受快乐的过程。

2. 对客户的差评要接受

网店经营最具特色的一个环节就是交易完成之后,客户可以为卖家评分。如果客户感觉对方的服务不好,或者沟通不顺畅,就会给卖家评个差评,卖家店铺的总积分就会被扣去1分。卖家都很注重自己的积分,因为积分高了才能让店铺的等级上升,这样就可以招来更多的客户。一旦得了差评,首先要客观回应客户的批评。如果确实是自己做得不够好,一定要虚心接受,然后改正自己服务中的缺陷。只有这样,网店的服务才会更好。

3. 多为客户着想

现在是一个快节奏、高效率的时代,时间很宝贵。因此,在为客户服务的时候,首先要考虑如何节省客户的时间,为客户提供便利快捷的服务。所以,要设身处地为客户着想,以客户的观点来看待商品的陈列、商品采购、商品种类,贴心的服务才会让客户感觉到方便和满意。

一般来说,许多人在提供服务的时候,并不了解客户的需要和期望,不了解客户迫切需要的是什么样的服务,所以结果往往不理想。

4. 客户的期望和需求要满足

客户在购买了商品后,一方面满足了其购物需求,另一方面,如果客户在购买过程中遇到了其他的意外问题,此时如果卖能提供额外的服务,客户心理感受就会更强。这种免费的服务不但能增进卖和客户之间的关系,更是一种树立网店形象和品牌的良好方式,这对于不能提供实体店面直接服务的网上店面来说显得尤为重要。

5. 满足客户的尊荣感和自我价值感

要赢得客户满意,不能仅仅是被动式地解决客户的问题,更要对客户的需要、期望和态度有充分的了解,把对客户的关怀纳入自己的工作和生活中,发挥主动性,提供量身定做的服务,真正满足客户的尊荣感和自我价值感,不仅要让客户满意,还要让客户超乎预期地满意。

6. 尊重客户

得到别人的尊重在人的需求中具有较高层次,客户的购买过程是一个在消费过程中寻求尊重的过程。客户对于网上购物活动参与的程度和积极性,很大程度上取决于店主对客户的尊重程度。店主的一切销售活动都应体现其对客户的有形或无形的尊重。只有动机是出于对客户的信任和尊重，永远真诚地视客户为朋友，给客户以"可靠的关怀"和"贴心的帮助"，才是面对客户的唯一正确的心态，才能赢得客户。

（二）沟通的技巧

与客户的良好沟通是网上店铺成功的关键因素之一，沟通一定要做到及时、真诚、完善，沟通时要把握客户的心态，所以沟通是需要一定技巧的。

1. 发布产品的技巧

在网上展示的主要是产品图片，这是网店的瓶颈。如果商家在发布产品图片的时候能把产品的性能、规格、重量、组成部分、配件材料等分项列出详细的介绍，让人看后一目了然，并在各个分类部分分列出几点，做到有条不紊，这能让买家更加认可您的产品，如图 5-1 和图 5-2 所示。

图 5-1　商品信息 1

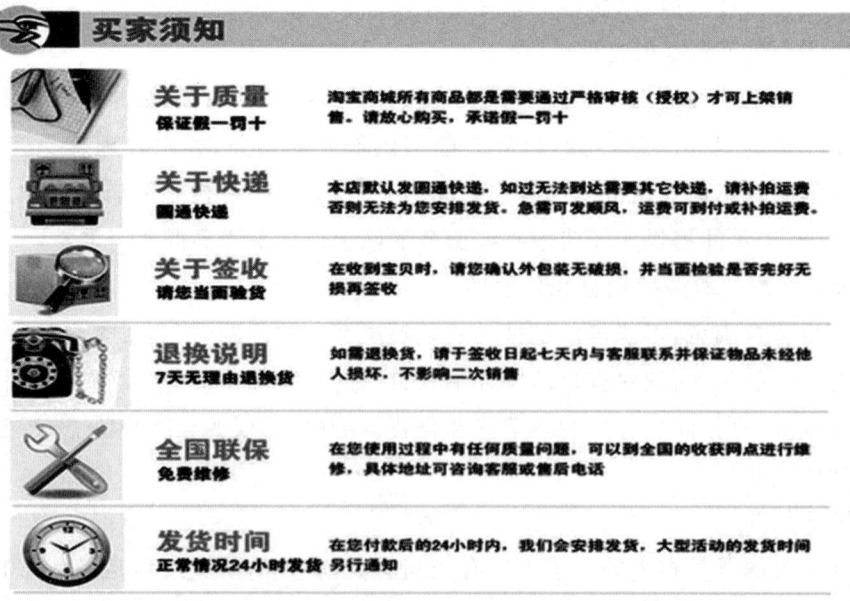

图 5-2　商品信息 2

2.报价技巧

报价的时候最好利用报价表的形式,关键是在报价的时候要对行业的价格做出分析与对比,对比的项目有价格、性能、配件的材料、使用年限、售后服务、品牌优势、特别支持等具体事项,这样客户就能一目了然地了解产品的优越性,从而在心中留下深刻的印象,这是网店的一种无形沟通,如图5-3所示。

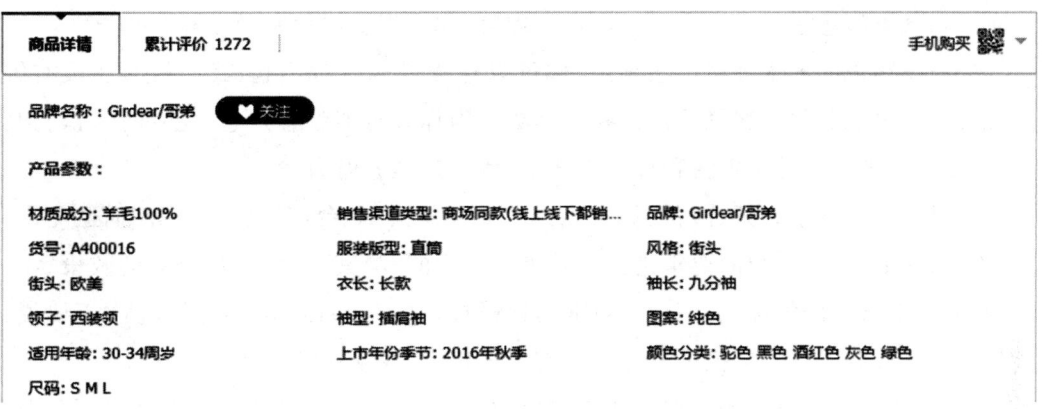

图5-3 商品信息3

3.语言技巧

作为客服,我们面对的是各不相同的个体,最应该把握的是人情因素,我们既要有个性化的表达沟通,也要掌握许多共性的表达方式与技巧。

(1)选择积极的用词与方式

在保持一个积极的态度时,沟通用语也应当尽量选择体现正面意思的词。比如说,要感谢客户在电话中等候,应该把常说的"很抱歉让你久等"转变成"非常感谢您的耐心等待"。

如果一个客户就产品的一个问题几次求救于你,你想表达你要为客户真正解决问题的期望,就不要直接说:"我不想再让您重蹈覆辙。"这会让人感觉非常不好,可换成:"我这次有信心这个问题不会再发生。"这样说是不是更顺耳些呢?

下面举更多的例子(供参考)。

习惯用语:问题是那个产品都卖完了。

专业表达:由于需求很高,我们暂时没货了。

习惯用语:你怎么觉得我们公司的产品老是有问题。

专业表达:看上去这些问题很相似。

(2)善用"我"代替"你"

在沟通中尽量用"我"代替"你","你"常会使人感到有根手指指向对方。例如:

习惯用语:你的名字叫什么?

专业表达:请问,我可以知道你的名字吗?

习惯用语:你必须……

专业表达：我们要为你那样做，这是我们需要的。

习惯用语：你错了，不是那样的。

专业表达：对不起我没说清楚，但我想它运转的方式有些不同。

（3）在客户面前维护企业的形象

如果有一个客户电话转到你这里，抱怨他在前一个部门所受的待遇，你已经不止一次听到这类抱怨了。为了表示对客户的理解，你应当说："我完全理解您的苦衷。"

另一类客户的要求公司没法满足，你可以这样表达："对不起，我们暂时还没有解决方案。"尽量避免很不客气地说："我没办法。"当你有可能替客户想一些办法时，与其说"我试试看吧"，为什么不更积极一点地说"我一定尽力而为"？

如果有客户要求打折、减价，你可以说："如果您买10台，我就能帮您。"而避免说："我不能，除非……"客户的要求是公司政策不允许的，与其直说"这是公司的政策"，不如说"根据多数人的情况，我们公司目前是这样规定的"。如果客户找错了人，不要说："对不起，这事我不管。"应换一种方式："有专人负责，我帮您转过去。"

另外，不要把方言中的一些表达方式应用在普通话中。比如"一塌糊涂""不会啦"等带有方言味道的表达，不应带到普通话的规范表达中。

语言表达技巧也是一门大学问，虽然现在提倡个性化服务，但如果我们能提供专业水准的个性化服务，相信更会增进与客户的沟通，不要认为只有口头语才能让人感到亲切。我们对表达技巧的熟练掌握和娴熟运用，可以在整个与客户的通话过程中体现出最佳的企业形象，并让客户获得最佳的体验。

三、常用的沟通工具——阿里旺旺

阿里旺旺是淘宝网开发的一种即时沟通工具，它集成了即时文字、语音、视频沟通以及交易提醒、快捷通道、最新商讯等功能，是网上交易必备的工具。阿里旺旺为大家提供了四个买卖沟通方式，彼此面对面，能增加信任，促进交易。

第一，阿里旺旺发送即时消息，能立刻与对方沟通，了解买卖交易细节。

第二，阿里旺旺含有免费语音聊天功能。想和对方自由交谈，用户只需拥有一个麦克风。

第三，视频聊天影像。耳听为虚，眼见为实。想亲眼看看要买的宝贝，用户只需拥有一个摄像头。免费视频影像功能能让用户安安心心买到心仪的宝贝。

第四，离线消息功能。即使用户不在线，也不会错过任何消息，只要用户一上线，就能收到离线消息，确保其询问"有问有答"。

任务实施

一、实训任务

任务按照小组（建议2人一组）实施，小组成员根据教师确定好的任务进行分析，内容包括软件功能分析、使用等。小组成员根据任务步骤进行实训，将实训结果写在实训报告上,提交给教师点评。

二、实训步骤

步骤1　打开"我的淘宝"页面右则,单击"阿里旺旺",如图 5-4 所示。

图 5-4　单击"阿里旺旺"

步骤2　下载"阿里旺旺"(E 客服专用)免费软件,如图 5-5 所示。

图 5-5　下载"阿里旺旺"(E 客服专用)免费软件

步骤3　运行"阿里旺旺"。

步骤4　创建联系人列表多级分组,管理好买卖、朋友、亲人、同事和同学,如图 5-6 所示,创建"同事"多级分组列表。

图 5-6　创建客户列表

步骤 5　运用"搜索"功能,搜索联系人和各大网站。

步骤 6　"群发"功能的应用,可以同时给选中的多个好友传送文件,按住"Ctrl+"用鼠标左键选定多个对象。

步骤 7　在"阿里旺旺"页面左侧,选中要查看的内容,左键单击,可以查看"阿里旺旺"的各项功能,如图 5-7 所示。

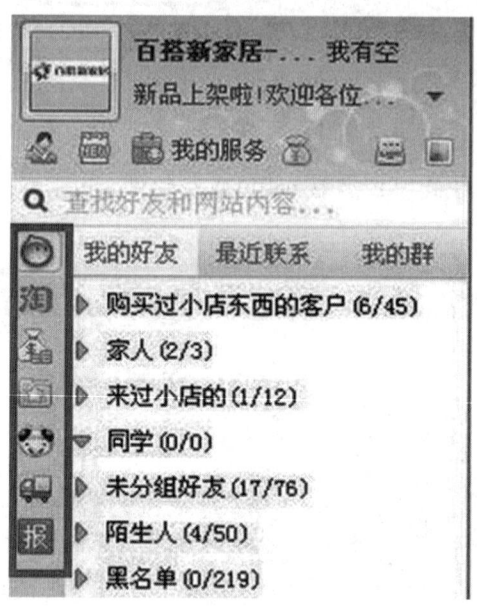

图 5-7　查看"阿里旺旺"各项功能

步骤 8　"添加好友",如图 5-8 所示。

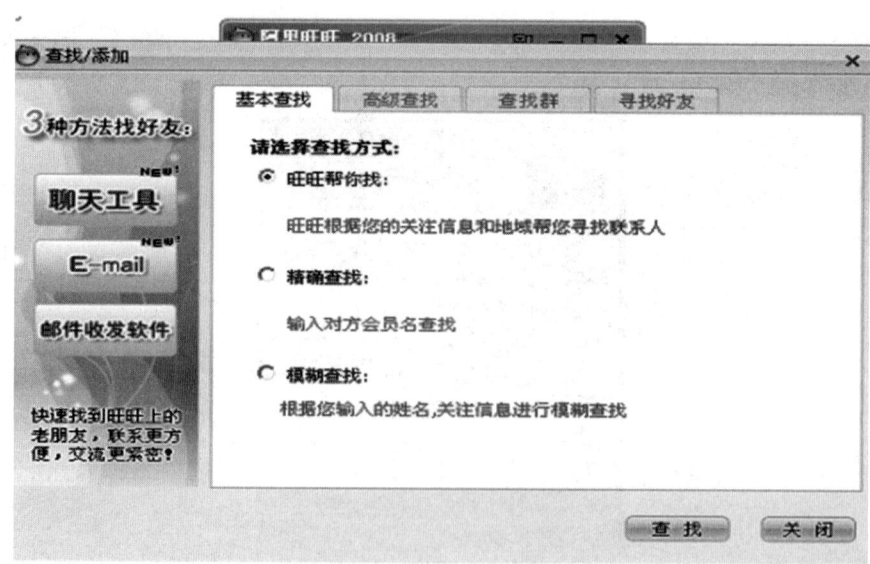

图 5-8　"添加好友"和"搜索查找"功能

步骤 9　查看"历史聊天记录"。

任务评价

任务编号	任务 5-1
任务名称	网店客服沟通谈判技巧
任务完成方式	小组协同完成
任务评价内容	分值
阿里旺旺的基本知识	30
阿里旺旺实现防骚扰、举证等功能	30
阿里旺旺的移动功能	40
成绩评定	小组评价 20% 教师评价 80%

任务二　网店售前售中售后客户服务

任务导入

小林在经过网店客服沟通与谈判技巧的学习和应用后，明白要想提高网店的转化率，必须要明确自己的客户定位，找到自己的客户，把握客户的心理，对客户进行有针对性的沟通。那么网店的客服是否就是将客户转化为我们的购买者就可以了呢？接下来，小林将认真学习售前、售中和售后客服工作内容及技巧。

任务分析

根据任务导入中的情景进行分析，在售前、售中和售后客服的学习中需要理解三个问题：这三类客服的工作职责及所需技能；三类客服的工作流程；常见的在线客服软件。

一、三类客服工作职责及技能

从整个工作流程上看，网店大体可以分为售前、售中、售后三类客服，他们的工作职责和所需要的技能是有所不同的。我们需要了解这三类客服的工作职责及各类客服所需要的技能有哪些。

二、三类客服的工作流程

售前、售中、售后客服因其工作职责等的不同，他们在日常工作中的内容必然是不同的，我们需要了解他们具体的工作内容、大致的流程等。

三、常用在线客服软件

在进行客服工作时，难免需要利用各种工具进行沟通，目前网络上常用的在线客服工具有哪些？它们的使用方法和操作流程如何？

> **知识学习**

一、工作职责及技能

对于商家而言,无论是线上生意还是线下生意,店铺客服都是至关重要的一环,在整个交易环境中起到"关键一跳"的作用。优秀的店铺客服工作不仅能促成购买,提高店铺转化率,同时还可以引导买家消费,提升客单率,提升客户回头率,塑造企业品牌形象。按照工作流程的不同,客服分成售前、售中、售后客服,具体区分见图5-9。

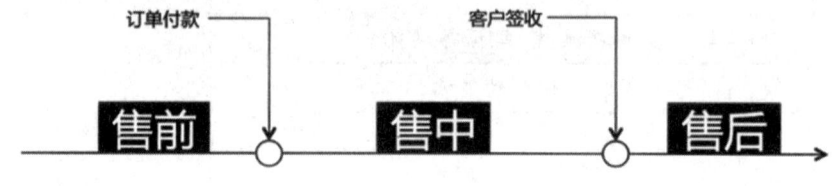

图 5-9　售前、售中、售后定义图

(一)概念

1.售前客服

售前客服是指客户未确定购买何种产品前的工作,目的是刺激客户购买欲望。前期与客户沟通,了解客户的需求,比如客户需要购买什么东西,用途是什么,喜欢什么类型的,然后根据了解到的情况制定销售策略。在淘宝平台上,售前客服主要涉及回答问题、引导客户、产品推荐等。

2.售中客服

售中客服是指在产品销售过程中为顾客提供的服务。在淘宝中,售中服务主要涉及订单处理、催件、查件等。

3.售后客服

在网上交易成功后,买家收到货物,卖家收到货款后所进行的服务统称为售后客服。在淘宝平台上,售后客服主要涉及退换货、客户投诉等工作。

(二)售前、售中、售后客服工作职责及所需技能

表 5-1　客服工作职责及技能

岗位	工作职责	客服要掌握的技能	
		基本技能	素质技能
售前客服	售前咨询,回答网上买家提问,引导用户在网上顺利购买,促成交易。	1.熟悉自家产品; 2.电脑操作熟练;聊天工具打字速度要快等; 3.了解平台规则; 4.了解交易流程; 5.能耐心沟通并提出建议。	1.冷静与条理性; 2.智慧与知识; 3.幽默与关爱。
售中客服	订单处理工作,包括对商品信息和收货人信息的审单工作,配货单和物流单的打单工作等。		
售后客服	处理客户投诉、退换货要求等,提出处理方案,组织协调处理实施;进行有效的客户管理和沟通;跟进买家的真实评价;检查客户关系维护情况。		

二、售前、售中、售后客服工作流程

(一)售前客服工作流程

第一步,打招呼,对上门询问的客户要及时答复(客户首次到访打招呼的时间不能超过15秒。客户呼入前6秒我们称之为"黄金6秒",所以要在客户咨询的第一时间回复客户,因为客户买东西都会货比三家,可能同时和好几家店联系,这时候谁第一个回复,谁就占了先机),礼貌热情。

第二步,耐心询问(询问客户是为了更好地了解客户的情况,准确进行定位,才能做到只介绍对的不介绍贵的,以客户为尊,满足客户的需求),热心引导,认真倾听。

第三步,适时推荐(在对客户进行产品推荐的时候,要找到客户真正需求的商品,主动去提问,增加和客户的互动,为更好地服务奠定基础,取得客户的信任,而不是守株待兔),及时核实,让客户确认。具体流程见图5-10。

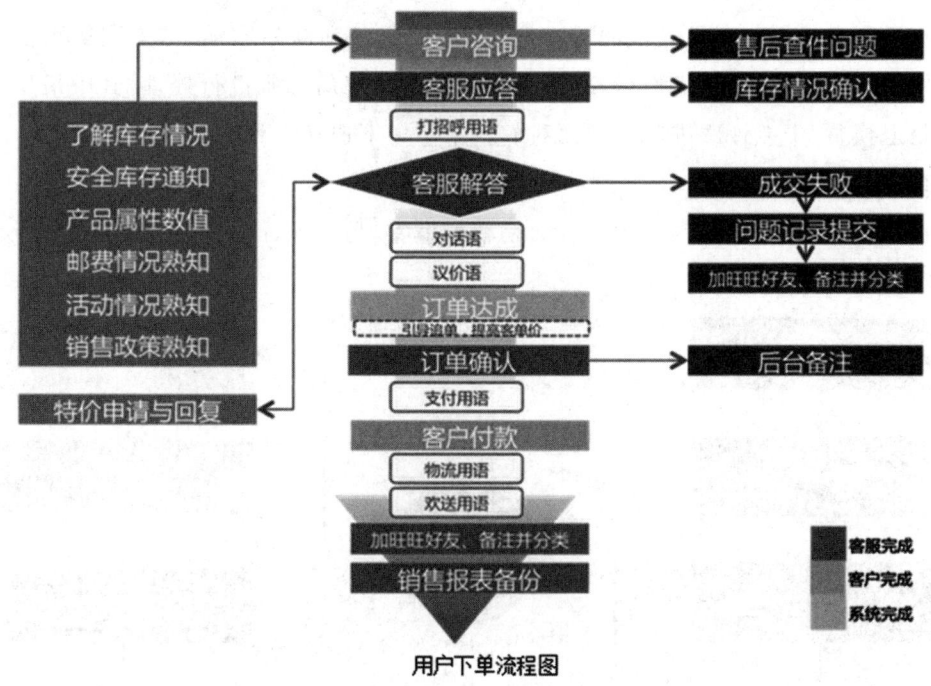

图 5-10 售前客服工作流程

(二)售中客服工作流程

售中客服主要针对客户已付款但未收到货物时发生的问题提供服务,主要包括查询订单状态、换货或更改物流、取消订单这三大部分,其流程如图5-11所示。

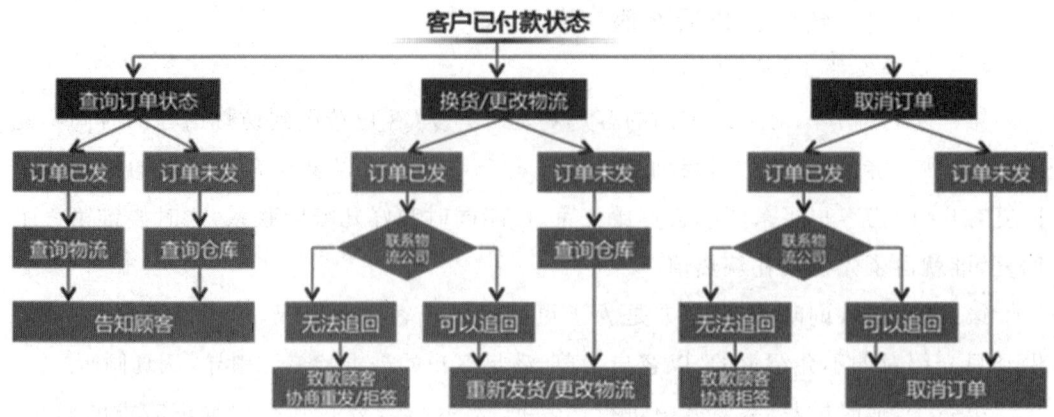

图 5-11　售中客服工作流程

(三)售后客服流程图

售后服务是整个交易过程的重点之一,售后服务和商品质量、信誉同等重要。买家在网上交易成功,收到货物后,所产生的问题均由售后客服进行处理,其中最主要的内容是退换货、中差评跟进等。下面我们就来了解下退换货和中差评的处理流程。

1.退换货流程

退换货主要涉及两大方面,一方面是客户拒签,另一方面是客户主动要求退换货。其中客户拒签的流程如图 5-12 所示。

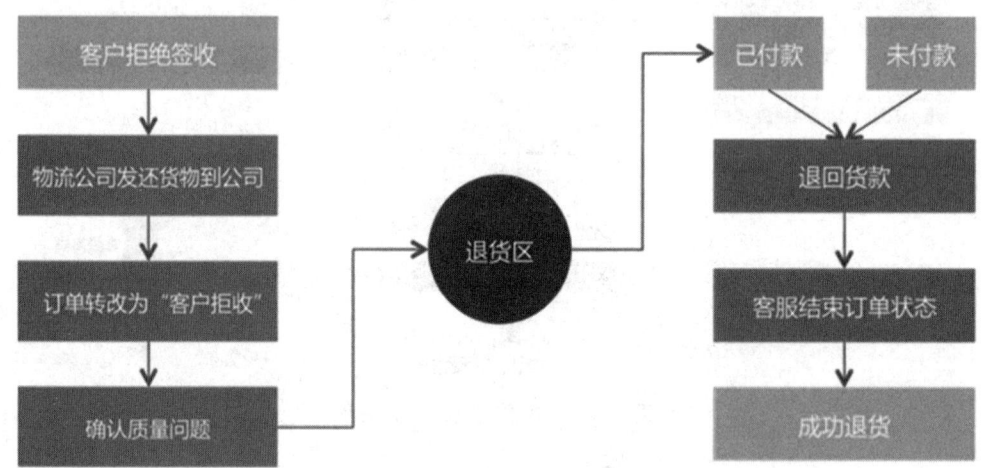

图 5-12　客户拒签处理流程图

客户主动要求退换货时,客服需要根据具体情况提供解决方案,主要几种方案如图 5-13 所示。

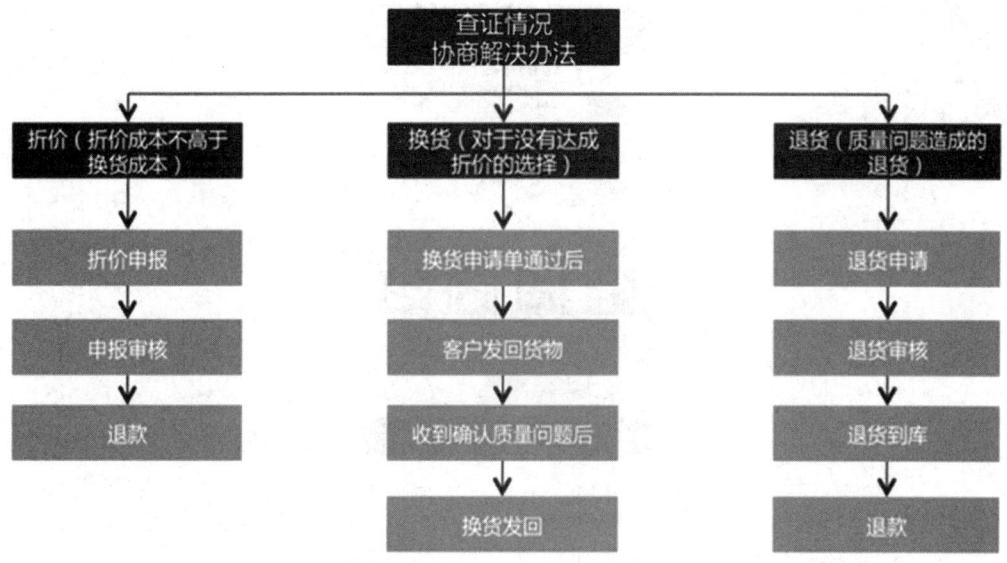

图 5-13　客户退换货处理流程图

2.中差评处理流程

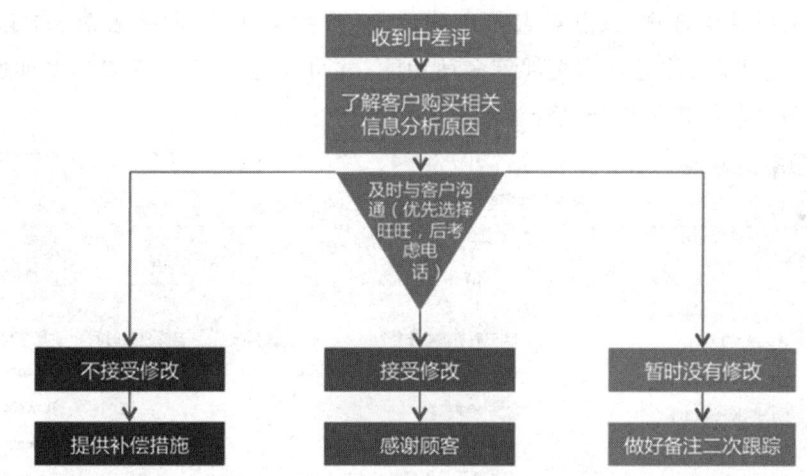

图 5-14　中差评处理流程图

三、常用的在线客服软件

(一)千牛卖家工作台

目前淘宝网店客服主要是通过"千牛"(原阿里旺旺卖家版)与客户进行沟通的,如图 5-15 所示。千牛卖家工作台支持子账号登录,提供店铺关键信息提醒,以及商品、交易、数据等常用操作快捷入口;商品信息、订单消息、退款消息、官方公告等第一时间推送到手机;支持手机和电脑同时登录,联系人、聊天记录和快捷短语与电脑无缝云同步,可添加好友,查看买家个人主页;插件中心具备商品管理、交易管理、数据统计等常用功能,均有多款插件供选择,作为分销商的卖家可订购使用供销管理插件。

图 5-15　千牛卖家工作台

(二)企业 QQ

企业 QQ(简称"QQ")是腾讯公司开发的一款基于 Internet 的即时通信(IM)软件,如图 5-16 所示。它的标志是一直戴着红色围巾的小企鹅。腾讯 QQ 支持在线聊天、视频聊天以及语音聊天、点对点断点续传文件、共享文件、网络硬盘、自定义面板、远程控制、QQ 邮箱、传送离线文件等多种功能,并可与移动通信终端等多种通信方式相连,是中国目前使用最广泛的交流软件。

图 5-16　企业 QQ

(三)京东咚咚

京东咚咚是京东商城推出的一个即时通信工具软件,如图 5-17 所示,它面向京东个人用户、商家客服和京东客服。京东咚咚商家版就是京东在线客服平台,是供京东中小型商家使用的工作台。京东咚咚商家版不仅提供在线客服功能,还提供即时消息提醒、订单管理等功能,京东咚咚商家版是商家打理店铺的得力帮手,支持 PC 端与移动端。

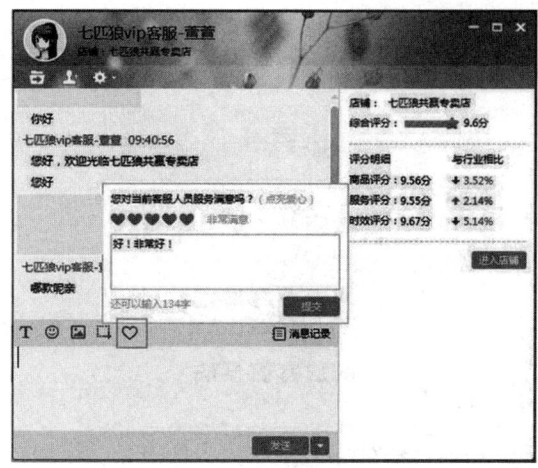

图 5-17 京东咚咚

任务实施

一、实训任务

(一)登录 i 博导实训平台

任务由个人完成,学生进入"我的网店"界面。如图 5-18 所示。

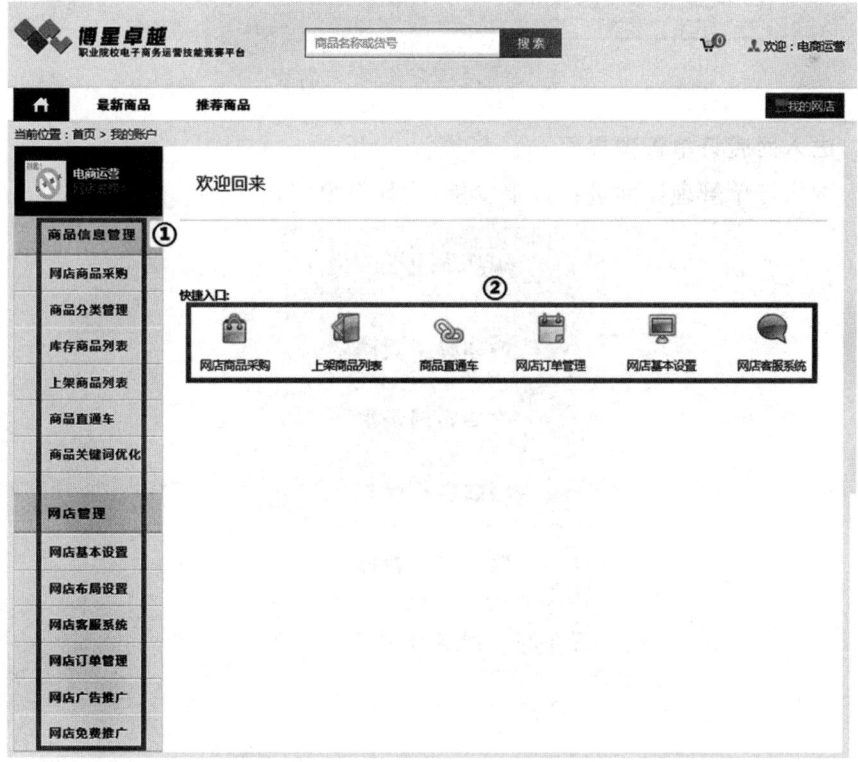

图 5-18 进入"我的网店"界面

(二)进入网店客服系统模块

在"我的网店"界面上点击"网店管理"中的"网店客服系统"按钮,进入网店客服系统进行售前、售后咨询服务等的模拟训练。

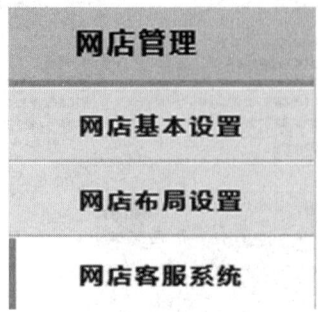

图 5-19　网店客服系统模块

图 5-20　网店客服系统界面

(三)进入网店订单管理界面

进入网店订单管理界面进行订单发货、收款等模拟训练。

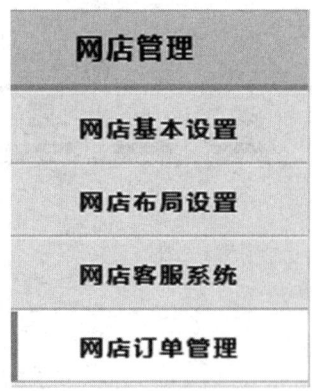

图 5-21　网店订单管理模块

图 5-22　网店订单管理界面

(注:实训任务源自 i 博导平台:http://www.ibodao.com/User/Appliance/ls/id/12.html。)

二、实战任务

(一)客户服务实战

以学习小组为单位,登录之前小组设计的网店进行客服的实战练习,关注客户的回复率、转化率、满意度等情况。

(二)订单管理实战

在小组开设的网店进行订单管理的实战练习,并关注其发货的速度、准确度、成本等。

任务评价

任务编号	任务 5-2
任务名称	客服售前售中售后任务
任务完成方式	个人完成、小组协作完成
任务评价内容	分值
客户服务是否及时	30
客户服务是否满意	30
订单管理是否高效准确	40
成绩评定	自我评价　20%
	小组评价　20%
	教师评价　60%

任务三　网店客户关系管理

任务导入

小林经过学习，了解了如何安排客服分工，如何进行有针对性的客户沟通与谈判，网店的客户渐渐多了起来。随着客户的增加，他发现如何很好地维系这些客户，挖掘新客户，成为急需解决的问题。

任务分析

根据任务导入中的情景进行分析，在网店客户管理中需要解决两个问题：(1)如何维系好客户关系；(2)如何提高网店回头率。

一、维系好客户关系

客户是网店的生命线，如何拥有更多的新客户，保持住老客户，其核心在于如何提高客户的满意度，维系好客户关系。只有客户满意了，他才会重复购买，或者推荐给其他人购买。维系好客户关系，提高客户满意度，才能为网店带来源源不断的价值。

二、提高网店回头率的方法

小林在客户服务的学习过程中，发现挖掘一个新客户的成本远高于留住一个老客户，所以他就思索在经营网店的过程中，一定要留住老客户，提高网店回头率，这就要做到商品好、服务好、回访好，而且要用心、耐心、诚心、细心，这样才能拥有较高的回头率。

知识学习

一、维系好客户关系

(一)客户关系管理

客户关系管理(customer relationship management，CRM)，是一种以"客户关系一对一理论"为基础，旨在改善企业、店主与客户之间关系的新型管理机制。

客户关系管理系统的宗旨是：为了满足每个客户的特殊需求，同每个客户建立联系，通过同客户的联系来了解客户的不同需求，并在此基础上进行"一对一"个性化服务。

(二)维系客户关系

销售只是开始，服务永无止境。交易成功，双方互评之后并不代表服务的终止，良好的客户关系将会为你带来更多的交易。

1.尊重客户

做生意首先要从尊重客户开始。无论生意是否成交，都应该做到买卖不成仁义在。与对方交谈时一定要注意礼貌，需顾及对方的感受。在完成交易后，千万不要忘记对买家表示感谢,因为买家在众多卖家中选择了你。

2.替客户着想

合作的目的是双赢,在与客户沟通的时候应该尽量了解清楚客户的需求,避免将客户不需要的东西卖给他,减少其不必要的开支,相应也会减少交易纠纷的发生。

3.过硬的售后服务

售后服务和宝贝质量以及卖家信用度同等重要,卖家信用度更多时候只是作为参考,而售后服务却是实实在在的,是决定能否留住老用户、吸引新客户的关键。

对于自己出售的产品,卖家需要了解其属性,掌握解决故障的方法。如果需要厂家支持,则需要跟厂家协商好技术支持和售后服务的条件,让买家购物没有后顾之忧。

4.管理客户资料

随着开店时间的增加,买家越来越多,因而卖家需要对客户的资料进行管理。除了需要整理已经成交的买家,对一些意向客户的资料也要进行管理,主动与之联系,以便及时跟进。

需要整理的客户信息包括:交易的时间;客户的阿里旺旺用户名;购买的宝贝名称、规格、价格、数量;客户的联系方式;客户的问题及客户的聊天特点等。

建立完善的客户资料,在下一次与客户交流时能够迅速说出客户信息以及要求,会让客户感觉到卖家对他的重视,进一步增加对卖家及店铺商品的好感;反之则会让客户有被怠慢、被轻视的感觉。

对意向客户要随时保持跟进,不要让自己的客户变成别人的客户,更不要把客户遗忘掉。

5.定期联系客户

老客户的维护成本比新客户的开发成本要低很多。与一个新客户谈成一笔交易也许需要几天甚至更长时间,投入的精力也是非常大的;而与一个有过愉快交易的老客户进行再次交易,可能只需要几分钟的时间。与老客户的这种默契,是建立在卖家用心服务的基础之上的。

在开发新客户的同时要维护好老客户,他们是卖家成长道路上的扶持者。所以卖家要经常给这些买家一些问候,不要让他们有被遗忘的感觉,同时也可以让他们记得自己。要注意的是:联系不要太过频繁,或者使用纯粹广告式的招呼方式,若引起客户的反感就得不偿失了。

(三)客户关系管理技巧

1.建立属于自己的客户数据库

当一个客户与你完成了交易,他(她)给你留下的不仅仅是钱,还有电话、地址、邮箱地址(支付宝账号)和生日,我们应尽可能收集客户的个人信息和喜好,按不同的客户类别进行分类,建立一张客户资料表。

不同客户应有不同备注:

(1)卖家们应该好好地总结本店客户群体的特征,因为只有全面了解客户情况,才能确保待售货物符合客户的需求,提高商品成交率。

(2)建立客户的资料库,及时记录每个成交客户的各种联系方式。

(3)总结客户的背景至关重要,在和客户交易过程中了解客户的职业或者城市等背景,能帮助卖家总结不同人群所适合物品的规律。

(4)购买能力很强的客户更要作为卖家总结的重点,发展这个群体成为你的忠实客户对网店大有好处。

2.利用客户数据库与客户建立朋友般密切的关系

最成功的营销就是与客户成为朋友。但怎么与你的客户建立起这层关系呢?日常工作忙得不可开交,根本无法逐个给客户打电话或 QQ 聊天。所以我们需要在现有的客户管理系统中增加一个邮件群发的辅助工具。

(1)我们要针对不同客户准备不同内容的邮件模板。比如客户生日或者重要节日,我们可以给最近所有要过生日的客户发去一个慰问的电邮,里面附上一些你特意为他(她)挑选的打折生日礼物等带有刺激性的促销信息。

(2)网店更需要信息化。如果有一种方法或者工具,轻轻一点就能搜集大量的邮件地址,随后你就能给他们发一封带有你店铺产品、地址的电子邮件,那将使客户关系管理更加方便和容易。

3.发展潜在的忠实买家

(1)买家是所有卖家的一笔宝贵财富,当用户成为你的买家后,网上商城不可能收回这些买家,他们将成为你自己的资产,关系维护的好坏将直接影响他们以后会不会继续购买你的物品。

(2)忠实买家所产生的销售额通常能够达到一定的比例,所以对于曾经购买过你商品的买家,除了做好第一次交易,更要做好后续的维护,让他们成为你的忠实客户。

(3)定期给买家发送有针对性的、买家感兴趣的邮件,切忌不要太频繁,否则很可能被当作垃圾邮件。另外,宣传的物品绝对要有吸引力。

(4)把忠实买家设定为你的 VIP 买家群体,在店铺内制定相应的优惠政策,比如可以享受新品 8 折优惠等。

(5)定期回访客户,用打电话或者发邮件的方式关心客户,与他们建立起良好的客户关系,同时也可以从他们那里得到很好的意见和建议。

4.信息管理至关重要

(1)全面的信息管理可以帮助卖家总结长期的交易情况。信息管理可以分为两个方面:一是总结目前物品成交的情况,包括一个月内登录物品的数量、成交物品的数量、成交率等情况,这些都有助于你了解目前店铺的物品销售情况。二是建立自己的客户资料库。汇总好所有客户的信息将有助于分析自己的客户群体,甚至可以根据不同客户的特性进行分类,发送相应的促销邮件。

(2)已售出的物品其实已经帮大家做了这样的工作,在上面可以轻松标注出各个物品的不同状态。

二、提高网店回头率的方法

(一)要熟悉商品的专业知识

在客户询问关于商品的问题时,卖家千万不能用"大概""可能""也许"等词语来回答,否则说明自己不专业,同时给人不信任感。同样的商品,客户买得放心是基本的要求。

(二)不要为自己的错误找借口

有失误和过失时,卖家千万不要为自己的错误找借口,否则客户只会记得卖家承诺过的没有达到,却又借口多多。

与其找借口,还不如老老实实地承认自己的过失,然后尽力补救,哪怕是给予客户优惠。如果卖家承担了责任,并改正了过失,那么本来一件不好的事情反而会让其赢得客户的好感和信任。

(三)改变消极懈怠的思想

开创自己的事业不是一件容易的事,一旦生意开张,卖家必须随时准备扛下一大堆琐碎和繁重的工作,还要准备好为现金周转而奔波。不管多么艰难,都必须保持乐观。

不要理所当然地认为顾客在自己这儿购买过一次,就会成为终身顾客。一旦懈怠下来了,那么其他的竞争对手就会将自己的顾客拉走。

(四)不要故意损坏竞争对手的声誉

如果对客户和潜在客户说竞争对手的坏话,那么只能让客户认为店主是个小人,明里竞争不过别人,就在背后说人家坏话。

(五)不要在生意好时降低服务标准

卖家也许会在生意好的时候悄悄降低商品的质量或者服务标准,认为这样一点点的变化顾客无法觉察。如果这样想,那么顾客的流失是无法避免的。

(六)不要有成绩时不思进取

不要因为有了一点点小成绩就不思进取。在市场飞速发展的今天,如果卖家不求发展,就会在同行中落伍。所以要不断自我学习、改变和发展。卖家对行业的了解越深,客户对其就越有信心,从而会成为客户心目中的第一选择。

(七)货源一定要可靠,让客户信任

不管怎么样,卖家对自己的货源都要很清楚,要跟客户保证自己的货是什么档次,不同档次的货才有不同的价格。

(八)打包要认真

别小看了打包,细心的客户会从打包中看出店主有没有诚心做这笔生意,看得出店主对自己的产品是否珍爱。因此不管卖什么,卖家都应该非常仔细地把包打好。

任务实施

一、实训任务

利用阿里软件网店版对客户管理进行模拟实训。阿里软件网店版只要卖家级别

达到 3 星以上就可以开通,它不仅可以帮店主细分客户,同时也可以设置客户关怀与买家级别,还可以查看交易金额、销售量、打印快递单等。任务由个人完成,学生登录阿里旺旺操作界面,单击"淘"按钮,然后在出现的对话框中点击"网店版"按钮。

5-23　阿里旺旺卖家版界面

然后,进入阿里软件网店版首页,单击"客户"中的"客户管理"链接。

图 5-24　阿里软件网店版界面

最后,进行如下操作:
(1)在客户管理页面中输入客户信息,包括姓名、手机、交易量等信息;
(2)设置黑名单客户;
(3)设置客户关怀;
(4)修改客户级别。

二、实战任务

以学习小组为单位,由教师指定店铺或以学生自己开设的店铺进行客户管理界面的设置,针对店铺客户情况进行定级分析。

根据小组设置分析的结果,形成实训报告,将设置步骤、分析结构以报告的形式提交,最后由教师根据报告的结构,进行综合评定。

任务评价

任务编号	任务 5-3
任务名称	网店客户关系管理
任务完成方式	个人完成、小组协作完成
任务评价内容	分值
阿里软件客户管理模拟实训	20
黑名单及买家级别设置实战任务	40
客户关怀实战任务	40
成绩评定	教师评价 100%

【学习巩固】

一、单项选择题

1.阿里旺旺为您提供了文字交流、视频聊天、语音聊天,这是阿里旺旺中哪个功能?( )

　　A.广交好友　　　　　　　　B.买卖沟通
　　C.文件传输　　　　　　　　D.酷炫表情

2.在使用阿里旺旺时,您无须登录淘宝网,无须点击多个页面,只要直接搜索宝贝,就能进行网上购物了,这是因为阿里旺旺提供了( )功能。

　　A.文件传输　　　　　　　　B.快捷通道
　　C.交易工具　　　　　　　　D.阿里旺旺群

3.买家拿到货物后,感到不称心或者不合适,提出退货,该怎么办呢?( )

　　A.商家应该主动向买家及时了解情况,查清买家不满意的原因,争取在考虑双方利益的前提下,最大限度地满足买家的要求

　　B.无条件答应买家退货要求

　　C.交易完成后,货款付清,不能退货

　　D.商家了解到确实是货物的原因后,只能换货,不能退货

4.作为网上商店,最应该把握的也是人情因素,营销的真谛在于营造销售的氛围,运用沟通技巧中的( )技巧,也许能给你带来意想不到的商机。

　　A.发布产品　　B.报价　　C.语言　　D.对话

5.修改评价的入口在哪里?( )

　　A.管理我的店铺　　　　　　B.评价管理
　　C.钱掌柜　　　　　　　　　D.我的淘宝

6.查看旺旺离线消息的入口在哪里？(　　)

A.管理我的店铺　　　　　　　　　B.卖家提醒区

C.钱掌柜　　　　　　　　　　　　D.旺旺面板

7.在日益激烈的市场竞争环境下,企业仅靠产品的质量已经难以留住客户,成为企业竞争制胜的另一张王牌是(　　)。

A.产品　　　　　B.服务　　　　　C.竞争　　　　　D.价格

8.著名经济学的2∶8原理是指(　　)。

A.企业80%的销售额来自20%的老顾客

B.企业有80%的新客户和20%的老客户

C.企业80%的员工为20%的老客户服务

D.企业80%的利润来自20%的老顾客

9.客户忠诚度是建立在(　　)基础之上的,因此提供高品质的产品、无可挑剔的基本服务,增加客户关怀是必不可少的。

A.客户的盈利率　　　　　　　　　B.客户的忠诚度

C.客户的满意度　　　　　　　　　D.客户价值

10.对于企业来说,达到(　　)是基本任务,否则产品卖不出去;而获得(　　)则是参与竞争取胜的保证。

A.客户忠诚,客户满意

B.客户价值,客户忠诚

C.客户满意,客户价值

D.客户满意,客户忠诚

二、多项选择题

1.阿里旺旺的功能主要有(　　)。

A.广交好友　　B.买卖沟通　　C.文件传输

D.快捷通道　　E.交易工具　　F.酷炫表情

2.在回复买家留言中通常应用(　　)等方式。

A.阿里旺旺留言

B.淘宝网中"站内信"留言

C.我的淘宝中"买家留言／回复"

D.发帖方式留言

3.个人网店经营者在刚开始经营时,可以考虑传统的物流方式,主要利用邮政系统,邮政系统的配送方式主要包括(　　)。

A.普通包裹　　　　　　　　　　　B.快递包裹

C.EMS快递　　　　　　　　　　　D.挂历号信

4.网店是目前电子商务活动的一个新亮点,与顾客的良好沟通是网上店铺成功的关键因素之一。通常沟通中应用的技巧一般包括(　　)。

A.产品技巧　　　　　　　　　　B.报价技巧

C.语言技巧　　　　　　　　　　D.对话技巧

5.客户管理的沟通中常采取的方式有(　　)。

A.倾听　　　　B.走访　　　　C.教育　　　　D.帮助

三、技能训练题

1.与客户沟通时,要掌握哪些技巧呢?

2.与实体商店相比较,网上商店如何更好地做好客户管理?

3.列出售后服务涵盖哪些工作内容,并画出其工作流程。

4.简述三类客户服务工作职责的区别。

◆ 情境六 ◆
网店物流管理

【学习情境导入】

替谁背了黑锅？

　　小李开了一家花店，通过与客户的情感维系，生意一直不错，店铺评价也挺好。小李一直很细心地做好每一个环节，凡是在他店里买花的，他都会问明用途，给予不同的包装。遇到节日或者客户生日，还会附上小礼物和卡片。因此，尽管有一些客户不太满意快递的送货服务，但是考虑到小李的服务，依然给了好评。看到店铺生意日益红火，尤其是看到百分之百的好评率，他心里更是高兴。对于卖家来说，没有不害怕中差评的。但是，怕什么来什么，最近小李特别郁闷，原因是被差评了，怎么回事呢？

　　几次联系客户小王，都被骂回来，小李百思不得其解。自己在小王下单付款后，完全按照他的要求进行包装，还附赠了卡片和小礼物，并且很快就发了快递，按道理不应该出现什么差错。小李心想，难道是遇到了恶意的中差评师？可是根据客户小王的反应来看，这种可能性不大。于是小李决定弄清楚原因。也许是被小李的坚持打动了，客户小王与小李进行了沟通，小李终于明白了事情的原委。原来小王在买花之前与女朋友吵架了，女朋友闹着要分手，小王想来想去没招，女朋友也一直不理他。正好过几天就是小王女朋友的生日，于是小王决定去网上订一束鲜花作为生日礼物，并借机会道歉求原谅。在小李的店里下单付款后，等女朋友打电话说原谅他。可是，等到女朋友生日的第二天，小王却接到了分手电话。又过了一周，女朋友甩给他一束枯萎的花，自那以后再也没有出现过。

　　小王后来才知道是物流公司的原因，导致延迟一周花才送到，女朋友生日早已经过了，鲜花也枯萎了。小王女朋友更生气了，觉得小王并没有把她放在心上，坚决地分手了。而小王在极度郁闷的情况下，把责任算在小李头上。小王认为，如果不是快递公司的缘故，女朋友也不至于和他分手，要怪就怪小李选错了物流合作商，因而坚决地给了差评。

　　于是，好好的一笔订单就砸在差评上了，小李多次请求小王撤销差评，都没有结果。

　　请思考以下问题：

　　◇ 在案例中，小李为什么生意一直不错，评价也好？

　　◇ 后来，小李又为谁背了黑锅？

◇ 从案例中学习到了什么?
◇ 如果你是小李,如何避免上述事件的发生?
◇ 或者,发生类似的事情,又该如何处理?

(注:案例源自王淑青编著的《网店经营与管理》)

【学习情境分析】

网店通过装修、上货、推广后,产生交易订单,只是完成了交易的前半部分,后半部分的订单执行和物流配送是网店运营中的重要环节。类似于案例中小李的情况屡有出现,许多买家并不是因为商品本身的质量问题不满意,而是对物流服务和态度不满意,而这种不满意,买家最终都会归结到卖家头上。那么作为网店运营配送岗的人员,应如何增强网店经营中的订单执行和配送效果,就需要好好学习了。

1. 如何进行备货?
2. 如何进行库存管理?
3. 如何进行发货前的制单打单?
4. 如何按照商品特性和客户喜好进行商品的包装?
5. 如何选择物流服务商?
6. 如何利用物流服务来提升网店的品牌影响力?

网店物流管理的工作流程是:网店库存管理→网店配送管理→利用物流加强买家购买体验。

【学习情境目标】

岗位细分	工作任务	技能目标	知识目标
网店物流管理岗位	任务一 网店库存管理	1.能够进行网店的商品备货 2.能够进行网店商品的库存管理 3.能够尽量避免库存的异常情况	1.了解网店的库存管理知识 2.掌握网店备货的原则和指标 3.掌握库存管理的基本要求和方法
	任务二 网店配送管理	1.能够进行发货的制单打单工作 2.能够进行商品的配货和包装 3.能够合理利用物流资源,选择物流方式	1.了解物流配送对网店经营的影响 2.熟悉商品包装的类型 3.掌握商品包装的知识 4.掌握物流方式选择的相关知识
	任务三 利用物流加强买家购物体验	能够善于利用物流配送建设,加强买家购物体验	掌握物流与买家体验、网店品牌建设的关系

任务一　网店库存管理

任务导入

从网店开设、网店装修、商品信息发布管理、网店推广到网店客服,网店的整个经营流程到了最后一个环节就是物流配送。物流配送环节的效率和质量影响客户的最终体验。所以小林觉得要提高客户的满意度,就要抓好快递发货环节。然而事实上,要真正服务好客户,不仅仅是快递发货环节,必须要从初期的商品备货以及库存环节就开始关注。

任务分析

根据任务导入中的情景进行分析,在本任务中需要理解两个问题:(1)如何给店铺备货;(2)怎么进行网店的库存管理。

一、网店备货

商品是网店运营中的重要部分,客户的满意度主要取决于商品和服务。所以,在网店运营中,我们要关注商品的备货。合理的备货可以降低库存成本,增加利润,提高客户满意度。网店如何进行备货？备货的指标和注意事项是什么？这些是任务中需要解决的问题。

二、网店库存管理

网店的库存管理从商品入库开始,需要对入库的商品进行检验和信息管理,对存储的商品进行管理,以避免货物不足或者货物积压带来经营的困扰。需要对库存的货物进行管理,对不足的货品应及时补充,针对积压的货品制定清仓措施。如何进行有效的库存管理？如何避免库存出现异常情况？这些是网店库存管理要解决的问题。

知识学习

一、网店备货

(一)网店备货的要求

网店备货环节是否做得好,直接影响店铺的销售量、利润以及客户的满意度。在备货过程中要遵循一些基本的原则,否则,容易出现库存问题。

图 6-1　备货问题

1.备货原则

备货量应掌握在自己可控的范围,好产品才有好转化。根据店铺经营情况,选货品有以下几项参考原则:

(1)好评率较高的货品;

(2)销量持续增长的货品;

(3)有利润空间、打得起价格战的货品;

(4)能带来大流量的货品;

(5)适合与多个套餐组合的货品;

(6)相对竞争对手具有差异化或者具有明显优势的货品;

(7)有强大库存供应支持的货品;

(8)具有价格吸引力的货品。

2.货品结构分析

确定主推品类、主推产品,按热销、主推和引流三个维度进行划分。选择有深度的货品(如5000件以上)进行单独的策划包装,做成明星商品,同时在明星商品、引流商品页面搭配关联销售商品。确定首页陈列商品及替换商品,以保证当流量进来时,最大化地拉动销量。

在备货规划的同时,除了对货品进行梳理和规划外,我们还要针对货品的其他因素进行梳理和规划:如供应链资源是否丰富、补货周期是否在可控时间段内、合作工厂是否稳定以及原料储备是否充足等。

3.货品要求

要考虑货品大类占比(大类的库存深度区间和价格区间)。货品主推大类的挑选要求:明确各类别的主推价格带、占比、款数和数量;对畅销、滞销的货品占比进行分析;进行详细的库存盘点,根据不同类别产品的动销率来制定相应的安全库存。清点库存,确保库存的准确性,确保入仓时间。

(二)网店备货的指标

在进行网店备货的时候,需要通过指标的计算转换来进行设计。货品准备的关键指标主要包括售罄率、件单价和销售指标。货品准备的计算公式是:

备货总件数=(销售指标/售罄率)/件单价

假设品牌商"双十一"要完成800万元目标业绩,需要备多少货呢?一般按照女装的售罄率约40%核算,最低销售额800万元,如果件单价100元,那么需要备货20万件。

二、网店库存管理

店铺如何保证货品的入库;当期卖了多少货品,还剩多少货品,是否能满足下一阶段销售量的周转;现存的积压货品是否要进行清仓,这些都是网店库存环节要重点考虑的问题。

(一)商品入库

1.商品检验

当供应商将货品运到时,收货人员必须认真检查,查看商品外包装是否完好,若出现破损或快过期等情况,要选择拒收。若确定商品外包装没有问题后,对照订货单和送货单核对货品的名称、数量、规格、单价、合价等内容。确保货品的外观无破损和污渍,数量、规格等都准确无误,质量完好的情况下,才可以入库保存。

2.对商品进行编码

每一款商品都要有商品编码,进行编码的目的是方便商家进行货品的管理,这对找货、发货、盘货都有很大的帮助。最常用的编码方式是商品属性+序列数,具体的操作方法如下:

(1)区分商品类别。例如对一家经营服装的网店,将商品分类为毛呢、羽绒、毛织、连衣裙、裤装、半身裙、T恤、衬衫等。

(2)确定商品属性的缩写字母,各类别的名称用汉语拼音缩写。例如,毛呢简写为MN,羽绒简写为YR,裤装简写为KZ,毛织简写为MZ,半身裙简写为BSQ。

(3)每一类商品的序列号可以为2位数、3位数或者4位数,根据该类商品的数量来定,也要考虑到商品款式可能会越来越多,所以要留有扩展的空间。例如,可以采用001~999来进行编码,那么MN-001就代表毛呢大衣的001款式,YR-002就代表羽绒服的002款式。

3.入库登记

商品验收没有问题,编码后即可入库。登记入库要详细登记商品的名称、数量、规格、入库时间、凭证号码、供应、验收情况等,做到账货相符。商品入库后,按照不同的商品属性、材质、颜色等进行分类存储(如图6-2所示),在保存时,要根据商品的特点来存放,如易潮物品,需要做好防潮保护措施,以确保商品的存放安全。

图6-2 商品分类保存

(二)库存管理

库存管理需要设定最大库存量和最小库存量,库存量的设定一般要根据经营商品的情况来定。例如价值低的小商品,库存数量可以在几十件到几百件之间,而价值比较高的商品,可控制在几件到几十件之间。销售淡季和销售旺季,也需要制定不同的库存限量。

1.库存的日常管理

(1)仓库保管员必须合理摆放产品,以最小的地方来摆放尽量多的产品。

(2)必须严格按照仓库管理流程进行日常操作,对当日卖出的商品仓库员要及时发货,做到当天4点之前的所有订单必须发出,确保在快递员收件之前完成。

(3)做好商品的日常核查工作,仓库保管员必须对库存商品定期进行检查盘点,并做到账、物一致,如有变动要及时反映,以便及时调整。每天都需要登记整理库存的情况,做好库存日报。库存日报首先需要关注期初库存数据,由于夜间仓库不发货,库管会计可在下班前将数据统计出来。先计算出库存初始位,然后统计出每天因各种原因入库、销售出库、调拨库存的数量,在分页中列出每一项原因的详情和备注。这些数据能显示出整体库存的情况以及是否异常,这样,预防或者纠正问题就可以很及时。

◇ 期初库存:在库存计算开始时,可供使用或是出售的存货情况。

◇ 期末库存:周期结束时的库存就是期末库存。对于库存日报来说,今天的期末库存就是明天的期初库存。库存日报示例如表 6-1 所示。

表 6-1　库存日报示例

日期	期初库存	销售出库	销售退换货	采购入库	采购退货	盘盈库存	盘亏库存	调拨情况	账面期末库存	系统期末库存
2016-12-24	100001	100	5	100	10	0	1	5	99995	99995
备注	1.有5件商品从总仓调入次品仓; 2.因盘亏原因,有1件商品没有经过系统减库存,导致盘亏1件商品。									

2.从库存看运营

(1)扣减销售出库和调货数量后,再加上当期采购的合格货品数量,就可以得出下期可用的期初库存数量。

(2)持续计算每天的期初库存,可以得到一个安全库存的变化范围,库存变化是否变动可以一目了然。

(3)在一般情况下,控制可用库存和货品安全库存,可以避免缺货、超库存的情况,保持库存量稳定,这样就能有效地管理库存。

(4)完备的库存日报,在于如何有效地截取仓库进出调度的数据。库管人员专心管控仓库商品数量的变动,客服根据库存管理数据可方便制定出顾客咨询、催付、推销策略等,拣货人员能从容分配工作,运营人员依此来观察当日的营销状况。

三、避免库存异常

采购单必须根据生产计划及仓库库存情况合理确定采购数量,并严格控制各类产品的库存量;仓库保管员必须定期进行各类存货的分类整理,对滞销产品的存货,按月编制报表,报送销售及财务人员。

(一)采购计划的制定

采购入库的各项数据都要列入表格,以便于了解供货商的生产能力、次品率的高低。当期的期末库存可以作为下一次采购计划的参考。在实际采购过程中,综合长期的销售数据得出店铺的额定库存数据范围,然后卖家根据这个库存数据的均值做采购计划。在采购计划中,通过对比采购周期、平均销售量、可用库存和安全库存得出具体采购量,找到合适的备货量。表 6-2 是一份采购计划表。

采购计划要和网店的活动计划相适应。如果近期店铺要策划一个促销活动,自然要加大采购量,这个采购量可以根据以往的活动效果或者同行活动效果来制定。同时,卖家也要考虑其他商品日常的销售情况,供应商的供货周期、季节因素、实际库存与安全库存的对比、库存的周转率等等都是应该考虑的因素。

表 6-2 采购计划表

商品编码	商品名称	商品属性	实际库存	可用库存	未付数量	架上库存	采购在途	预计到达时间	申购在途	申购预计到达时间
采购建议	数量=(运送时间+生产周期)×销售平均值-可用库存+安全库存 如果最小起订量>数量,那么数量=最小起订量									

(二)销售跟着库存跑

出库数据表格,要一目了然地反映期间的销售情况、销量变化、退换情况、内部调拨等数据,库存盘点可以看出仓库的管理水平。如果数据出现偏差,可结合类目淡季、旺季等因素来查看原因。

表 6-3 销售汇总表

商品编码	商品名称	商品属性	实际销量	平均销量	可用销售天数	警戒库存	实际库存	可用库存	未付数量	预计到货时间
备注	平均销量=实际销量/时间段;可用销售天数=可用库存/平均销量									

应结合销售汇总表,利用警戒库存,将库存数据与日常经营销售关联起来。实际的销售情况是库存数据变化的基础,但库存数据也是实际销售状况的前提。通过销售汇总表格,管理每个商品的销售变得可行,其他员工也会对营销策略有提前的准备。

任务实施

一、实训任务

(一)网店备货管理流程实训

第一,提前联系本地知名网店。

第二,由网店备货人员介绍网店进货管理活动。

第三,学生分析网店进货管理活动,并画出进货管理流程图。

第四,各小组撰写总结报告,交流互动。

(二)网店库存实训

与网店库存管理人员进行座谈。邀请若干网店库存管理人员与各组学生进行座谈,由网店库存管理人员介绍管理技巧和要求,各组学生进行互动交流,结合知识学习模块,各小组提交总结报告。

二、实战任务

以学习小组为单位,分析网店可能的备货渠道和备货的方法技巧,由各小组组长介绍本组网店的商品备货渠道选择和备货技巧,各小组在分享交流的基础上总结完成本小组网店的备货研究报告。

任务评价

任务编号	任务6-1	
任务名称	网店备货管理	
任务完成方式	小组协同完成	
任务评价内容	分值	
网店进货管理流程实训	25	
网店库存管理实训	25	
网店备货实战任务	50	
成绩评定	小组自我评价	20%
	教师评价	80%

任务二　网店配送管理

任务导入

最近小林在经营网店过程中有一个困惑,同样的商品订单完成后,为什么不同的买家会有不同的评价？其实，小林的困惑正是由于商品的配送服务所造成的。同样的商品出售后，选择不同的送货方式会导致买家购物体验的不同。所以，在本任务中，我们将一起来学习关于商品销售后的包装和物流问题。

任务分析

根据任务导入中的情景进行分析，网店配送的好坏会直接影响消费者的评价。那么，网店配送的工作流程是怎样的呢？小林通过总结，得出以下工作流程：发货单据处理→商品打包出库→商品快递发货。在本任务中，需要掌握网店配送这三个工作流程的相关知识。

一、发货单据处理

仓库发货的依据是根据客户订单制作的发货单、配货单、装箱单等发货单据。所以，在商品打包出库之前需要先进行发货单据的制作。如何进行发货相关单据的制作和打印是发货前的重要准备工作。

二、商品打包出库

商品包装关系到商品是否能完好无损地送到买家手中，也直接关系到商品的综合品质。如何选择包装的材料？如何对商品进行包装？如何根据不同的商品类型选择不同的包装方式？这些问题是商品包装要解决的重要问题。

三、商品快递发货

在商品快递发货这一环节，物流方式的选择十分重要。物流是电子商务的四大流之一，网店平台交易量的日益增大，带给物流很大的流量压力，物流成本和服务直接影响到网店的竞争力。应了解各大物流服务商的特点，比较他们的优劣势，进而选择自己的物流服务商。

知识学习

一、发货单据处理

当买家下单之后，订单交易的过程已经过半，接下来能够让订单取得圆满性的成功，就需要店主将订单处理的核心功能考虑在内。制单员制单打单，要确保与订单处理相关的核心功能顺利运行，这样才能保证订单管理的效率。

制单打单的单据包括配货单、快递单、发货清单、装箱单等单据。制单打单是指制单员根据订单进行快递单、发货单等单据的制作打印，当订单数量很大的时候，需要利用管理插件或者ERP系统进行单据的制作和打印，这样可以大大提高效率。单据制作打印应注意以下细节：第一，利用多台打印机可以提升打印速度。第二，打印发货单时，应根据实际情况考虑是否需要打印分单配货汇总单。

可以用淘宝助理软件或者千牛工作台的插件进行单据制作和打印。下面以淘宝

助理软件打印快递单据为例,流程如下:

步骤1 打开淘宝助理软件。

图 6-3 淘宝助理软件

步骤2 点击模板管理,设置快递单信息。

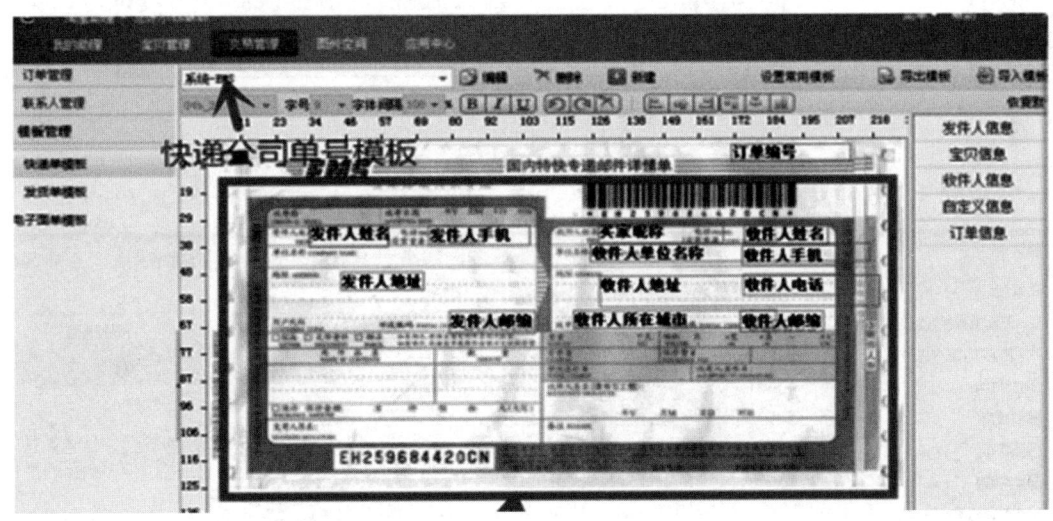

图 6-4 设置快递单信息

步骤3 点击订单管理,下载订单信息,更新订单,需要发货的会提示待发货。

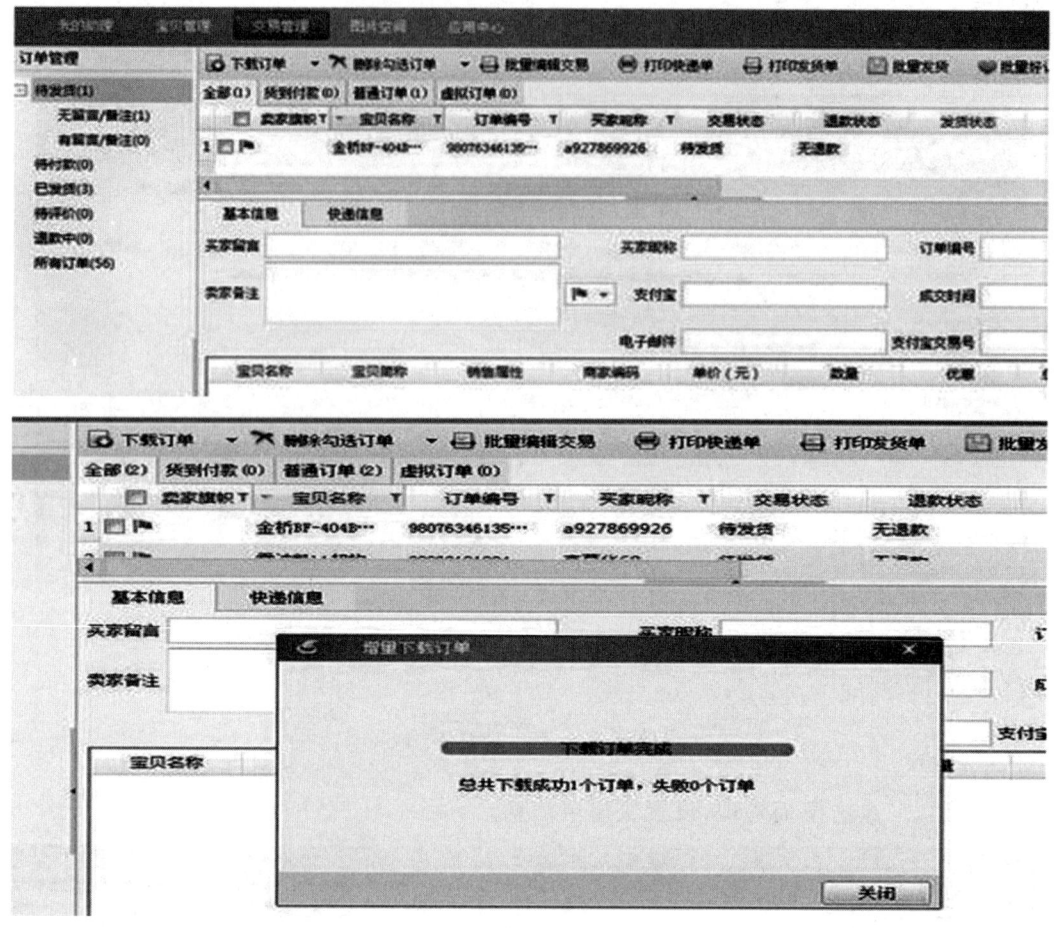

图 6-5 下载订单信息

步骤 4 选择要打印的订单信息。

图 6-6 选择要打印的订单信息

步骤 5 点击打印快递单，可以预览插口，或者直接打印保存。

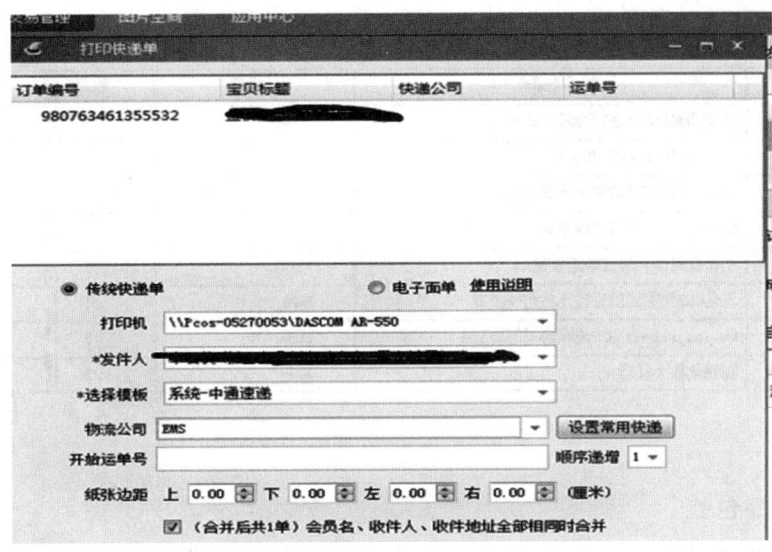

图 6-7 打印快递单或者电子面单

二、商品打包出库

(一)仓库配货

根据配货单进行仓库配货。针对仓库属性(如仓库大小、主干道方向、货架距离)、订单属性(每单商品数、订单密集度)、货物属性(货物大小、重量、包装等)选择配货方式。常见的配货方式包括摘果法(即根据配货单或发货单逐单配货)和播种法(即根据配货汇总单先汇总配货,再做二次分拣)。

1.根据配货单或发货单逐单配货

图 6-8 根据发货单逐单配货

2.根据配货汇总单先汇总配货,再做二次分拣

仓库配货汇总单

商品编号	商品名称	规格	数量	仓位
XZQB0002	倩碧 醒肤活力修护晚霜50ml	50ML	3	A2
XZQB0004	倩碧 特效润肤露 200ml	200ML	1	A2
XZYS0005	雅诗兰黛 抚痕抗皱精华霜 50ml	50ml	1	A2
NBXK0003	Mickey米奇 蝴蝶结皱褶斜挎包B437T	白	3	A3
NZLQ0007	小碎花钻饰多层短袖连衣裙	粉红XL	1	A3
NZLQ0011	三色65%送摆裙袖连衣裙长上衣	紫M	1	A3
SPJZ0001	Queens silver 925纯银戒指R1610	琥珀	1	A5
ZP0002	聪明化妆小技巧	32开	3	A6

图6-9　仓库配货汇总单

(二) 商品包装

商品包装包括两层含义：一层含义是指盛装商品的容器，通常称为包装物，如箱、袋、筐、桶、瓶等；另一层含义是指包装商品的过程，如装箱、打包等。商品包装可以保护商品，便于流通，方便消费，促进销售，提高商品价值，促进商品使用价值的实现。

网店商品的包装可以保护商品不受风吹、日晒、雨淋、灰尘等自然因素的损害，还可以防止在运输过程中因挥发、沾污、碰撞、挤压等造成的损失，保证商品可以完好地到达买家手中。除了保护商品的自然作用，商品的包装还有附加作用。精美细致的包装可以给买家带来视觉上的刺激，也可以让买家感受到店家的用心服务，由此更好地提升客户的购买忠诚度。

1.包装材料

常见的包装材料有以下几种：

布袋：可以用价格便宜的粗白布自行缝制布袋，用于包装较柔软的商品。布袋成本低、重量轻，可以降低成本，但是不适合于硬件商品。

纸箱：纸箱是最常用的包装材料，可以购买，但是成本较高，也可以自制纸箱。利用纸箱进行包装要考虑尺寸合适问题，如果纸箱太大，就需要填充物，这样既增加重量，又需要多支付运费。

牛皮纸袋：多用于印刷品的配送包装。

气泡袋：气泡袋本身重量小，保护性强，防挤压效果好，适合量小质轻的商品，如光盘、礼盒等。

塑料包装袋：塑料袋是非常常见的包装材料，对于软硬适度又没有太高的防挤压要求的商品比较适合，如小件日用品、服装等。

填充物：可以用废旧的报纸、塑料泡沫、充气后的塑料袋等作为包装的填充物，防止商品的碰撞挤压。

2.包装材料的影响因素

在挑选包装材料时，首先要考虑商品的特性，从外形、质地等属性来进行选择，以保证所选的包装材料能够保护好商品。如怕挤压的玻璃饰品、茶具等可以采用纸盒进行包装，同时还要在纸盒内部加入泡沫、充气塑料袋等填充物以保护商品，防止受损。而对于书籍、杂志、海报等，可以选用牛皮纸进行包装。

包装材料的选择除了要考虑商品特性之外，还有一个影响因素就是包装材料的价格。商品包装的价格决定了商品的价格，会影响买家的购物满意度。例如，比较柔软的商品，可以选用成本低廉的布袋或者塑料袋进行包装，既可以降低成本，又可以保护商品。

3.商品打包

商品打包要注意以下几个事项：第一，选择合适的包装方式，容易受潮的商品尽量不要选用纸盒。选用纸盒包装要保证商品与纸盒之间有缓冲空间，并用填充物将缓冲空间填满。第二，内包装和外包装之间要严丝合缝，用填充物填满缝隙，使得任何一个角度都禁得起外力的冲撞。第三，外包装的所有边缝都要用胶带密封好，可以防止商品泄露和液体入侵，也可以起到防盗的作用。

4.不同商品采用不同的包装方式

（1）食品类商品

食品类商品要注意品质和保质期等因素，如果是容易破损和溢出的食品，要注意防挤压。另外，食品的包装一定要注意干净，无论是装食品的包装袋还是外包装盒，都要求要干净。此外，食品的包装还要注意分量，千万不能缺斤短两。如图 6-10 为食品包装示例。

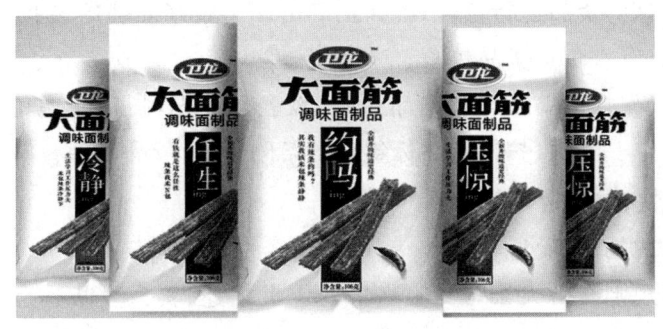

图 6-10　食品包装

（2）服饰类包装

服饰类商品首选布袋，服饰柔软不易损坏，不怕挤压，但是需要注意防潮防污，可以先用塑料袋将服饰密封好，再装入布袋内封口。

（3）首饰类商品

首饰类商品要用包装盒、包装袋或纸箱来包装，可以去实体或网络的包装盒批发市场批发。用纸盒包装时一定要使用填充物，防止首饰在运输途中因剧烈晃动而损坏。另外，还可以附上祝福小卡片或者饰品的故事传说，让商品变得更有内涵。如图 6-11 所示。

图 6-11 首饰包装

(4) 护肤品及化妆品类商品

护肤品、化妆品这一类商品大多数为乳状、霜状、水样,大都采用玻璃瓶包装。这类商品要防止破损和泄露。可以用棉花或泡沫袋将瓶口处包严,最后再包一层塑料袋。

(5) 数码产品类商品

此类商品价值较高,对防震防损坏的要求也较高,商品的原包装泡棉不要破坏,产品外层最好再用气泡袋包裹,商品和外包装之间要装满填充物,买家收货时才能保证包装完好无损而不拒收。

(三) 校验

对分拣包装好的货品进行校验,确保正确出库。做好准确的校验需要有完备的货品条码库,需要有专人负责货品校验。

校验采用条码(快递单条码和商品条码)校验。首先,扫描快递单条码,从系统自动调出对应的订单。其次,扫描货品标签上的条码,进行货品出库校验。

三、商品快递发货

(一) 物流方式的选择

网店的评价规则是由买家对卖家出售的宝贝描述、卖家发货速度、卖家服务态度和物流公司服务四项构成的。在这四项评价中,卖家无法直接控制但又很容易引起中差评的就是物流公司服务这一项。为了避免出现这个问题,卖家要了解现有的物流服务质量,从中选择良好的合作伙伴。目前,网店的商品发货主要有快递公司、邮局寄送(平邮和 EMS)、货运公司等。

1. 普通快递

普通快递是指私营物流企业运用自己的网络进行快递活动,比如顺丰速运、申通快递、圆通快递、天天快递、百世汇通等。快递过程有专人负责跟踪,内部转手环节少,速度快于平邮,约 3 天时间即可到达。其中,顺丰快递的服务是国内快递行业首屈一指的,很多城市可以做到隔天到达。缺点是价格相对其他快递来讲偏高。而申通、圆通等快递公司服务质量差不多,价格比 EMS 便宜,速度和 EMS 差不多,是众多卖家选择合作的物流服务商,但是覆盖面不够广泛,而且卖家会受到不同服务质量的加盟商影响。

2.邮局寄送

(1)平邮

平邮是比较常见的邮寄方式。平邮的优点是费用较低,覆盖范围广,适合用于不急需商品的发货。缺点是送货速度慢,提取商品不方便。视距离远近需要 5~30 天不等的时间。

(2)EMS

EMS 是邮政特快专递服务,主要采取空运的方式,速度较快,一般 1~4 天可以到达目的地,覆盖范围比普通的民营快递大很多,全程均有电脑监控,安全可靠、便于查询。缺点是费用相对较高。

3.货运公司

这种方式主要适用于大件商品的配送,如铁路托运、汽车托运或者物流公司运输。常见的有德邦物流货运、华宇物流等。这种方式的配送,到达目的地后,一般要由买家自己到指定地点提货,时间大概需要一周,运费根据重量、距离、提货方式的要求设定。

(二)如何选择配送服务商

1.从总体上综合考虑

第一,运送速度。寻找快递公司,最好找建立时间长、在行业中口碑好、服务覆盖范围广的。这样的服务商配送网络完善,能大大提高配送速度。在服务质量、服务态度和速度上,都能够保证。

第二,安全问题。选择正规的快递公司(能够在商品包装、商品保价、货损拒收、损坏赔偿方面给予建议和指导的物流服务商),在商品出现问题时,能够及时有效地解决问题。

第三,费用问题。结合店铺的成本核算,在满足店铺物流服务需求的基础上,对比各大配送公司的配送费用成本。

2.从服务细节上考虑

第一,选择能够上门收货的快递公司;第二,选择发货单上条形码印制清晰的配送公司;第三,选择报价费率较低、赔偿金较高的配送公司;第四,选择发货单纸质较好、便于复写的配送公司。

(三)运费模板和推荐物流

卖家在发布商品时需要填写运费价格,而一些新的卖家对物流服务商并不是很了解,也不知道具体的快递物流费用。价格设置低了,自己吃亏;设置高了,买家会以为卖家想赚取配送费,造成不好的影响。所以在设置价格之前,先了解物流费用的计算。

1.计算物流费用

(1)计算淘宝推荐物流费用

首先,登录淘宝卖家中心,进入物流管理→物流工具,打开物流工具页面。如图 6-

12 所示。

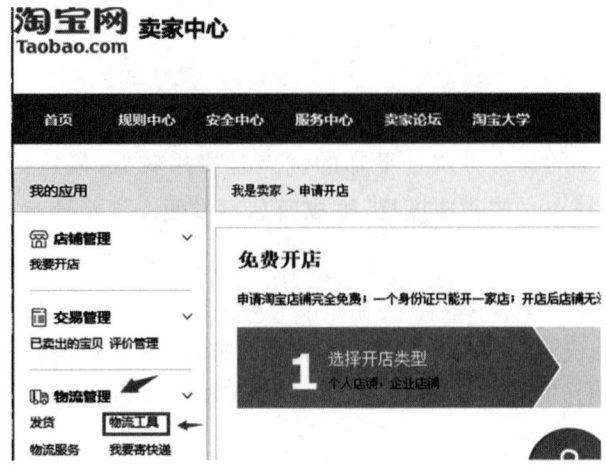

图 6-12　物流工具界面

其次,点击物流工具→运费/时效查看器,打开淘宝推荐物流公司的运费/时效查看器,选择起始地和目的地,输入重量、体积等信息。如图 6-13 所示。

图 6-13　运费/时效信息设置界面

再次,信息输入完毕,点击"查看"按钮,即可以查看各大快递公司的运费。

(2)计算邮局平邮费用

在淘宝网上,不能查看平邮的费用,可以在国家邮政局的网站上进行查询。

首先,通过网址 http://www.spb.gov.cn/,进入国家邮政局网站,点击"在线服务"→"查询服务"→"普通包裹资费查询"。

其次,进入"邮电局普通包裹资费查询"界面,输入相关信息,即可进行查询。如图 6-14 所示。

邮政局普通包裹资费查询

● 地名查询	选择出发地：	福建省 ▼	厦门市 ▼	思明区 ▼
	选择目的地：	浙江省 ▼	杭州市 ▼	西湖区 ▼
● 地名输入	出发市/县名：		目的市/县名：	
● 邮编查询	出发地邮编：		目的地邮编：	
	包裹重量：	10	千克(0~35，可输入小数)	

图 6-14　平邮资费查询

再次，点击"查询资费"，即可查到相关费用信息。如图 6-15 所示。

邮政局普通包裹资费查询结果

出发地点	福建省 -- 厦门市 -- 思明区
到达地点	浙江省 -- 杭州市 -- 西湖区
资费	每500克1.0元人民币
总重量	10千克
折合计价单位	20个
总费用	23.0元人民币
其中:邮寄费	20.0元人民币
其中:挂号费	3元
注：其中未包含保价费、单据费等其他费用。	

图 6-15　资费结果界面

2.设置运费模板

对各大配送方式的费用有所了解后，可以通过网店后台进行运费模板的设置，这样买家在购买商品时，即可看到运费的明细。以淘宝网的运费设置为例。

(1)进入卖家中心→物流管理→物流工具。如图 6-16 所示。

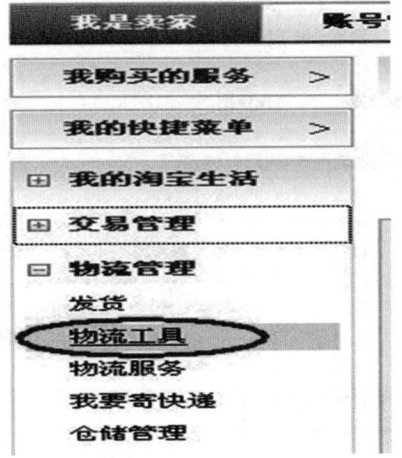

图 6-16　进入物流工具

(2)设置好卖家的发货地址。如图 6-17 所示。

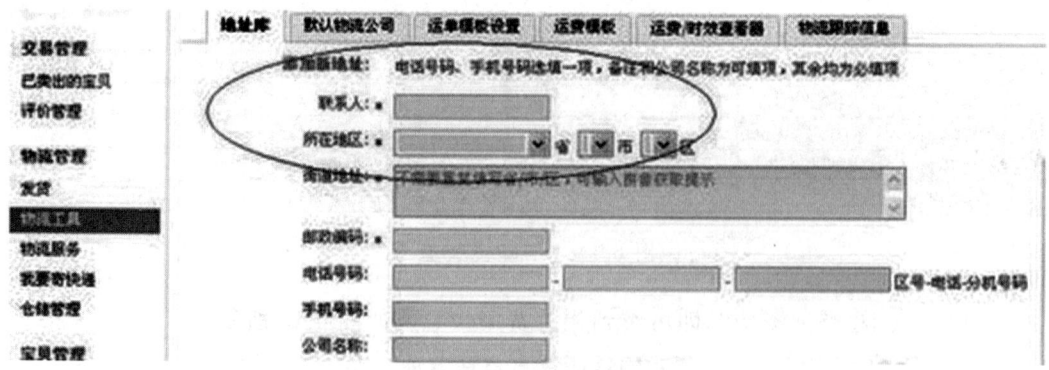

图 6-17　设置发货地址

(3) 选择运费模板→新增运费模板。如图 6-18 所示。

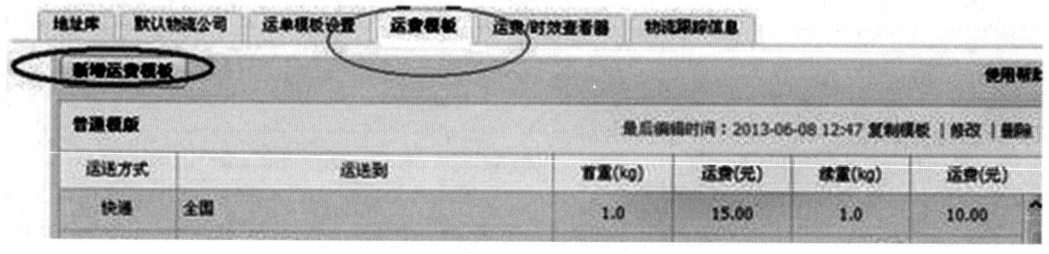

图 6-18　进入运费模板设置

(4) 填好模板名称、发货地址、发货时间、计价方式、运输方式(快递、平邮、EMS)，还可以自己添加地区设置相应的邮费。如图 6-19 所示。

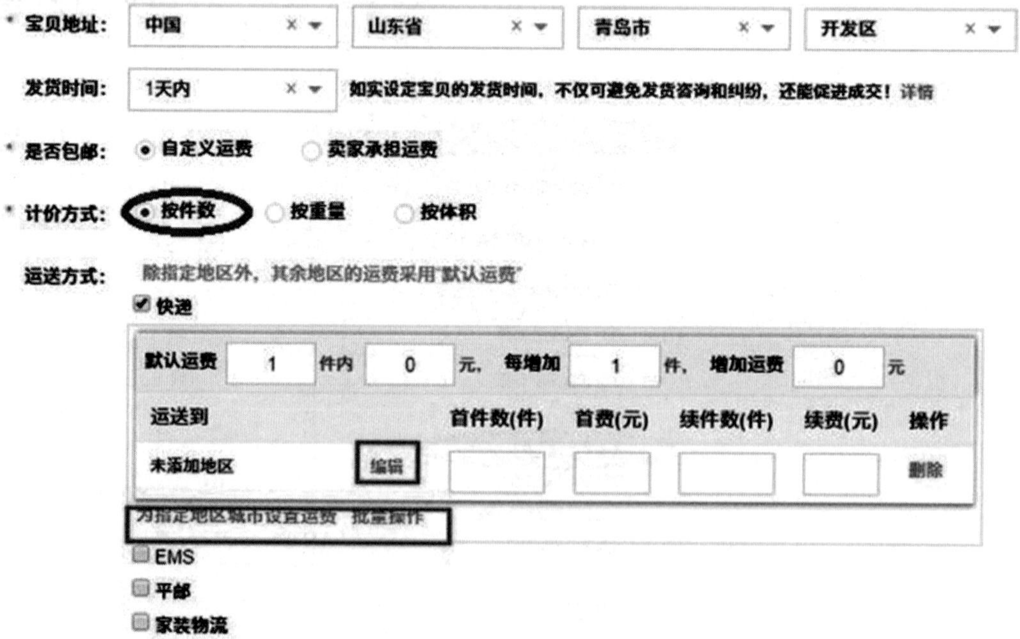

图 6-19　具体运费模板信息

(5) 模板可以设置多个(如图 6-20)，如有些是特定地区包邮，有些是全国通用的运费模板。

普通模板					最后编辑时间：2013-06-08 12:47 复制模板｜修改｜删除	
运送方式	运送到	首重(kg)	运费(元)	续重(kg)	运费(元)	
快递	东莞,云浮,河源,中山	1.0	10.00	1.0	4.00	
快递	天津,北京	1.0	8.00	1.0	4.00	
快递	四川,陕西,山西,云南,重庆	1.0	10.00	1.0	8.00	
快递	青海,甘肃,内蒙古,宁夏	1.0	14.00	1.0	10.00	
快递	浙江,上海,江苏	1.0	5.00	1.0	1.50	

江浙沪包邮运费模板					最后编辑时间：2013-06-07 14:11 复制模板｜修改｜删除	
运送方式	运送到	首重(kg)	运费(元)	续重(kg)	运费(元)	
快递	全国	1.0	6.00	1.0	1.50	
快递	湖北	1.0	8.00	1.0	5.00	

图 6-20　多个模板设置

3.推荐物流的使用

很多快递公司都和淘宝建立了伙伴关系，如 EMS、E 邮宝、圆通快递、中通快递、韵达快递、宅急送等。淘宝与物流商签订协议，对物流商进行监督，使得网购中因物流产生的纠纷得到缓解。卖家使用淘宝推荐物流可以享受更优惠的价格；物流状态一目了然，买卖双方可随时查询商品的物流状态；享受批量发货预约上门服务，可支持批量发货，并预约上门收件时间；享受优越的赔付条件，获得更及时的赔付处理；享受附加服务，如各大合作物流公司都有在线客服，方便卖家咨询物流问题。因此，使用推荐物流既能够保买家的权益，也能维护卖家的权益。

买家可以在公司常用的几种配送方式中进行选择。如果买家对快递没有特殊要求，网店配送员可以选择与公司有合同的快递公司，确定快递公司后，需要核对发货地址、买家地址，并发送给快递公司，等待订单确认后就可以填写运单号，利用运单号可以跟踪货物地点，减少因物流引起的纠纷。

任务实施

一、实训任务

(一)网店配送服务调查实训

实训目的：熟悉网店配送服务流程。

实训内容：

1.学习小组到本地网店公司参观调查；

2.了解网店配送服务的管理流程，并画出业务流程图；

3.学生根据已分析的网店配送服务流程，思考是否有不合理或者需要改进的地方，提出改进建议；

4.学习小组分享本小组的调查实训结果，教师点评，学习小组互评。

(二)运输资费查询实训

查询邮局 EMS 的运输资费，从厦门发货到山东济南的价格，商品重量为 5kg。通过浏览器输入地址或者百度搜索，进入"邮政局快递服务价格查询"页面，输入具体信息进行查询。如图6-21所示。

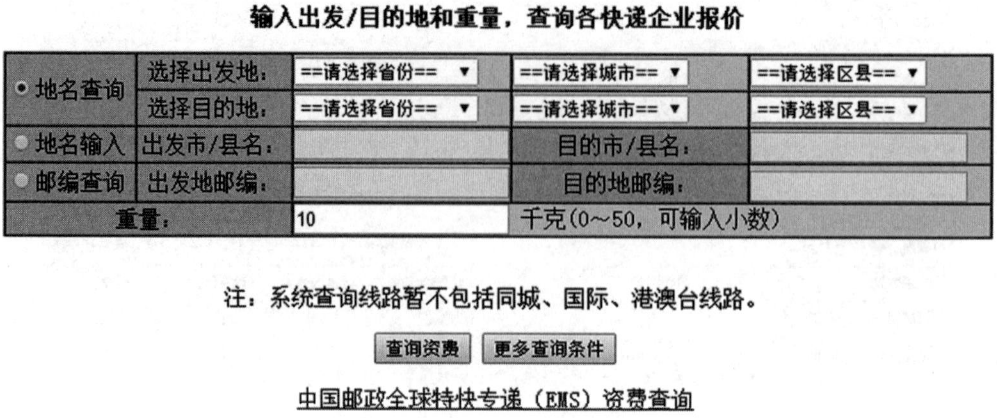

输入出发/目的地和重量，查询各快递企业报价

地名查询	选择出发地:	==请选择省份== ▼	==请选择城市== ▼	==请选择区县== ▼
	选择目的地:	==请选择省份== ▼	==请选择城市== ▼	==请选择区县== ▼
地名输入	出发市/县名:		目的市/县名:	
邮编查询	出发地邮编:		目的地邮编:	
重量:		10	千克(0~50,可输入小数)	

注：系统查询线路暂不包括同城、国际、港澳台线路。

[查询资费] [更多查询条件]

中国邮政全球特快专递（EMS）资费查询

图 6-21　EMS 运输资费查询界面

二、实战任务

（一）制单打单实战任务

以学习小组为单位，对本小组经营的网店进行快递单、发货单的制单和打单工作，并总结工作过程中的问题。

（二）选择快递合作伙伴任务

以学习小组为单位，对本小组经营的网店进行合作快递公司的选择，并说明小组做出如此选择的原因。

（三）网店运费模板设置任务

对本小组所经营的网店进行运费模板的设置，并将运费模板的设置流程和注意事项写成总结报告提交。

任务评价

任务编号	任务 6-2	
任务名称	网店配送管理任务	
任务完成方式	个人完成；小组协同完成	
任务评价内容		分值
网店配送服务调查实训		20
运输资费查询实训任务		20
快递合作伙伴选择任务		30
网店运费模板设置任务		30
成绩评定		自我评价　20%
		小组评价　20%
		教师评价　60%

任务三　利用物流加强买家购物体验

任务导入

小林发现买家在进行网购时,除了网店的商品和服务外,还非常关注物流配送所带来的感受。在同等情况下,物流服务体验好的网店流量会更大。好的配送服务能够加强网店品牌的建设,赢得更好的消费者口碑,获得更多的买家青睐。

任务分析

根据任务导入中的情景进行分析,网店经营中需要关注如何通过商品配送的各个工作环节来增强用户的购物体验。

在买家下单、卖家进行订单处理后,网店的销售已经完成一大半,剩下的最后一个环节就是将商品送到买家手中,这个环节与买家直接相连,对买家的购物体验有很大的影响。所以,我们可以通过一些简单的物流附加服务来提升买家的购物体验和黏性。

知识学习

一、物流对买家体验的影响

在网店运营过程中,买家通过网上购物,进行商品所有权的交割,也就是商流活动。但是,电子商务的活动并未结束,只有商品和服务真正转移到买家手中,交易才算完成,而物流就是商流的后续活动。

网店的出现为消费者提供了极大的便利,但是如果他们所购买的商品迟迟不能到达,或者到达的商品不是完好的,那么买家对这次的网上购物就会产生极大的不满意。而买家会直接将这种不满转移到网店卖家身上,形成中差评,对网店产生极为不利的影响,会直接关系到店铺声誉和品牌的建设,甚至影响店铺的成交量。买家受购物不满的影响,也将不会再继续从这家网店购物。

二、利用物流提高买家的满意度

(一)放置使用说明书

很多需要加工的土特食品和新奇特的物品能够吸引买家购买,但是很多买家收到商品后不知道该如何烹制和使用,还要再进行咨询,这样会降低买家的满意度。如果卖家在发货的时候放置商品的使用说明书或者注意事项,还可以在说明书上打上店铺的logo,增加宣传效果。这样,既可以让买家感受到卖家的贴心服务,又能够指导买家更好地使用商品,提高买家购物体验,帮助卖家更好地培养客户。

(二)包装法

为商品设计精美、别致、个性化的包装,并在包装上打上网店的logo品牌,符合网店目标客户群体的审美标准,这样可以让买家收到商品时候有一种惊喜的感觉。别致的包装可以让买家获得附加的情感感受,又可以对网店的品牌进行宣传,加强买家对该网店的认同感。

(三)放置小赠品

很多卖家在发货的时候,会在里面放置小礼品赠送给买家,让买家收到商品的时候感受卖家的真诚和热情,用小小的附加价值提高买家对店铺的情感,对于网店的口碑和品牌建设都非常有好处。

(四)名片法

在包装内放置精美的名片,可以在名片上印上近期的店铺促销活动,买家收到商品时候会知道店铺的活动,而且名片容易传播。这样,可以吸引买家进行二次购买,还可以帮助网店培养更多的客户。

案例:"三只松鼠"如何通过物流细节加强品牌建设

安徽三只松鼠电子商务有限公司 2012 年成立于安徽芜湖,是一个以互联网为依托,利用天猫、京东、当当等平台销售经营坚果、干货、茶叶等食品的公司。"三只松鼠"登陆天猫旗舰店仅 65 天,销售额就已经在天猫坚果类目中跃居第一位。这与"三只松鼠"的物流细节密不可分。

首先,在内包装上,"三只松鼠"使用专门设计的萌萌哒的包装袋。在外包装上,"三只松鼠"使用专用的可爱物流外箱,名字叫"鼠小箱",箱子上还贴着给快递员的便条,提醒快递员轻拿轻放;在礼包外箱上还整齐、清晰地印有买家关心的信息。如图 6-22 所示。

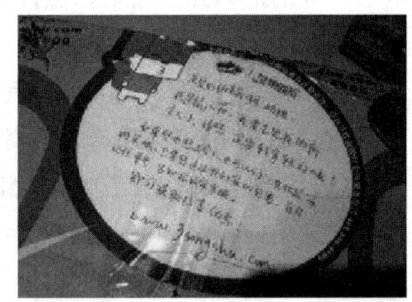

图 6-22 "三只松鼠"包装细节服务

其次，在发货时候，赠送小物件，如开箱器、袋夹子、果壳收纳袋、钥匙扣、回执卡、卖萌信、试吃小包装赠品等。让买家觉得非常贴心。如图 6-23 所示。

图 6-23　"三只松鼠"发货放置小赠品

再次，"三只松鼠"会在包裹里放置卡片（名片）或是"写给主人的信"。如图 6-24 所示。

图 6-24　"三只松鼠"发货放置小卡片

任务实施

一、实战任务

（一）通过 logo 来增强用户体验

学习小组针对本组经营网店的商品设计 logo，并应用到物流包装上，促进自己网店的品牌建设和用户体验。

（二）方案设计

设计通过店铺物流进行网店品牌建设和增强用户体验的详细方案。

任务评价

任务编号	任务 6-3	
任务名称	通过物流增强用户体验	
任务完成方式	个人完成；小组协同完成	
任务评价内容	分值	
通过 logo 来增强用户体验	50	
方案设计	50	
成绩评定	自我评价	20%
	小组评价	20%
	教师评价	60%

【学习巩固】

一、单项选择题

1.下列哪个不属于快递公司？（   ）

A.申通快递　　　B.圆通快递　　　C.汇通快递　　　D.德邦物流

2.物流配送流程的一般步骤是（   ）。

A.备货→订单→处理储存→分发→配装出货→送货

B.备货→储存→订单处理→配装出货→分拣→送货

C.备货→订单处理→分发→储存→配装出货→送货

D.备货→储存→订单处理→分拣→配装出货→送货

3.卖家未按约定时间发货（违背发货时间承诺），主动按照淘宝网违背发货时间承诺的规定向买家支付相应金额违约金（   ），则该投诉不做扣分处理。

A.5%　　　　　B.4%　　　　　C.6%　　　　　D.3%

4.在淘宝网店里设置运费模板，用的是物流管理里面的哪个工具？（   ）

A.物流服务　　　B.发货　　　C.物流工具　　　D.仓储管理

5.选择合作物流服务商时，哪一个不是要重点考虑的因素？（   ）

A.运送速度　　　　　　　　　B.快递员的颜值

C.安全问题　　　　　　　　　D.运送成本

6.仓库配货结束，在后台发货前，需要进行货物的（   ）。

A.入库　　　　　B.校验　　　　　C.分拣　　　　　D.编码

7.在进行备货时，需要对主推产品进行确定，确定维度是（   ）。

A.热销、主推和引流　　　　　B.外观、质量和价格

C.热销、价格和质量　　　　　D.主推、引流和价格

8.商品入库的程序是（　　）。

A.商品编码→入库登记→商品检验

B.入库登记→商品检验→商品编码

C.商品采购→商品编码→入库登记

D.商品检验→商品编码→入库登记

9.下面哪种配送方式的覆盖范围最广？（　　）

A.圆通快递　　　　B.韵达快递　　　　C.平邮　　　　D.申通快递

10.布袋适合于下面哪种商品的包装？（　　）

A.光碟　　　　B.服装　　　　C.化妆品　　　　D.数码产品

二、多项选择题

1.以下软件能够查询快递物流讯息的有（　　）。

A.亲淘　　　　B.阿里旺旺　　　　C.千牛　　　　D.支付宝

2.以下哪些物流附加服务可以加强网店品牌的建设？（　　）

A.包装法　　　　　　　　　B.放置小赠品

C.放置名片　　　　　　　　D.放置使用说明书

3.以下哪些属于网店的备货原则？（　　）

A.好评率较高的货品　　　　B.适合与多个套餐组合的货品

C.销量持续下降的货品　　　D.具有价格吸引力的货品

4.制单打单环节的单据包括哪些？（　　）

A.配货单　　　　B.快递单　　　　C.发货清单　　　　D.进货单

三、技能训练题

1.制作一套完整反映你所经营店铺的当日进销存财务报表。提示：可以设置一份销售收入表如期初库存量、最新库存量、当日卖出商品的销售数量、销售金额、收入小计等。

2.利用互联网搜索现有物流服务商，并对不同的物流服务商的优缺点进行对比分析。通过对比，分析自己的网店将会选择什么样的物流服务商来提供物流服务。

3.请给服装、书籍、化妆品等几种不同属性、不同外形的商品选择相应的包装材料进行包装，并说明选择该种材料的原因，以及包装技巧上的注意事项。

4.上网搜索知名网店的品牌建设方案，分析其中物流因素对其的影响，比较自己网店在品牌建设上的不足，提出设计方案。

◆ 情境七 ◆
网店数据分析

【学习情境导入】

如何进行网店数据分析

在网店的运营过程中,对于网店货源的定位、宝贝的变化趋势、宝贝的成交情况、客户来源等问题,小林总是凭借主观臆想或者根据经验来判断。小林后来发现主观臆想或经验判断得到的数据往往导致其盲目地做决策。因此,他认为对网店运营过程中产生的大量数据进行分析尤其重要。

分析网店数据,小林认为,首先应该弄清楚网店运营过程中会产生哪些数据以及应该对哪些数据进行分析。如流量情况、跳失率、成交情况、回头客、客户来源、收藏情况、转化率、访问深度、客单价、销售地域分布及转化率情况、实际退款率、利润、金额和成交件数、金额等数据都非常重要。其次,应该了解常用的网店数据分析工具,如淘宝指数、生意参谋、量子恒道、数据魔方等。淘宝数据市场将淘宝数据分析工具分为选货类、店铺装修类、流量类、店铺经营监控类等九个大类。小林认为应该根据不同的数据分析内容选择对应的分析工具(免费的或者付费的)。比如"不知道怎么选择可打造成爆款的宝贝""行业中哪些宝贝热卖""怎样选择与引流商品关联销售比较多的宝贝"等问题,应该选择数据魔方。"直通车效果""店铺新模板装修效果"等问题,应选择量子恒道作为数据分析工具。

通过网店数据分析,小林认识到了解网店目标人群的需求,能够为网店做好定位和决策。所以说,学会利用这些数据是网店经营成功的垫脚石。

【学习情境分析】

网店数据分析是网店运营中至关重要的环节,店主应该用数据化思维来分析问题、解决问题并预测可能出现的问题,为店铺提供更加科学的数据化决策。

【学习情境目标】

岗位细分	工作任务	技能目标	知识目标
网店运营岗	任务一 行业数据分析	1.能够使用行业数据分析工具 2.能够对行业数据进行分析,从而对网店进行优化和策略调整	1.了解行业数据分析内容 2.熟悉行业数据分析工具 3.掌握行业数据分析方法
	任务二 网店数据分析	1.能够使用网店数据分析工具 2.能够对网店数据进行分析,从而对网店进行优化和策略调整	1.了解网店数据分析内容 2.熟悉网店数据分析工具 3.掌握网店数据分析方法

任务一 行业数据分析

任务导入

在开店过程中,小林经常会关注中国网店相关数据,他了解到中国网购用户大幅增加的同时个人网店的数量却在下降,这表明很多个人网店倒闭。究其原因,除了个人网店经营管理不善以外,退出的网店很大程度上是因为竞争越来越激烈造成的。小林认为在网店运营过程中,做到知己知彼,方能百战百胜。因此,在网店运营过程中有必要对网店所处的行业进行分析,实时掌握网店的竞争环境与所处的行业状况。

任务分析

根据任务导入中的情景进行分析,在行业数据分析任务中需要理解两个问题:(1)行业数据分析内容;(2)撰写行业数据分析报告。

一、行业数据分析内容

要对行业数据进行分析,首先要熟悉行业数据分析的内容,要理解网店哪些数据指标对优化网店是有用的。比如针对新店选品,应该进行分析的有:行业竞争数据分析,产品运营难易度数据分析,行业需求和顾客人群数据分析等。

二、撰写行业数据分析报告

在利用数据分析工具对行业数据进行统计后,应该撰写行业数据分析报告。行业数据分析报告可以使店主对网店所处的行业环境一目了然,从而可更加清楚地制定选品、定价、市场推广策略。行业数据分析报告框架要根据行业数据分析内容以及网店运营目标来制定。

知识学习

一、行业数据分析内容

(一)行业整体情况分析

行业整体情况分析包括行业市场环境分析、市场机会分析、目标市场定位分析。主要分析的指标一般有市场搜索次数和人数、关注次数和人数、收藏次数和人数。

(二)子行业排行

子行业排行是行业整体数据的细分,主要用来分析各个子行业成交占比和成交增幅。如"3C数码配件"行业的子行业主要有手机配件、手机保护套、移动电源、电子元器件市场、手机零部件等。

(三)热销店铺排行

热销店铺排行的规则是按照规定时间内店铺总成交笔数、总成交金额、总PV、总PV综合的一个权重公式进行排名。热销店铺排行可以用于分析竞争对手,做到知己知彼。热销店铺排行通常包含"店铺热卖TOP榜""店铺热卖飙升榜""店铺人气飙升榜"三个指标。这些指标可以帮助卖家了解所选行业成交靠前、成交飙升和流量飙升的店铺信息,判断是否采用促销、推广策略来提升流量和成交量。

(四)热销宝贝排行和飙升宝贝排行

热销宝贝排行主要展示行业下面热销宝贝的排行,可用于分析该宝贝的流量来源,学习打造爆款。飙升宝贝排行主要展示行业下面热销增长幅度较大的宝贝排行。热销宝贝排行和飙升宝贝排行中的宝贝详情,会展示该宝贝的流量来源,从中了解买家是通过何种途径访问到的。

(五)买家购买数据分析

买方购买分析指标一般包括商品成交单价分布、客单价分布、购买频次分布、买家信息分析等指标,这些指标可为店主制定促销和推广策略提供参考。

此外,行业数据分析内容还包括品牌分析、产品分析、定价分析等指标。

二、行业数据分析工具

网店行业数据分析工具很多,常见的有"看店宝""升业绩",这两种分析工具都可免费试用。对网店行业数据分析比较全面的该属"生意参谋"了,"生意参谋"首页如图7-1所示。"生意参谋"分别整合"量子恒道"与"数据魔方",升级成为阿里巴巴商家端统一数据产品平台。"生意参谋"基于淘宝网实时、全面、真实、海量的电子商务交易数据进行过滤、分析和挖掘,并以直观、易读的形式展现出来,可以帮助店家深入地了解行业发展趋势、市场动态热点、品牌占有率和买家购物习惯,同时指导企业和卖家有依据地生产、研发并合理地营销。"生意参谋"有零售电商版(面向淘宝和天猫商家)、"生意参谋"千牛插件(面向淘宝和天猫商家)和"生意参谋"1688版(面向1688商家),店家可根据自身的实际情况选择相应的版本。"生意参谋"的功能框架主要包括:

首页:提供专属用户的个性化首页、常见功能模块聚合入口、商家运营阵地。

实时直播:以店铺实时动态数据为切入点,提供实时数据的查询与分析。

经营分析:以商家电商经营全局链路为主思路,结合大环境,对经营对各个环节进行分析、诊断、建议、优化、预测。

市场行情:以行业分析、竞争情况为切入点,对市场行情进行分析。

自助取数:提供数据定制、查询、导出等高端数据服务,可灵活配置,周期可定制。

专题工具:着重专题分析和一站式优化工具,含竞争情报、选词助手、行业排行、单品分析、商品温度计、销量预测等专项功能。

帮助中心:提供门户及产品功能引导、数据答疑解惑、门户运营与推荐、用户互动学习等。

图 7-1 "生意参谋"首页

任务实施

一、实训任务

本实训任务是利用"生意参谋"进行市场行情分析。"生意参谋"是现在最常用的数据分析工具。因为它把之前的"量子恒道"和"数据魔方"两大数据分析软件合并了,那么里面的数据代表了什么样的含义?如何查找想找的名称呢?

"生意参谋"进入方式:

步骤1 进入 www.taobao.com,登录账户密码,点击"商家中心",进入日常工作管理的商家后台。"生意参谋"入口就在左侧的管理菜单栏里面,如果左侧菜单栏没有"生意参谋"的选项,点击"我的快捷"菜单。

图 7-2　商家中心

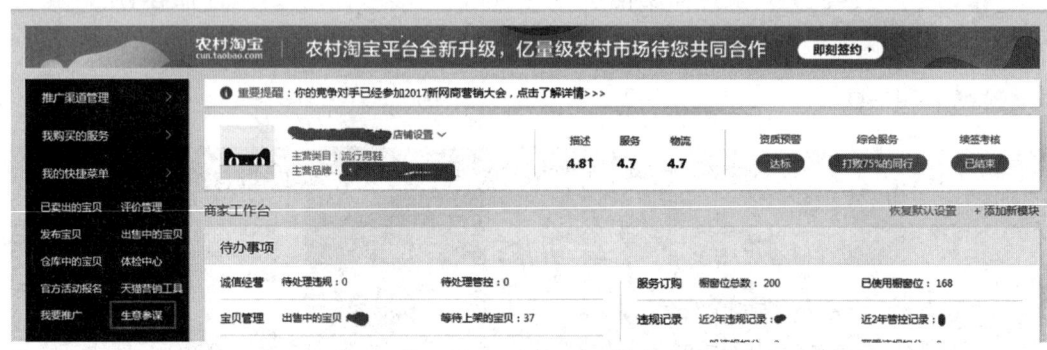

图 7-3　"生意参谋"入口

图 7-4　"生意参谋"打勾

把"生意参谋"的选项打勾,之后每次进入后台,"生意参谋"就都在左侧快捷菜单栏里面。

步骤2　进入"生意参谋"后,首先进入"生意参谋"的首页,这里有店铺整体的数据,能看出整个店铺的一个大致情况。

图 7-5 "生意参谋"首页

步骤 3　点击首页的"市场行情",可以对网店所在的市场行情进行分析。"市场行情"主要包含如图 7-6 所示的统计指标。

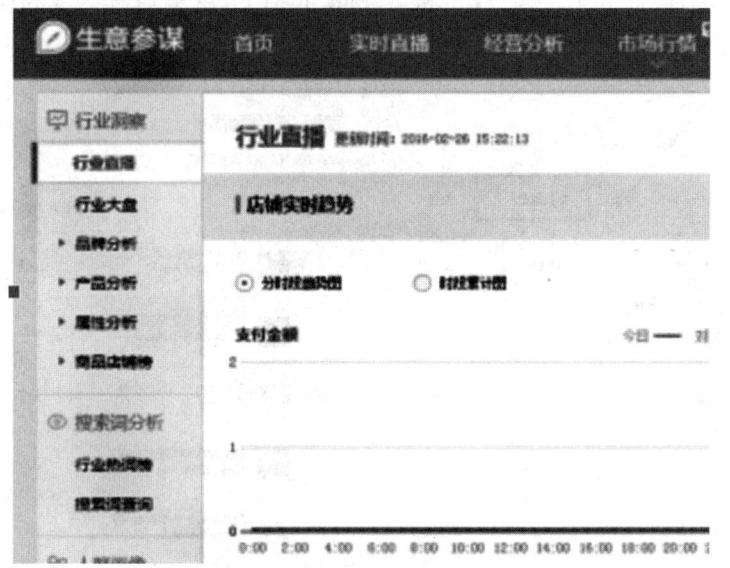

图 7-6 "市场行情"统计指标

接下来,对"市场行情"的部分指标进行解释。

1.行业直播

(1)支付子订单数:支付子订单数也被称为支付笔数,是指店铺所选行业下的商品的支付订单的子订单数。比如某个买家在某个店铺购买了多个宝贝,一起下单支付,订单后台会显示每个产品,每个 SKU(最小存货单位,即单品)下会有一条记录,这个就是一个子订单。

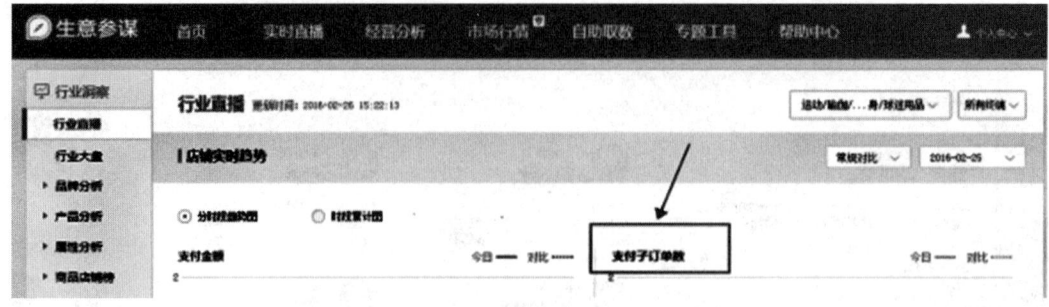

图 7-7　行业直播——支付子订单数

（2）交易指数：今日实时支付金额拟合出的指数类指标。交易指数越高，表示支付金额越多。支付金额是指买家拍下后通过支付宝支付的金额，未剔除事后退款金额，预售阶段付款在付清当天才计入内。所有终端的支付金额为 PC 端支付金额和无线端支付金额之和。需要特别说明的是，支付渠道不论是电脑还是手机，在电脑上拍下，就将后续的支付金额计入 PC 端；在手机或 Pad 上拍下，就将后续的支付金额计入无线端。如图 7-8 所示。

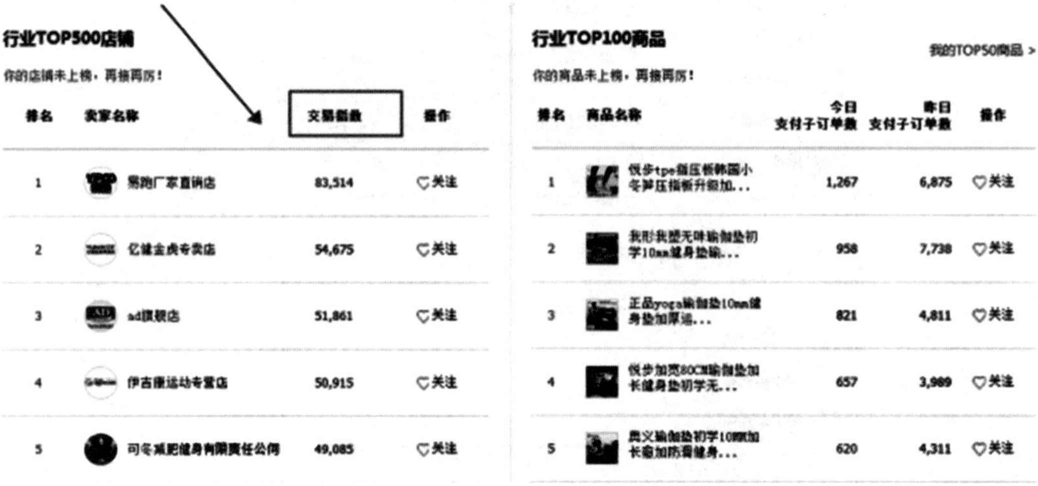

图 7-8　行业直播——交易指数

（3）今日支付子订单数：指今日实时行业下商品支付订单的子订单数。

图 7-9　行业直播——今日支付子订单数

（4）昨日支付子订单数：指昨日行业下商品的支付订单的子订单数。

图 7-10　行业直播——昨日支付子订单数

2.行业大盘

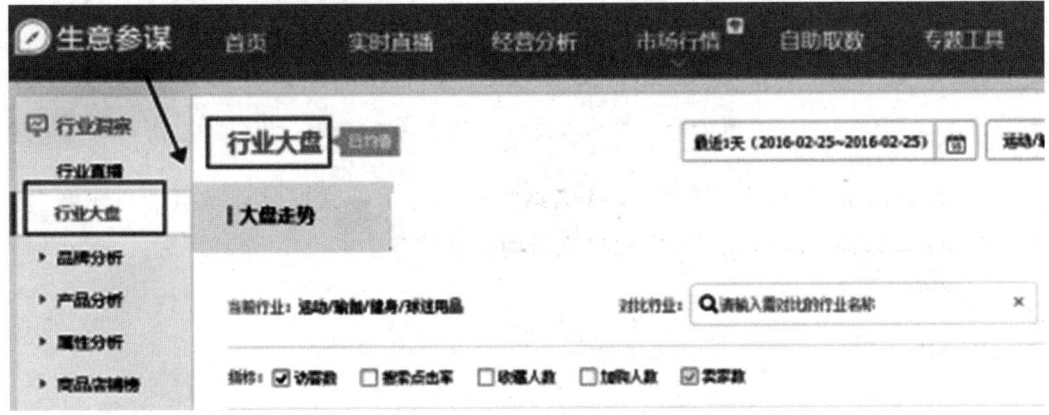

图 7-11　行业大盘

(1)搜索点击人数：统计日期内，从搜索结果页点击搜索商品详情页的点击人数。

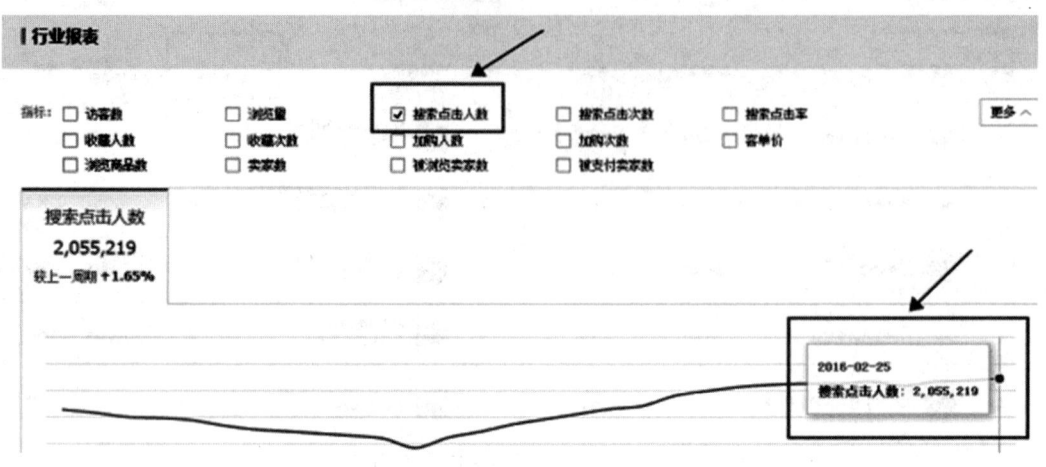

图 7-12　行业大盘——搜索点击人数

(2)搜索点击次数：统计日期内，从搜索结果页面点击搜索商品详情页的点击次数。

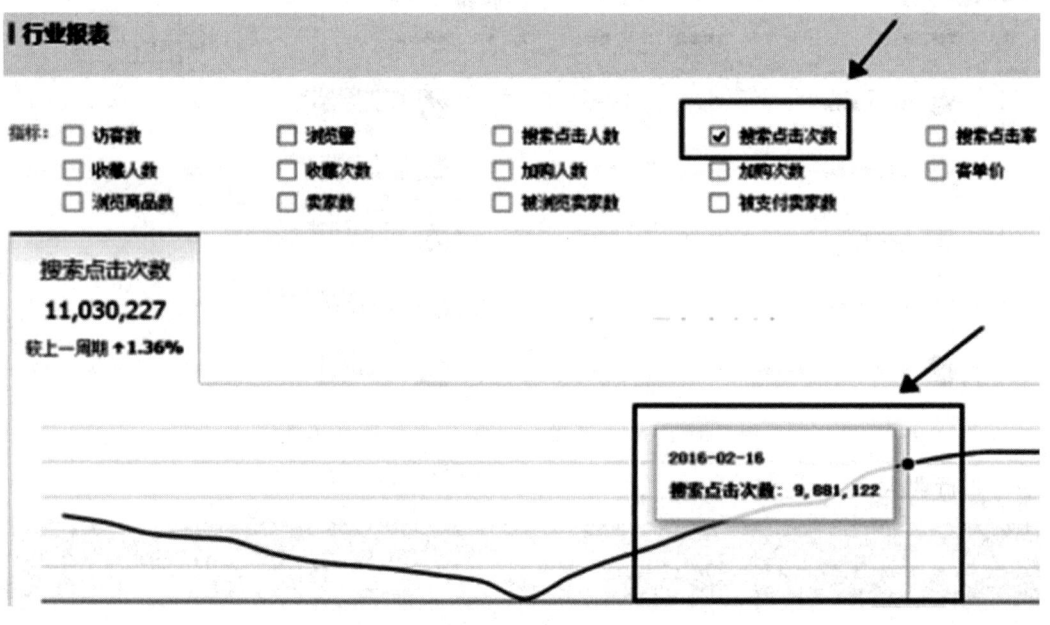

图 7-13　行业大盘——搜索点击次数

(3)搜索点击率：统计日期内，从搜索结果页面点击搜索商品详情页的点击数/搜索结果页的浏览量，即搜索结果中用户点击商品的比率。

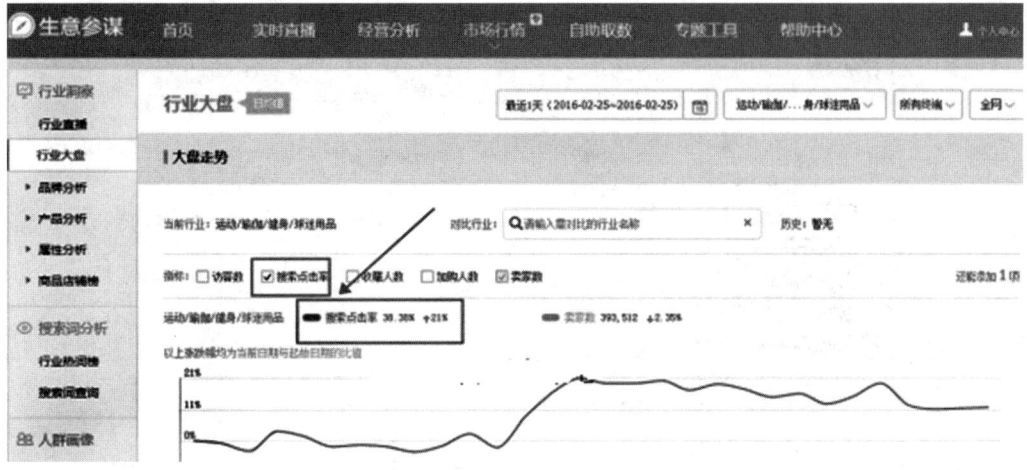

图 7-14　行业大盘——搜索点击率

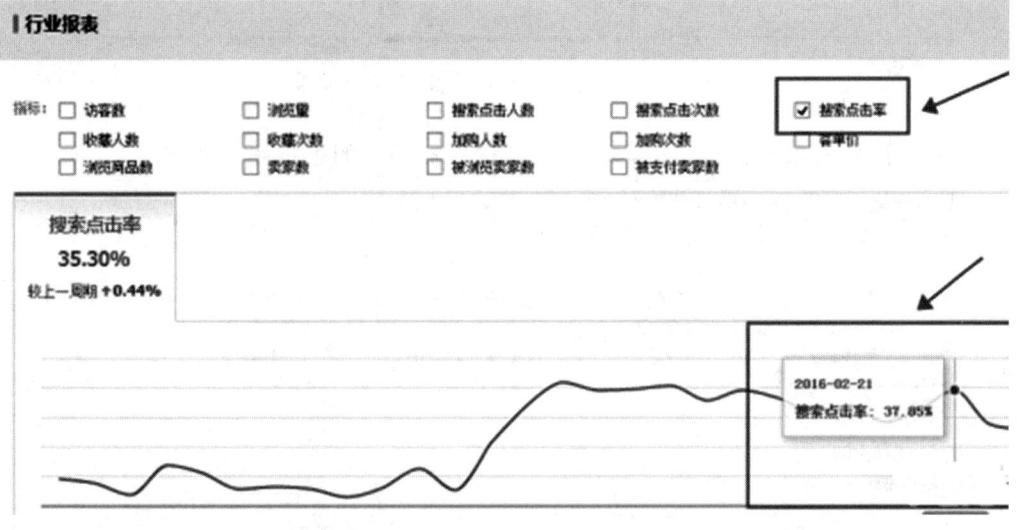

图 7-15　行业大盘——搜索点击率

（4）卖家数：截至所选日期当天，店铺状态和商品状态均为有效状态的卖家数。

图 7-16　行业大盘——卖家数

(5)被浏览商品数：统计日当天，商品详情页被浏览的去重商品数。

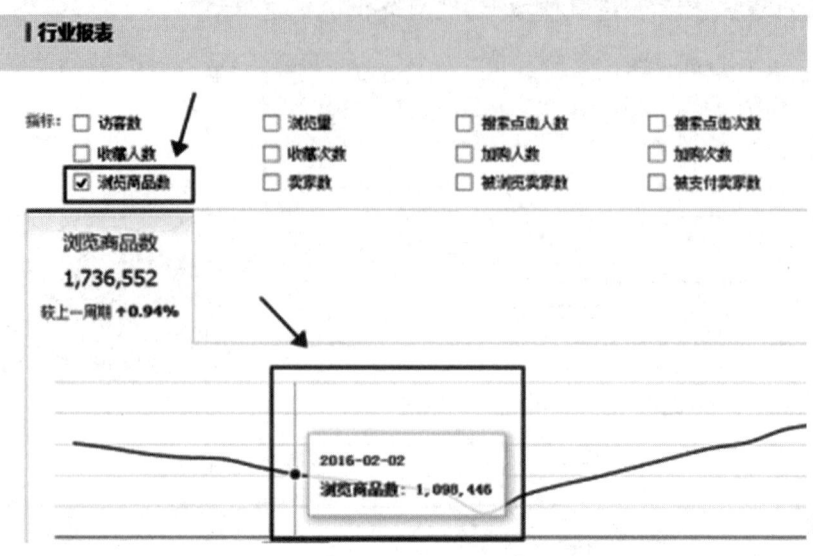

图 7-17　行业大盘——被浏览商品数

(6)被浏览卖家数：统计日当天，商品详情页被浏览的去重商家数。

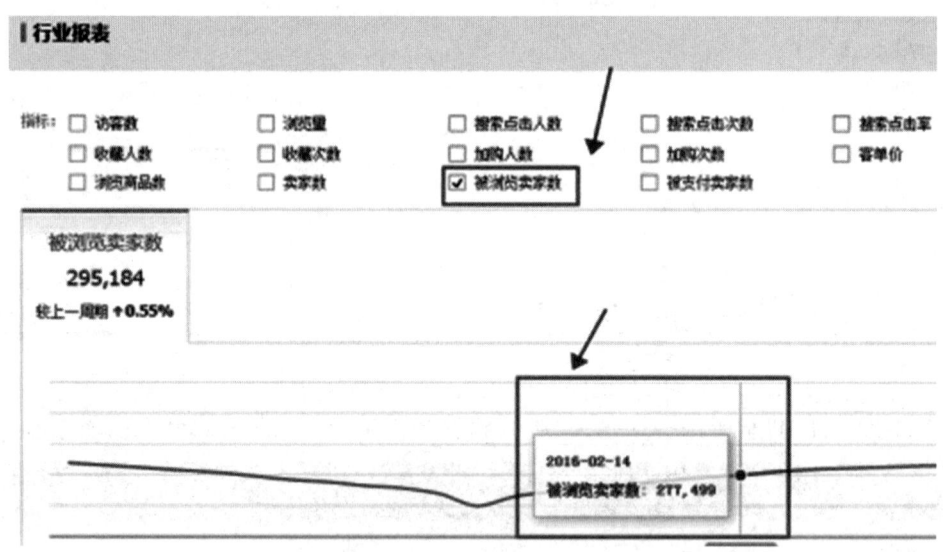

图 7-18　行业大盘——被浏览卖家数

(7)被支付卖家数：统计日期内，商品被完成支付的去重卖家数。预售分阶段付款在付清当天才计入内；所有终端支付卖家数为 PC 端和无线端支付卖家去重人数，即统计时间内在 PC 端和无线端都对商品完成支付，卖家数记为 1 个。需要特别说明的是，不论支付渠道是电脑还是手机，在电脑上拍下，就将该卖家数计入 PC 端支付卖家数；在手机或 Pad 上拍下，就将该卖家数计入无线端支付卖家数。

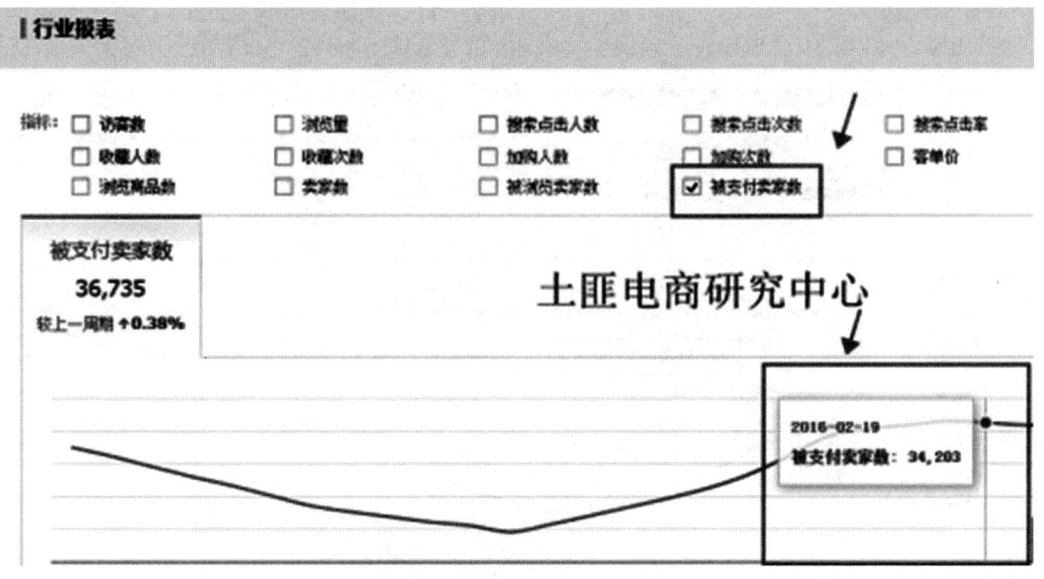

图 7-19　行业大盘——被支付卖家数

(8)搜索人气:根据统计周期内的用户搜索行为数拟合出的指数类指标。搜索指数越高,表示搜索行为越多。

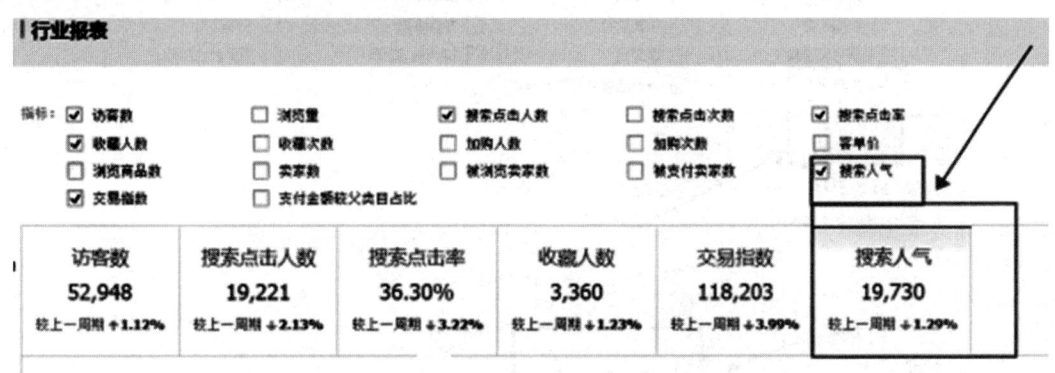

图 7-20　行业大盘——搜索人气

(9)交易指数:根据统计周期内支付金额拟合出的指数类指标。交易指数越高,表示交易行为越多。支付金额是指买家拍下后通过支付宝支付给卖家的金额,未剔除事后退款金额,预售阶段付款在付清当天才计入内。所有终端的支付金额为 PC 端支付金额和无线端支付金额之和。应特别说明的是,支付渠道不论是电脑还是手机,在电脑上拍下,就将后续的支付金额计入 PC 端;在手机或 Pad 上拍下,就将后续的支付金额计入无线端。

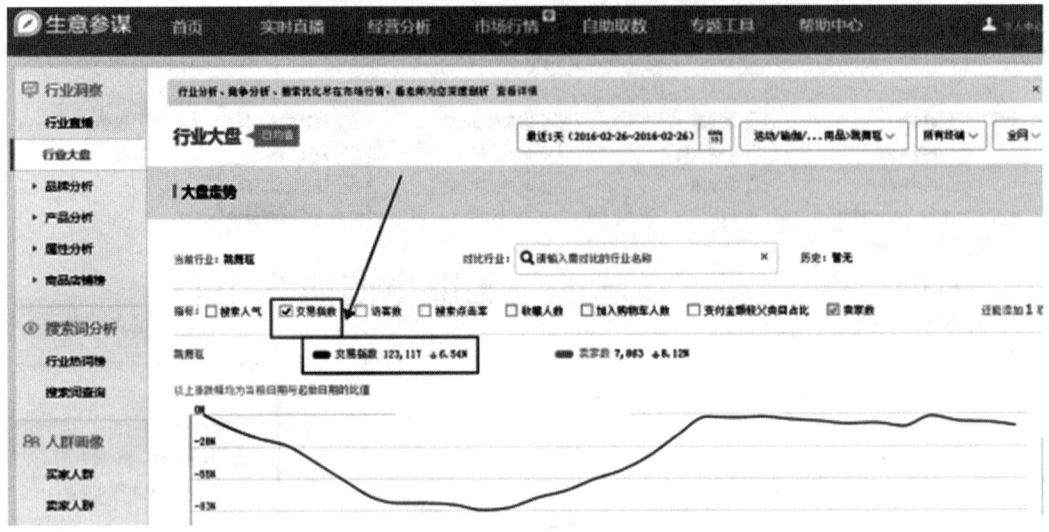

图 7-21　行业大盘——交易指数

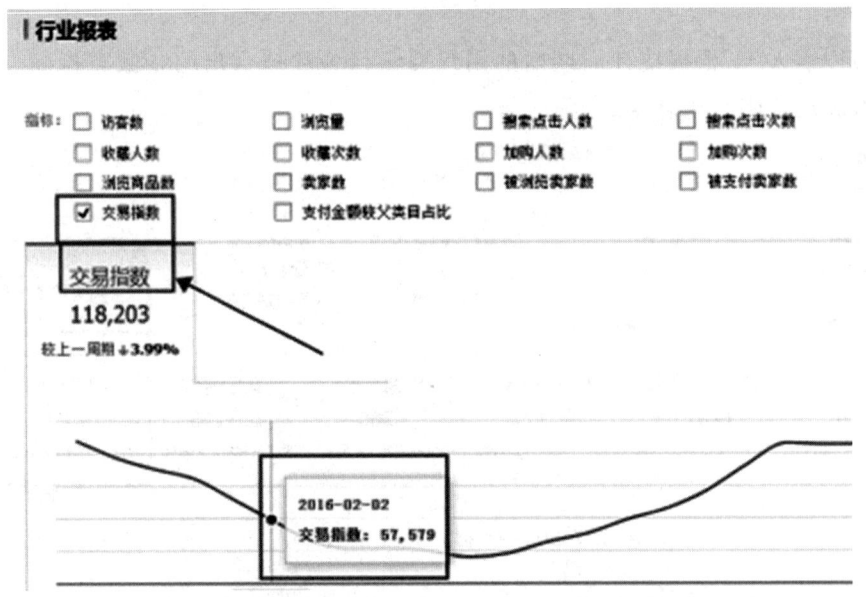

图 7-22　行业大盘——交易指数

（注：实训任务源自派代网论坛——土匪老田：http://bbs.paidai.com/topic/1045862。）

二、实战任务

以学习小组为单位，利用相关工具对小组经营的店铺进行市场分析和消费者分析，并以此为基础得出制定选爆款以及网络营销与推广策略的结论。具体要求如下表：

任务名称	行业数据分析	
网店名称		
行业数据分析内容		
所属行业整体情况	行业市场数据	
	分析结果	
热销店铺和商品	热销数据	
	分析结果	
买方市场分析	买方购买数据	
	分析结果	
根据数据制定相应策略		

任务评价

任务编号	任务7-1	
任务名称	行业数据分析	
任务完成方式	小组协同完成	
任务评价内容		分值
利用生意参谋进行市场分析实训		30
行业整体市场数据分析		20
热销店铺和商品数据分析		20
买方市场数据分析		30
成绩评定	小组评价	20%
	教师评价	80%

任务二　网店数据分析

任务导入

在对行业数据进行分析后，小林学会了基于行业数据进行选品、选爆款、定价以及怎样做促销，从而形成了科学的数据化运营思维。如果想把店铺经营好，就要做到"知己"，因此，小林觉得对网店本身数据进行分析也很重要。比如流量来源、宝贝成交转化率、店内搜索关键词、销售利润等的分析等。于是小林决定选定合适的工具进行网店数据分析。在经历了一年的店铺数据运营后,他收获颇多,也深刻体会到数据为王的时代已经到来,谁掌握了足够多的数据,谁就抢占了先机,增强了竞争力,也就有美好的未来。

任务分析

根据任务导入中的情景进行分析,在网店数据分析任务中需要理解两个问题:网店数据分析内容;撰写网店数据分析报告。

一、网店数据分析内容

要对网店数据进行分析,首先要熟悉网店数据分析的内容,要理解网店哪些数据指标对优化网店是有用的。比如对于成长型店铺,数据分析的内容主要包括宝贝标题数据分析、上下架时间数据分析、收藏量与评价数据分析、流量以及流量增长情况数据分析等。

二、撰写网店数据分析报告

与行业数据分析一样,网店数据分析应该撰写网店数据分析报告。网店数据分析报告可使店主对网店状况一目了然,从而可更加清楚地制定市场推广策略。网店数据分析报告要点包括网店日常运营基本情况分析、网店营销推广效果分析等。报告具体框架要根据网店数据分析内容以及网店运营目标来制定。

知识学习

一、网店数据分析内容

(一)流量结构分析

流量是衡量店铺运营成功与否的参考指标之一。一个成功的店铺流量来源广、种类丰富。再好的商品,再低廉的价格,如果没有流量,也就没有销量。因此对流量结构进行分析显得尤为重要,店家可以根据流量结构来制定营销推广策略,选择合适的营销渠道。淘宝店铺流量来源主要有以下几种。

1.自主访问流量

自主访问流量是指买家主动访问店铺时产生的流量。自主访问流量是所有流量中质量最高的流量,这类流量具有很强的稳定性,且成交转化率高。自主访问流量主要分为搜索访问、宝贝收藏、已买到的宝贝和购物车。

搜索访问是指买家在搜索栏中直接输入宝贝名称或者是店铺名称进入店铺访问的行为。如图7-23所示,直接在搜索栏中输入宝贝的名称或者店铺名称,即可以看到相关宝贝。

图 7-23　搜索访问

宝贝收藏是指买家对某个宝贝进行收藏。宝贝收藏量越高,表明买家对宝贝越感兴趣,收藏人气对于宝贝和店铺的综合评分是有影响的。买家直接通过收藏中的已收藏宝贝进入淘宝店铺,如图 7-24 所示。

图 7-24　宝贝收藏

购物车如图 7-25 所示,买家通过购物车对店铺进行访问,表示买家对该店铺的某件商品很感兴趣,这类买家具有很强的购物欲望,但是买家出于对价格、质量、款式等方面因素的考虑迟迟没有下单。针对这类消费群体,卖家在与之交流沟通中,应不断循循善诱,消除买家心中的顾虑,促成下单。

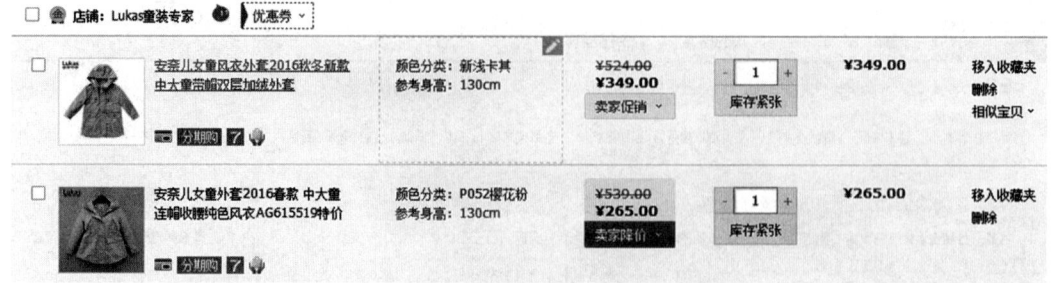

图 7-25　购物车

已买到的宝贝如图 7-26 所示。如果买家直接通过已买到的宝贝对店铺进行访问,说明这类买家的购物目标明确,会有针对性地选择购物;且这类买家是店铺的回头客,表示这类买家对该店铺的宝贝质量、服务态度等都很满意,希望直接通过该店铺再消费。

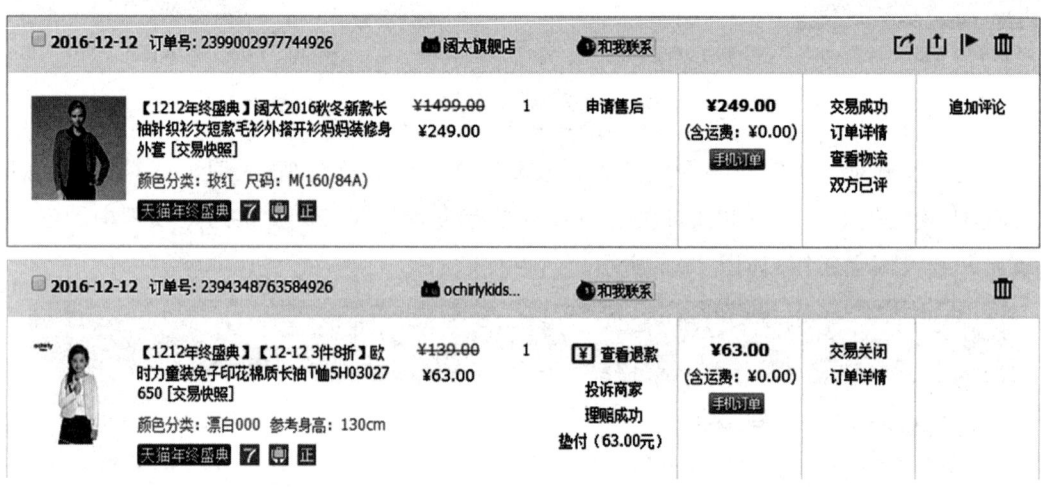

图 7-26　已买到的宝贝

2.付费流量

付费流量就是通过付费推广得到的流量。付费流量的最大特点是高精确、流量大。付费流量意味着成本的投入,当付费流量投入过高,店铺的利润会降低,但是一个店铺完全没有付费流量也是不合理的。目前付费流量主要有淘宝客、直通车、钻石展位三种。淘宝客按成交金额的百分比来收费,直通车是点击付费,钻石展位是展现付费。

3.站内流量

站内流量是指通过平台获取的流量。站内流量对于一个网店的流量构成也是相当重要的,网站每天有几千万甚至过亿的流量,没流量就等于没销量。站内流量也分为免费流量和付费流量,新手卖家可以先从站内的免费流量渠道,如淘宝论坛等官方的互动交流平台获取流量。淘宝论坛首页如图 7-27 所示。卖家通过在论坛发帖,在一定程度上可以提高店铺的浏览量和访客数。

图 7-27　淘宝论坛首页

4.站外流量

站外流量主要是各大知名网站带来的,如论坛、微博、人人网以及贴吧等社交网站,获得更高站外流量逐渐成为卖家关注的焦点。

在进行网店流量分析时,要熟悉与流量有关的一些数据指标,这些指标包括:店铺访客数(UV)、店铺浏览量(PV)、点击率、跳失率、宝贝页浏览量、访问深度、收藏数等。店家可以根据这些指标对网店进行流量分析。

(二)宝贝成交转化率分析

成交转化率是指所有访问淘宝店铺并产生购买行为的人数与所有访问店铺的人数的比值。其计算公式为:成交转化率=(有购买行为的客户人数/所有到达店铺的访客人数)×100%。

成交转化率是衡量一个店铺是否健康的重要依据,是店铺商品质量、服务能力、营销手段等各项店铺水平的最终体现。特别是在做推广引入流量前,一定要确保店铺的转化率达到一个可以接受的值,才能不浪费宝贵的流量资源。一般在推广所带来的流量中,转化率会有些变化,通常会降低,这也是评判某一次推广是否成功的重要指标。如果活动或推广中的转化率下降得太厉害,那就说明活动的推广策划出现了问题,没有将流量有效地转化为成交,或者就是流量的质量有问题,所带来的流量价值不高。

对转化率能产生影响的因素较多,主要有以下几种。

1.服务质量

店铺对买家的服务贯穿整个购物流程,包括售前咨询、售中导购、售后服务、物流质量、退换货承诺等。专业的导购及良好的退换货承诺,能让买家产生信赖,增加购买欲望；售后及物流也是购物体验的重要部分，良好的购物体验能带来回头客，而回头客转化率通常较高。

2.购物环境

网店的购物环境基本都是基于视觉的，所以店铺装修、分类设置、活动引导、商品展示等均是购物环境的组成部分。清晰、便捷的店铺设计，能保证买家在最短时间内找到自己想要的商品，从而产生更高的成交转化率。

3.商品质量

商品是一个店铺的基础及核心。商品的质量、设计及价格也是打动消费者的重要因素，优化店铺的货源、款式及定价，也是提高转化率的重要手段。

4.营销活动

店铺内的活动及营销也是提高转化率不可或缺的手段，所能使用的方式也很多，例如：满就送、满就减、清仓、换季、发抵价券、抽奖、节日促销等。

(三)店铺客单价分析

越来越多的卖家花大量的人力、物力和财力做大量的引流，参加各种活动，最后让店铺成功获得较高的人气和较高的成交转化率，但是最后核算，却发现店铺的利润并不是特别理想。在流量相同的情况下，客单价的高低直接决定了店铺的销售额。尽管卖家通过各种渠道和活动提升了店铺的销售量，但是绝大多数买家在店铺只消费一次，买家的消费金额并不高，店铺的利润自然也不会太高。

客单价是每一个用户在一定周期内，平均购买商品的金额，即平均交易金额。客单价＝支付宝成交金额/成交用户数。客单价下降的情况有以下几种，店主应根据数据分析弄清楚具体是哪种情况导致客单价下降，从而采取相应的策略。

情况一：客单量减少，但客单品价都没有发生变化，则可能是影响顾客购买行为的客观因素发生变化或促销方案出现问题。可能是季节性原因、收入下降，也可能是促销品品牌资产普遍下降(知名度、美誉度、忠诚度)或和顾客的偏好产生较大差异，又或是促销政策缺乏力度，推广定位不够准确。关于促销政策和推广措施存在的问题，可以参考上月情况以及当月主要竞争对手的相关情况来判断问题的存在与否。

情况二：客单量没有明显变化，但客单品价降低，这首先应该是企业在对促销品进行挑选时价格标准出现问题；其次，仍需要关注一下促销政策与推广措施是否存在问题。

情况三：客单量和客单品价均出现下降趋势。则首先要分析是否存在"情况一"中的客观原因，如果可以排除客观因素，则要从促销品的品牌选择标准、促销政策或推广措施三个方面进行问题分析，和"情况一"使用的方法相同。

(四)店铺客服数据分析

客服是指为买家提供答疑、快件查询、售后服务等在线服务。客服旨在协助店铺掌柜更高效率地管理店铺。分析客服数据的主要指标包括店铺纠纷率、咨询转化率、支付率、落实客单价、响应时间等。

(五)店铺利润分析

店铺运营的最终目的就是实现店铺的利润最大化。想要实现店铺的利润最大化，店家就必须分析影响店铺利润的因素，并且通过不断优化影响利润的因素，提升店铺的利润。店铺利润分析的指标包括销售详情分析、成本分析等。

二、网店数据分析工具

网店数据分析工具有"千里眼"和"看店宝"。图 7-28 和图 7-29 分别为"看店宝"店铺分析与宝贝分析截图。卖家也可以选择"生意参谋"进行网店数据分析。

图 7-28 "看店宝"店铺分析

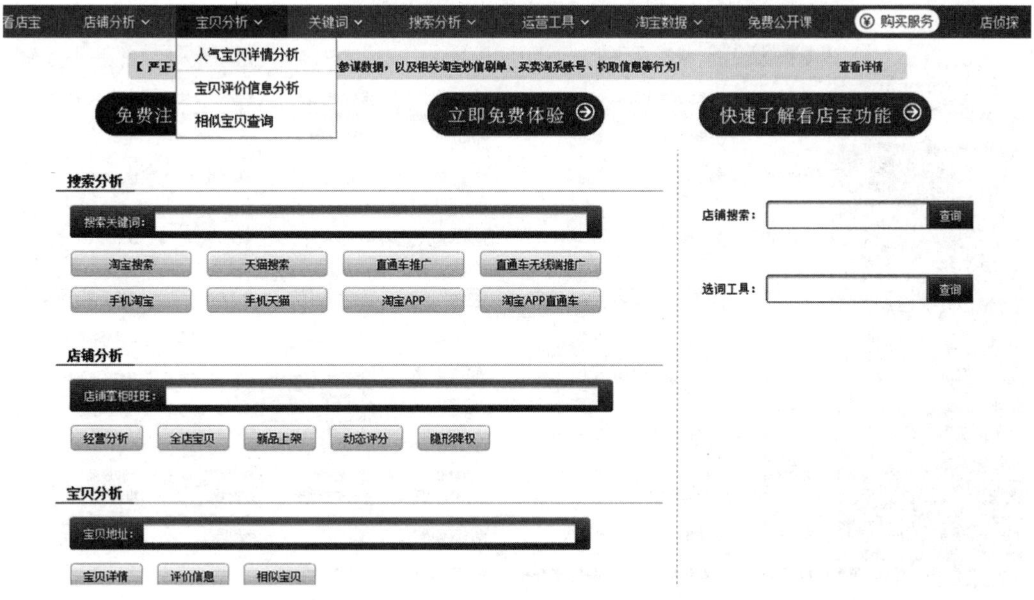

图 7-29 "看店宝"宝贝分析截图

【任务实施】

一、实训任务

本实训任务是利用"生意参谋"进行网店数据分析实训。

步骤1　进入www.taobao.com,输入登录账户密码,点击商家中心,进入日常工作管理的商家后台。"生意参谋"入口就在左侧的管理菜单栏里面,如果左侧菜单栏没有"生意参谋"的选项,点击我的快捷菜单。

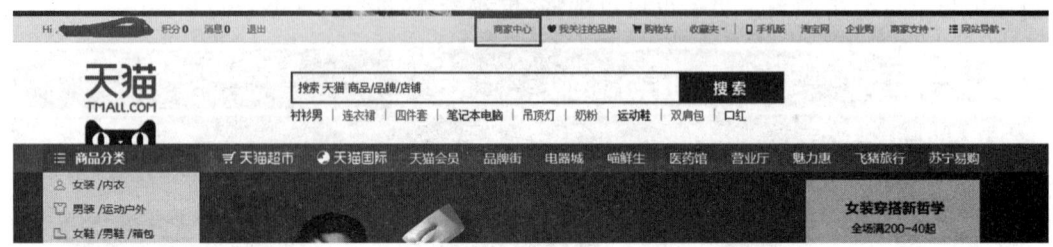

图7-30　商家中心

图7-31　"生意参谋"入口

图7-32　"生意参谋"打勾

在这个位置,把"生意参谋"的选项打勾,之后每次进入后台,"生意参谋"就都在左侧快捷菜单栏里面。

步骤2　进入"生意参谋"后,首先到达"生意参谋"的首页,首页包含店铺整体的数据,在首页就能看出全店的一个大致情况。

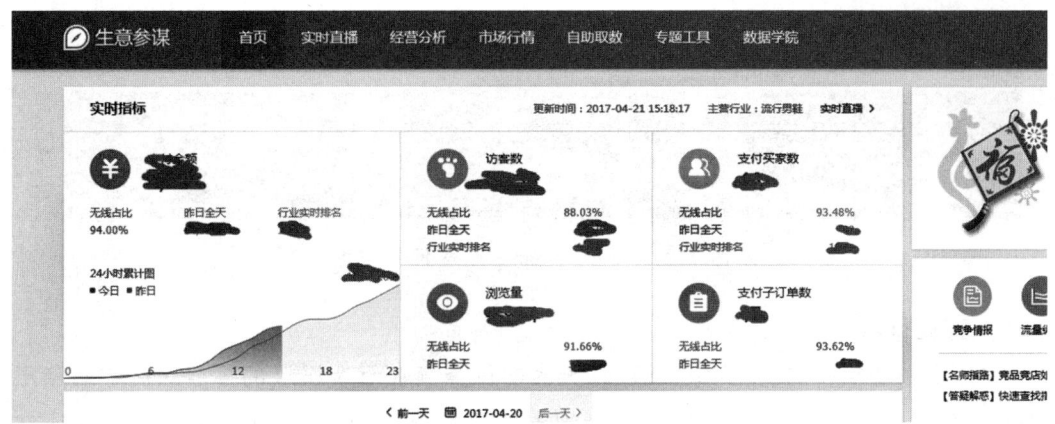

图 7-33　生意参谋首页

接下来对首页的每个区块名词进行说明。

1.实时指标

(1)访客数:指从 0 点截至当前时间访问店铺页面或宝贝详情页的去重人数,一个人在统计时间范围内访问多次只记为一个。所有终端访客数为 PC 端访客数和无线端访客数相加去重。实时计算过程中,店铺流量高峰时,可能会出现交易数据处理快于浏览数据,导致访客数小于支付买家数的情况。

图 7-34　实时指标——访客数

(2)支付金额:买家拍下后通过支付宝支付的金额,未剔除事后退款金额,预售阶段付款在付清当天才计入内。所有终端的支付金额为 PC 端支付金额和无线端支付金额之和。特别说明的是,支付渠道不论是电脑还是手机,在电脑上拍下,就将后续的支付金额计入 PC 端;在手机或 Pad 上拍下,就将后续的支付金额计入无线端。

图 7-35　实时指标——支付金额

(3)支付买家数:统计时间内完成支付的去重买家人数,预售分阶段付款在付清当天才计入内;所有终端支付买家数为 PC 端和无线端支付买家去重人数,即统计时间内在 PC 端和无线端都对商品完成支付,买家数记为 1 个。特别说明的是,不论支付渠道是电脑还是手机,在电脑上拍下,就将该买家数计入 PC 端支付买家数;在手机或 Pad 上拍下,就将该买家数计入无线端支付买家数。

图 7-36　实时指标——支付买家数

2.行业排名

(1)支付金额排名:指商家最近 30 天的支付金额在对应层级的排名。淘宝卖家层级与排名根据淘宝集市商家最近 30 天的支付宝成交金额计算,计算出卖家当前所在的层级,层级越高越优秀。天猫卖家层级与排名根据天猫商城商家最近 30 天的支付宝成交金额计算,计算出卖家当前所在的层级,层级越高越优秀。排名是指在当前所处层级的排名。

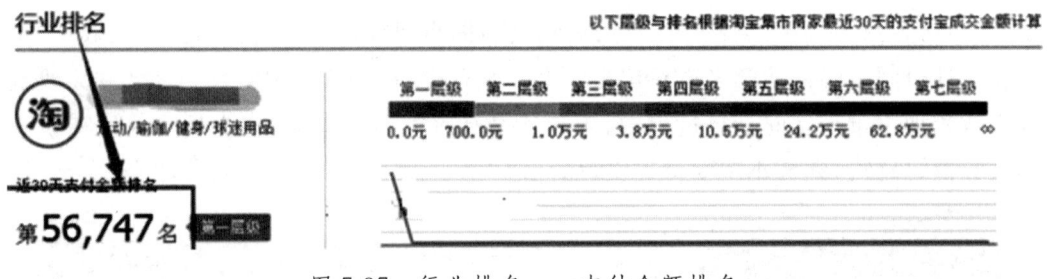

图 7-37　行业排名——支付金额排名

(2)分层级支付金额:商家最近 30 天所在层级的最高支付金额。淘宝卖家层级与排名根据淘宝集市商家最近 30 天的支付宝成交金额计算,计算出卖家当前所在的层级,层级越高越优秀。天猫卖家层级与排名根据天猫商城商家最近 30 天的支付宝成交金额计算,计算出卖家当前所在的层级,层级越高越优秀。排名是指在当前所处层级的排名。

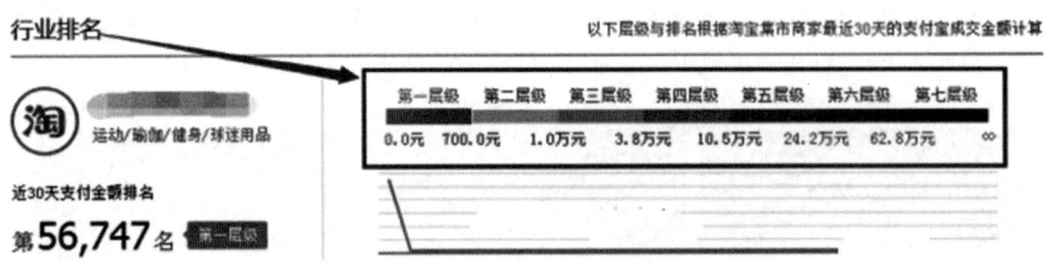

图 7-38　行业排名——分层级支付金额

3.经营概括

(1)访客数:统计周期内访问店铺页面或宝贝详情页的去重人数,一个人在统计时间范围内访问多次只记为一个。所有终端访客数为 PC 端访客数和无线端访客数相加去重。

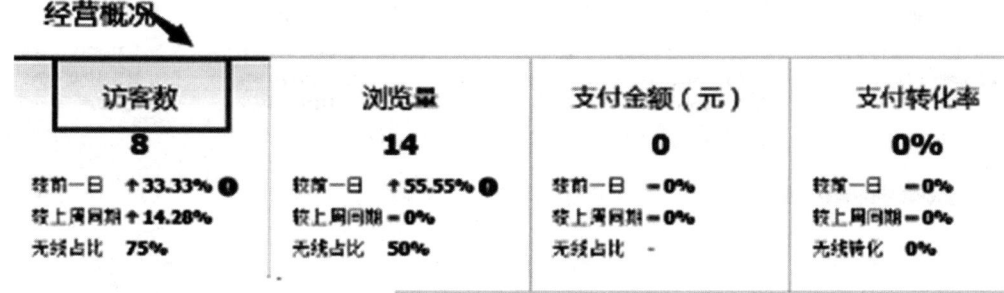

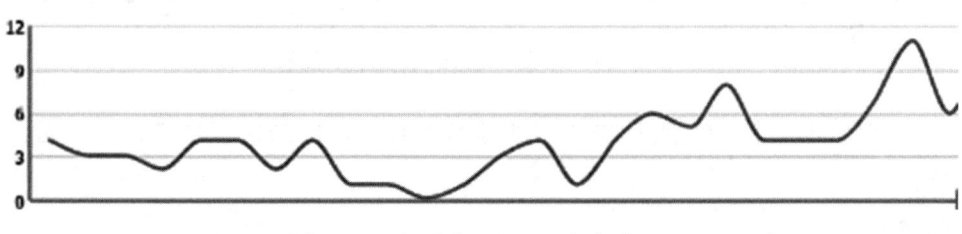

图 7-39　经营概况——访客数

(2)浏览量:店铺或商品详情页被访问的次数,一个人在统计时间内访问多次记为多次。所有终端的浏览量等于 PC 端浏览量和无线端浏览量之和。

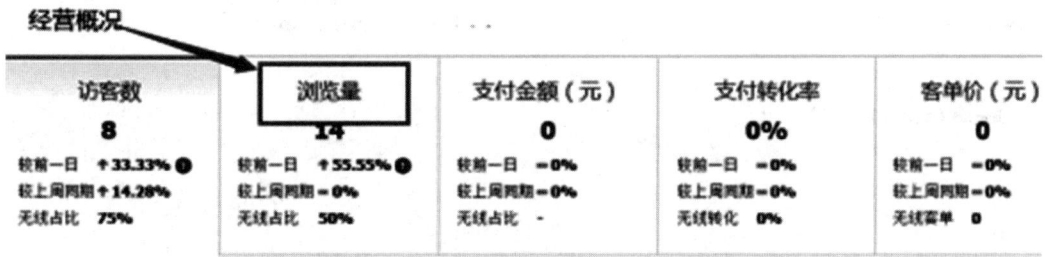

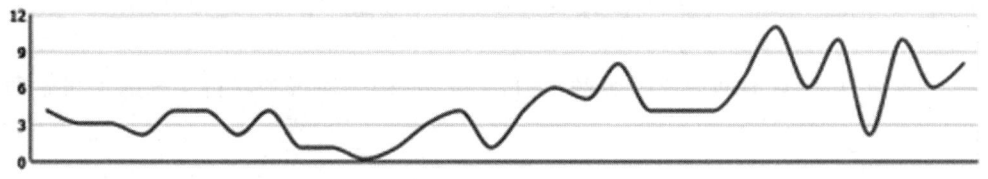

图 7-40　经营概况——浏览量

(3)支付金额:买家拍下后通过支付宝支付的金额,未剔除事后退款金额,预售阶段付款在付清当天才计入内。所有终端的支付金额为 PC 端支付金额和无线端支付金额之和。特别说明的是,支付渠道不论是用电脑还是手机,在电脑上拍下,就将后续的支付金额计入 PC 端;在手机或 Pad 上拍下,就将后续的支付金额计入无线端。

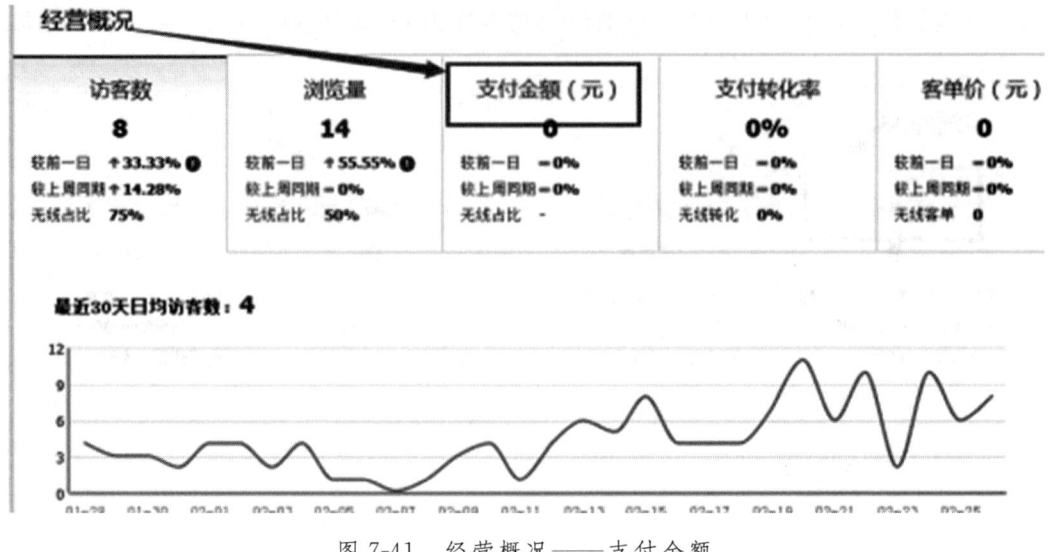

图 7-41　经营概况——支付金额

(4)支付转化率:统计时间内支付买家数/访客数,即来访客户转化为支付买家的比例。

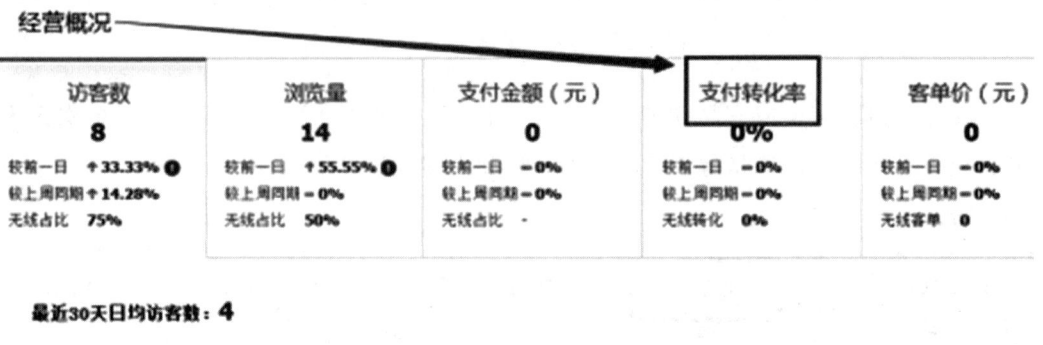

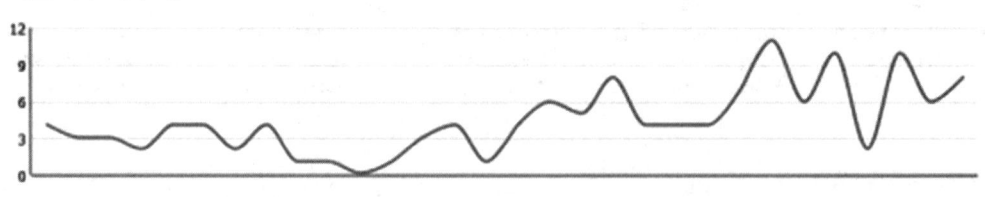

图 7-42　经营概况——支付转化率

(5)客单价:统计时间内支付金额/支付买家数,即平均每个支付买家的支付金额。

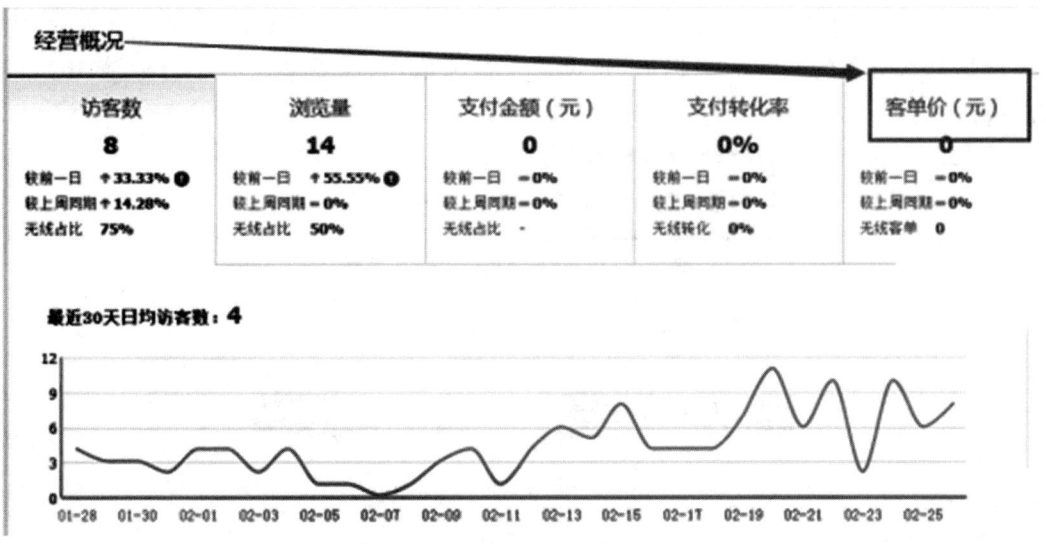

图 7-43　经营概况——客单价

(6)申请退款金额:统计时间内买家申请退款的订单支付金额之和,无论退款是否完成,都会计入统计数。

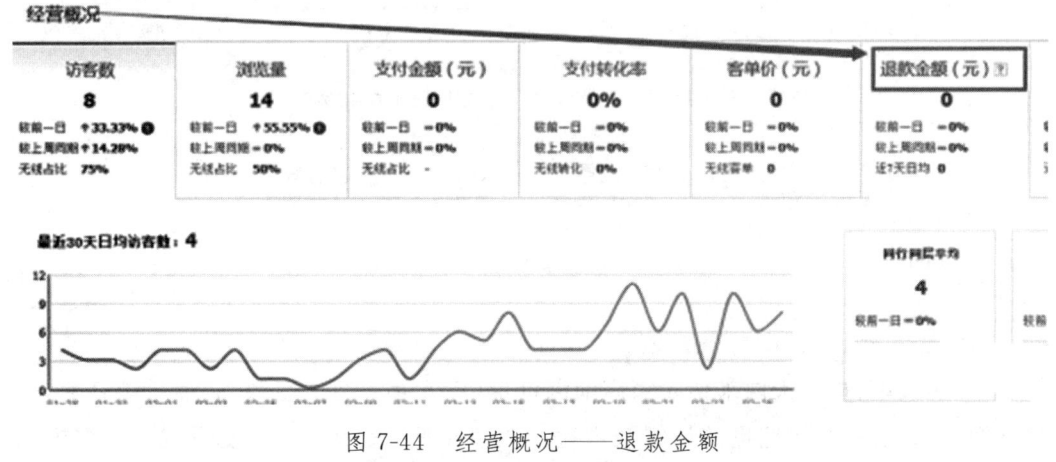

图 7-44　经营概况——退款金额

(7)服务态度评分:统计时间内卖家最近 180 天服务态度 DSR 评分。

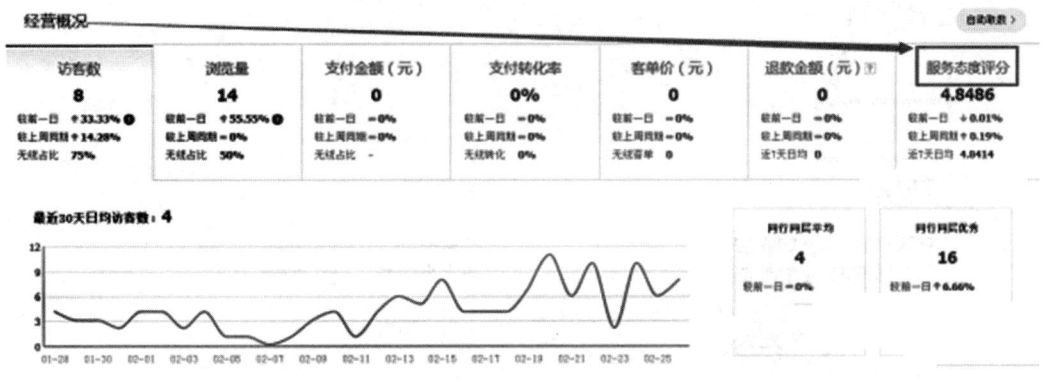

图 7-45　经营概况——服务态度评分

(8)同行平均:指卖家所选的比较二级类目中,处于卖家所在市场(淘宝或天猫)中该行业60%分位的同行的指标值,超过这个指标值,意味着卖家处于行业前40%范围内。

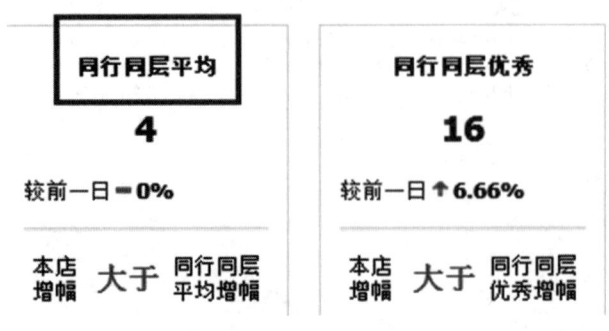

图7-46　经营概况——同行平均

(9)同行优秀:卖家所选的比较二级类目中,处于卖家所在市场(淘宝或天猫)中该行业90%分位的同行的指标值,超过这个指标值,意味着卖家处于行业前10%范围内。

图7-47　经营概况——同行优秀

4.流量分析

(1)跳失率:指一天内来访卖家店铺浏览量(PV)为1的访客数/店铺总访客数,即访客数中,只有一个浏览量的访客数占比。该值越低,表示流量的质量越好。多天的跳失率为各天跳失率的日均值。

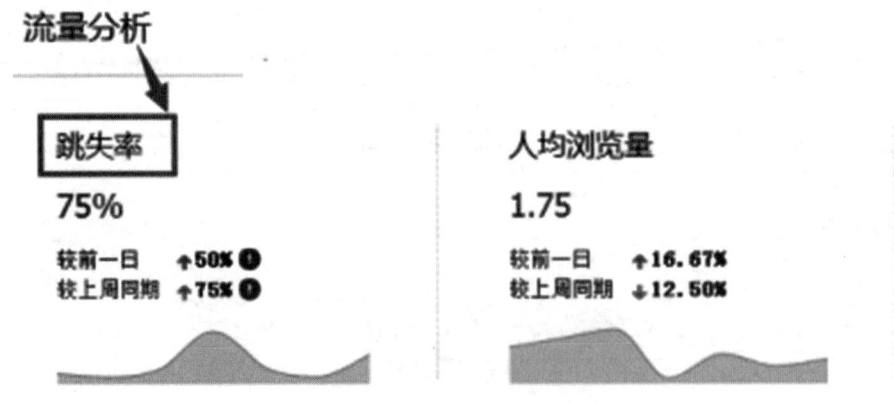

图7-48　流量分析——跳失率

(2)人均浏览量:指店铺所有页面被访问的次数,一个人在统计时间内访问多次记为多次。所有终端的浏览量等于 PC 端浏览量和无线端浏览量之和。

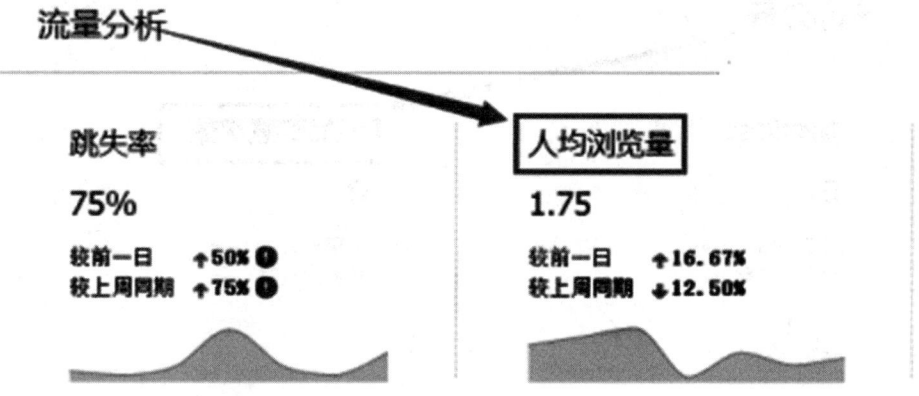

图 7-49　流量分析——人均浏览量

(3)平均停留时长(秒):指来访店铺的所有访客总的停留时长/访客数,单位为秒。多天的人均停留时长为各天人均停留时长的日均值。

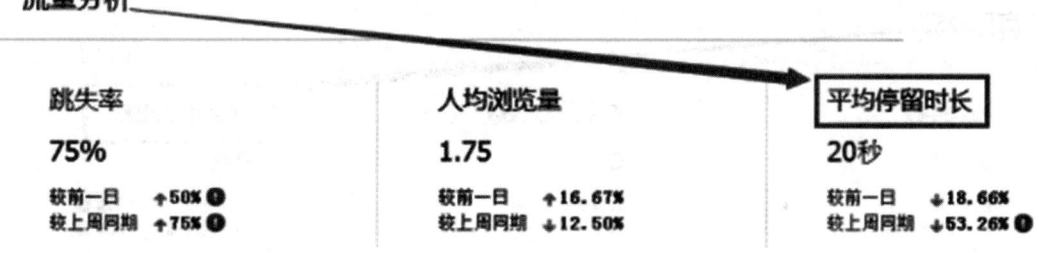

图 7-50　流量分析——平均停留时长

5.商品分析

(1)加购件数:统计周期内,买家加入购物车商品件数之和。

图 7-51　商品分析——加购件数

（2）商品收藏次数：统计时间内宝贝被来访者收藏的次数，一件宝贝被同一个人收藏多次记为多次。

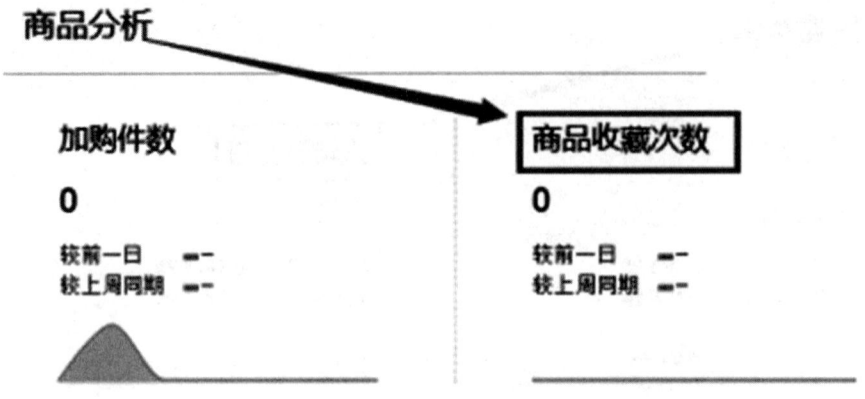

图 7-52　商品分析——商品收藏次数

（3）详情页跳出率：指统计时间内宝贝详情页跳出浏览量/宝贝详情页浏览量，即访问次数中，跳出行为的访问次数占比。跳出浏览量是指宝贝详情页被访问后，没有跳转到店铺的其他页面的访问次数。该指标暂时只是在 PC 端计算。

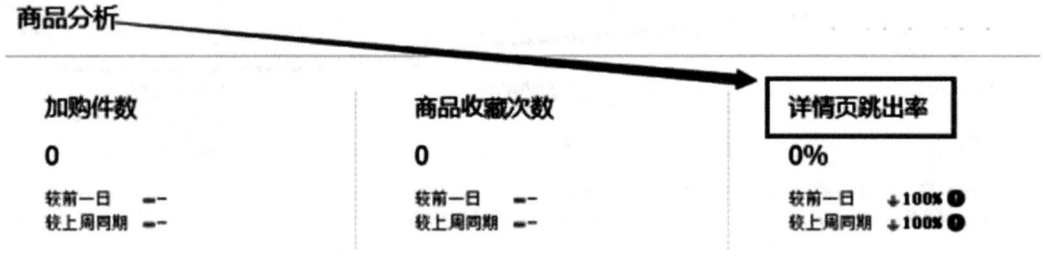

图 7-53　商品分析——详情页跳出率

（4）被访商品数：统计周期内被访问 UV（独立访客）数＞0 的店铺在线商品数总和。

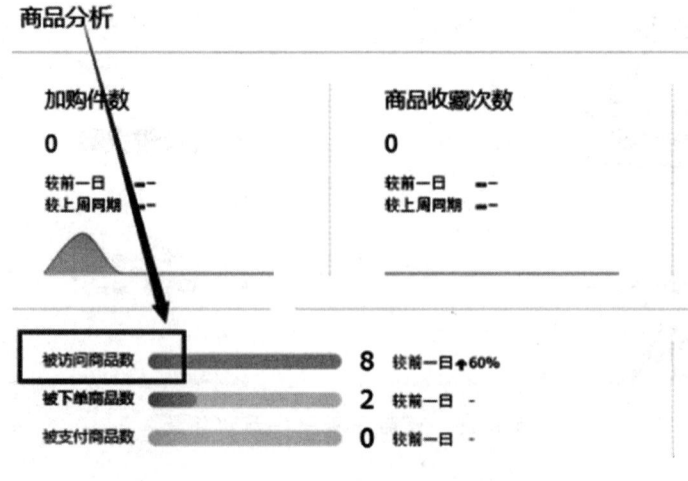

图 7-54　商品分析——被访商品数

(5)被下单商品数:统计周期内被下单数>0的店铺在线商品数总和。

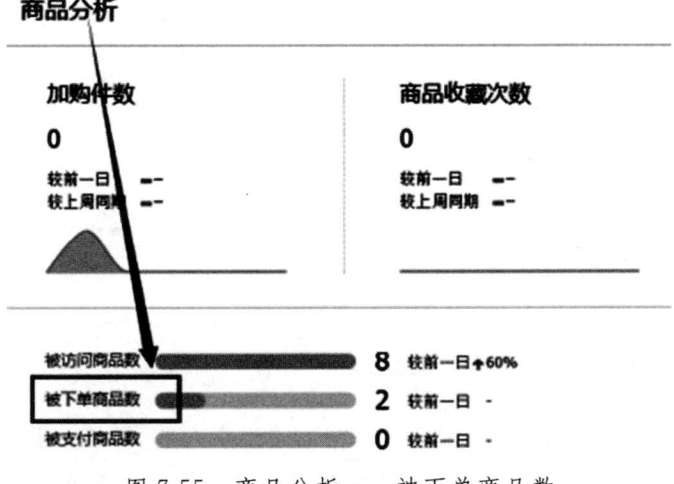

图 7-55　商品分析——被下单商品数

(6)被支付商品数:统计周期内被支付订单数>0的店铺在线商品数总和。

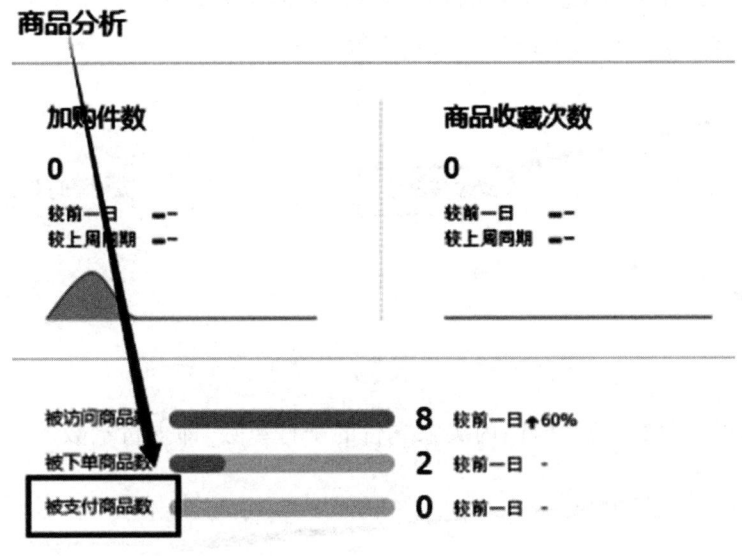

图 7-56　商品分析——被支付商品数

6.交易分析

(1)下单买家数:统计时间内拍下宝贝的去重买家人数,一个人拍下多件或多笔,只算一个人。

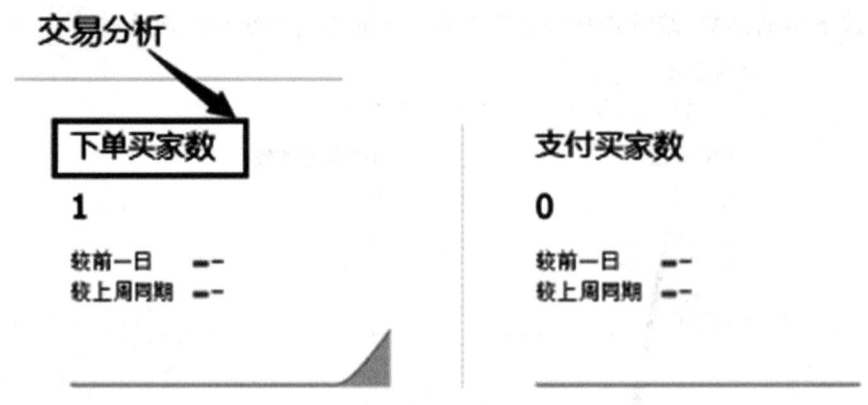

图 7-57　交易分析——下单买家数

（2）支付买家数：统计时间内完成支付的去重买家人数，预售分阶段付款在付清当天才计入内；所有终端支付买家数为 PC 端和无线端支付买家去重人数，即统计时间内在 PC 端和无线端都对商品完成支付，买家数记为 1 个。特别说明的是，不论支付渠道是电脑还是手机，在电脑上拍下，就将该买家数计入 PC 端支付买家数；在手机或 Pad 上拍下，就将该买家数计入无线端支付买家数。

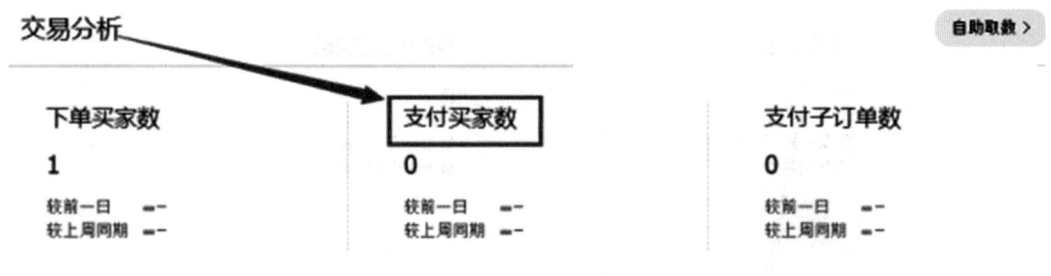

图 7-58　交易分析——支付买家数

（3）支付子订单数：统计时间内买家支付的子订单数，即支付笔数。

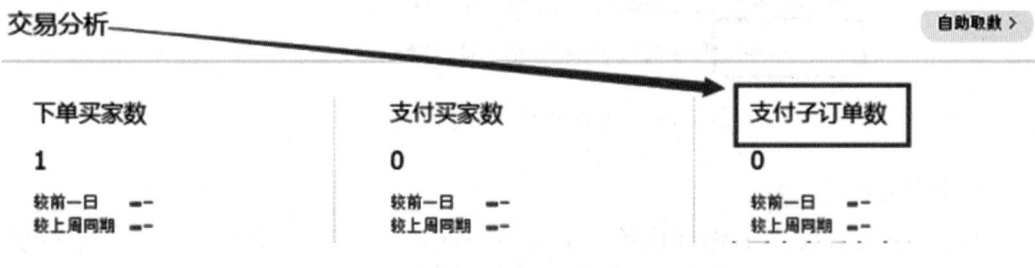

图 7-59　交易分析——支付子订单数

（4）支付新买家：指统计时间内支付一次且 365 天内首次支付的买家去重人数。可能会存在以前有下单未支付而统计时间段内来支付的买家。

图 7-60　交易分析——支付新买家

(5)支付老买家:指统计时间内支付多次(>1 次),或前 365 天有过支付且统计时间内再次支付的买家去重人数。可能会存在以前有下单未支付而统计时间段内来支付的买家。

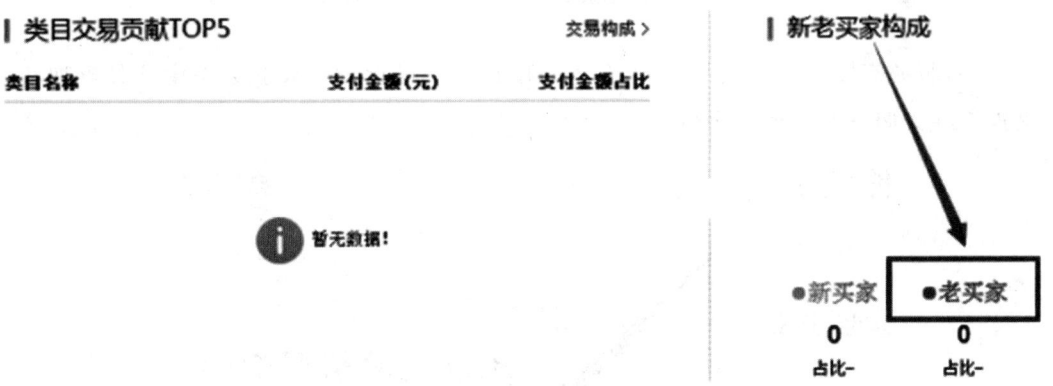

图 7-61　交易分析——支付老买家

7.服务分析

(1)申请退款金额:退款申请时间在统计周期内的退款金额数。

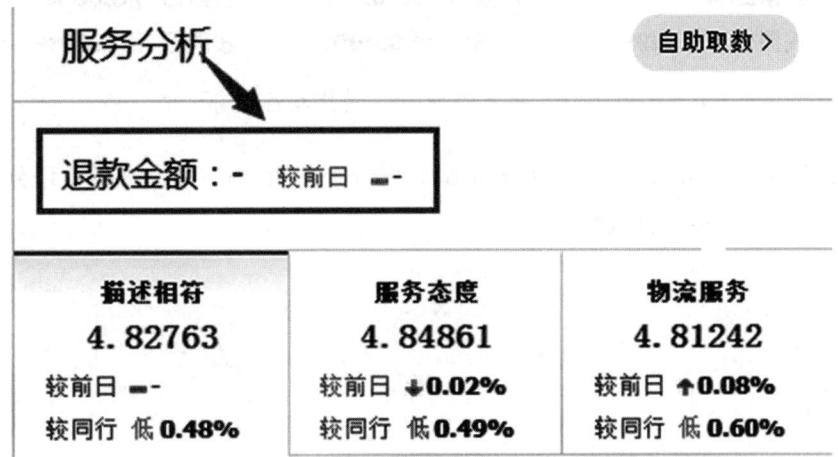

图 7-62　服务分析——申请退款金额

(2)描述相符评分:最近 180 天描述相符评分＝最近 180 天描述相符评分累加和/最近 180 天描述评分次数。

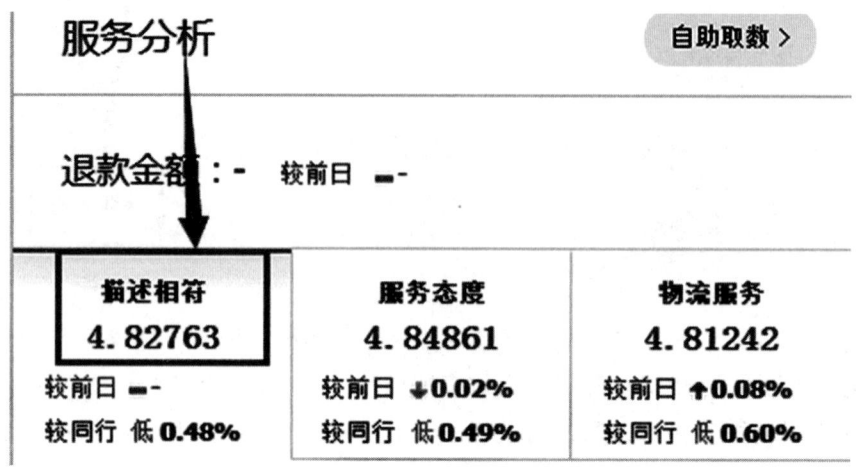

图 7-63　服务分析——描述相符评分

(3)服务态度评分:最近 180 天服务态度评分＝最近 180 天服务态度评分累加和/最近 180 天服务态度评分次数。

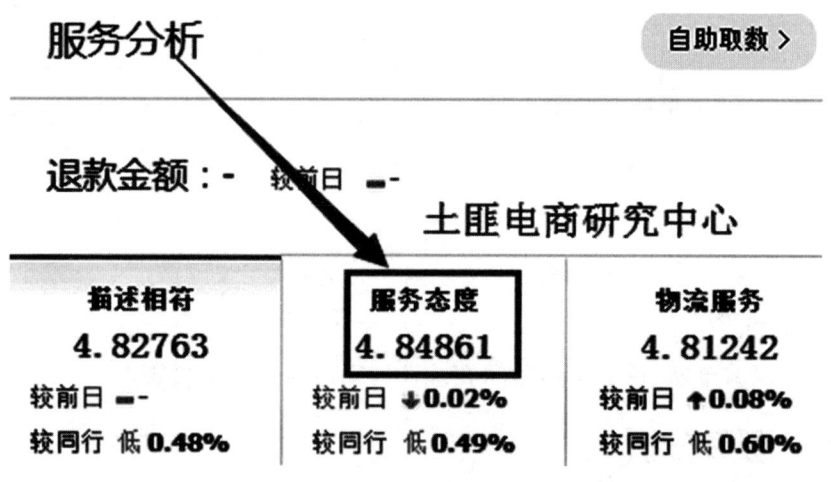

图 7-64　服务分析——描述相符评分

(4)物流服务评分:最近 180 天物流服务评分＝最近 180 天物流服务评分累加和/最近 180 天物流服务评分次数。

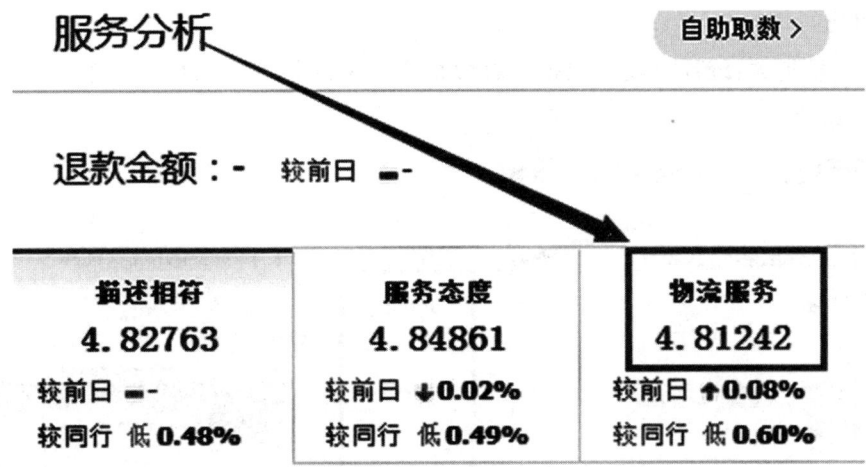

图 7-65 服务分析——物流服务评分

8.营销分析

(1)我的营销 TOP3：统计周期内我的店铺按照支付金额降序排前 3 名的营销工具。

图 7-66 营销分析——我的营销 TOP3

(2)同行营销 TOP3：统计周期内一级主营目录行业内使用人数排名前 3 的营销工具。

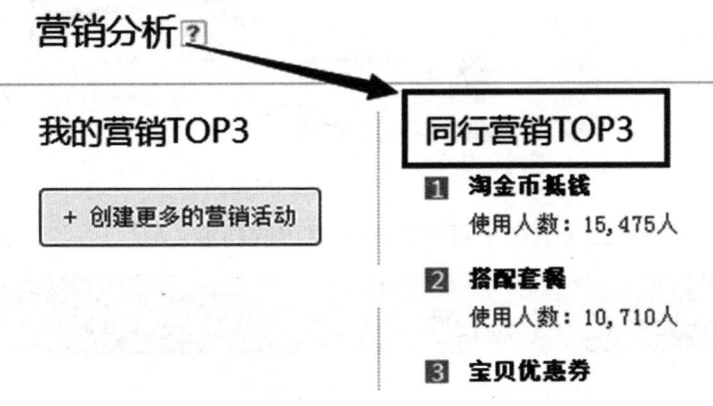

图 7-67 营销分析——同行营销 TOP3

9.市场行情

(1)流量指数:统计日期内根据访客数拟合出来的指数类指标。流量指数越高,表示访客数越高。

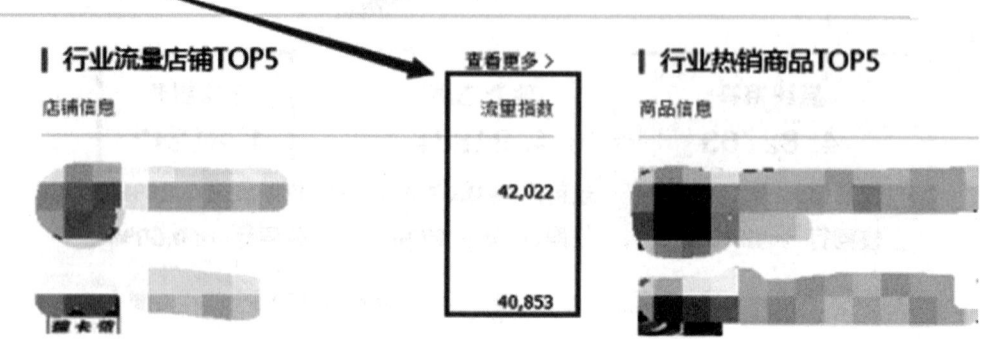

图 7-68　市场行情——流量指数

(2)支付子订单数:统计日期内买家支付订单的子订单数(订单明细里,按照商品SKU粒度统计的订单数)。

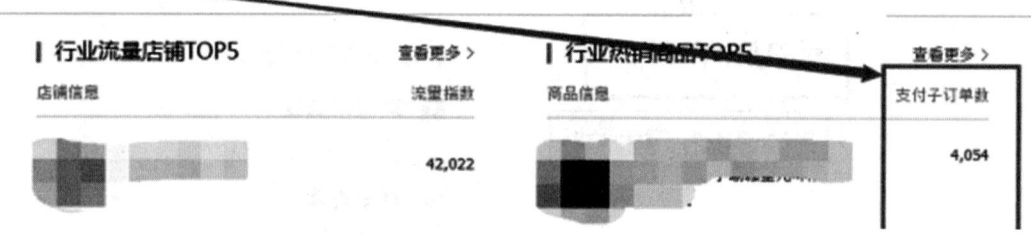

图 7-69　市场行情——支付子订单数

(3)搜索人气:统计日期内根据搜索人数拟合出的指数类指标。搜索指数越高,表示搜索人数越多。

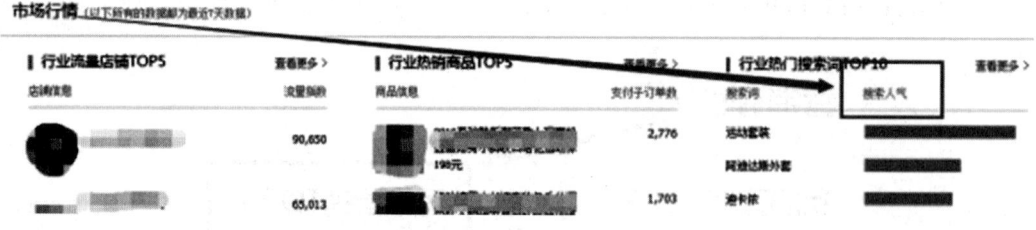

图 7-70　市场行情——搜索人气

在如图 7-71 所示的导航栏里可以选择想要用的功能:

图 7-71　导航栏

(注:实训任务源自派代网论坛——土匪老田:http://bbs.paidai.com/topic/1044497。)

二、实战任务

(一)利用数据分析提高成交转化率

小林经过不断摸索和学习,店铺的流量有了明显的改善,且店铺的人气有了明显的改善。但小林发现,店铺有不少的访客在浏览了一个页面就离开了,且宝贝的成交转化率不高。其中有一小部分买家只把宝贝加入了购物车,却没有付款。针对这种情况,请结合本任务所学的知识,帮助小林分析出现这种状况的原因,并且告诉小林应该从哪些方面去改善和提升宝贝的成交转化率。

(二)小组经营网店数据全面分析

请学习小组对所经营店铺的访客流量、成交转化率、客服数据、利润数据等进行分析,并根据数据分析结果提出相应的改进建议,以提升店铺的成交率和利润。

任务名称	店铺数据分析	
网店名称		
店铺数据分析内容		
店铺访客流量数据分析	流量分布数据	
	分析结果	
商品成交转化率分析	转化率数据	
	分析结果	
客单价分析	客单价数据分析	
	分析结果	
店铺客服分析	客服数据分析	
	分析结果	
店铺利润分析	利润数据分析	
	分析结果	
改进建议		

任务评价

任务编号	任务7-2
任务名称	店铺数据分析
任务完成方式	小组协同完成
任务评价内容	分值
利用生意参谋进行网店数据分析实训	30
提升店铺成交转化率策略	20
店铺访客流量数据分析	10
商品成交转化率分析	10
客单价分析	10
店铺客服分析	10
店铺利润分析	10
成绩评定	小组评价20%
	教师评价80%

【学习巩固】

一、单项选择题

1.已知某淘宝店当天通过搜索获得的UV为50,通过直通车获得的UV为80,一共成交了26笔交易,那么下列说法正确的是:(   )。

A.店铺今天一共获得了80个PV

B.店铺几天的转化率为20%

C.店铺今天的PV为130

D.店铺今天的跳失率为10%

2.淘宝客和直通车最大的区别是:(   )。

A.前者是按成交计费,后者按点击付费

B.都是淘宝平台的一种推广模式

C.能让卖家更好地获取流量取得订单

D.能有针对性地定向推送到指定的目标用户

3.为了让卖家方便地在淘宝推广自己的宝贝,淘宝为卖家量身定做的推广工具是(   )。

A.淘宝商盟　　　　　　　　B.淘宝论坛

C.淘宝直通车　　　　　　　D.友情链接

4.在打造人气宝贝时,有(　　)个交易以上就算是人气宝贝。
A.5　　　　　B.10　　　　　C.20　　　　　D.50

5.转化率表述正确的是(　　)。

A.转化率=(产生购买行为的客户人数/所有到达店铺的访客人数)×100%

B.转化率=(成交的总笔数/进店顾客总数)×100%

C.转化率=(点击次数/进展现次数)×100%

D.转化率=(进店顾客总数×成交率×单笔平均成交量)×100%

6.一位家庭用具网店客服曾这样解释商品的价格:这件商品的价格是2000元,但他的使用期10年。这就是说,你每年只花200元,每月只花16元左右,每天不到6角钱。考虑到它为你节约的时间,6角钱算什么呢?这位客服采用了什么技巧促成交易?(　　)

A.证明法　　　　　　　　B.比较法

C.化整为零法　　　　　　D.因人而异法

7.在淘宝数据中,UV的含义是(　　)。

A.页面浏览次数

B.独立访问者

C. 关键词被搜索次数

D.指用户一次访问店铺的页面数

8.下面哪一组属于自主访问流量?(　　)

A.搜索引擎　　　　　　　B. 购物车

C.一淘搜索　　　　　　　D.淘宝客

二、多项选择题

1.以下关于直通车一次点击、多次扣费,说法正确的有:(　　)。

A.严格按照点击扣费,点击几次扣费几次

B.同一IP在24小时内多次点击同一个广告位置,系统会自动排查,过滤掉恶意点击。当然也不是100%会被排查到,不过卖家完全不用担心,淘宝的防恶意点击系统已经做得很完善。

C.24小时内同一IP多次点击只记一次,所以同一局域网多台电脑点击无效。

D.UV也是基于cookies(储存在用户本地终端上的数据)的,比如同一局域网内16台电脑访问一个宝贝,根据cookies的原理,是给这个宝贝带来了16个UV,但是点击IP只有一个。

2.以下说法正确的有(　　)。

A.销售额=流量×转化率×平均客单价

B.转化率越高的产品,直通车质量得分越高,然后点击越省钱

C.关键词的优化选取是为了给宝贝提供一个优先的排名展示机会

D.钻石展位是在淘宝通过用图片的方式以展现付费获取流量,俗称"小硬广"。钻石展位的最大用途是集中在推广品牌和活动时使用。

3.一家运营优秀的电子商务网站,网站数据应该有如下特征:(　　)。

A.UV 数量高　　　　　　　　B.转化率高

C.复购率高　　　　　　　　　D.客单价高

4.衡量一个电子商务网站访问量的指标有(　　)。

A.独立 IP 访问量　　　　　　B.综合 PV 流量

C.客单价　　　　　　　　　　D.流量转换率

5.网店推广活动的效果一般可以体现在哪些方面?(　　)

A.整个店铺的流量

B.在活动周期内给网店带来的客户数

C.实际成交额

D.获得了很多用户反馈的信息

6.店铺为什么要做买家分析?(　　)

A.可以更好地了解买家特点　　B.挖掘买家需求

C.提高广告投放精准度　　　　D.帮助买家解决难题

三、技能训练题

1.什么是店铺客单价?

2.什么是店铺成交转化率?

3.请用相关统计工具进行流量来源分析、付费流量分析、访客分析、跳失率分析以及转化率分析。

◆ 附录 ◆
平台交易规则

"没有规矩不成方圆",网上开店需要熟知平台的相关规则,熟悉了规则才能在平台上更好地经营自己的店铺。下面以最常见的淘宝平台和天猫平台为例进行平台重要规则的说明。

一、淘宝网规则

在地址栏输入"http://www.taobao.com"进入淘宝网首页,可看到规则板块。如图 1 所示。

图 1 淘宝网规则板块

点击进入"规则",就会看到具体的规则,如图 2 所示。

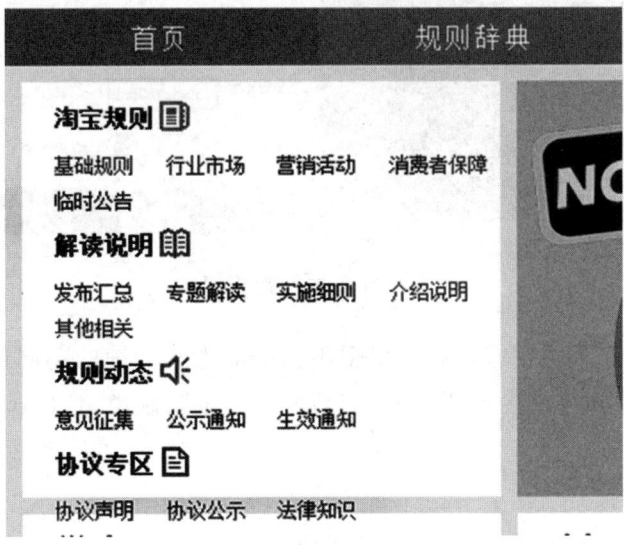

图 2 具体的规则板块

二、重点规则说明

（一）商品发布规则

第一，在发布商品时，须如实描述，不得对商品进行与实际情况不相符的宣传。

第二，在发布商品时，须正确选择宝贝类型，二手商品不得选择全新宝贝类型，全新商品不得选择二手宝贝类型。

第三，对同一件商品的描述信息，包含但不限于商品资质信息、店铺基础信息（如店铺信誉等）、官方资质信息（如金牌卖家等）、标题、主图、属性、详情等位置的信息，应保证商品各要素间的一致性；同时也要保障发布的商品信息与实际商品相符。

第四，商品品牌信息应在标题、属性区域和图片描述三方保持一致，若任意一方显示为 A 品牌，则另两方中不得出现除 A 以外任何品牌名称信息；若属性区域品牌属性为 other/其他，则标题、图片描述中不得出现任何品牌名称。

第五，商品发布到线上后，不得通过编辑商品类目、品牌、型号等关键属性使其成为另一款商品。

第六，标题不得出现品牌堆砌展示的情形；商品标题须与商品描述信息保持一致，且描述材质时，不得出现不规范的材质名称；标题不得出现品类不一致的情形。如图 3 为标题错误示例。

图 3　商品发布标题错误示例

第七，商品发布数量也有限制。根据不同的品类和店铺的不同信誉级别，可以发布的商品数量上限也不同。具体参见"商品发布数量限制说明"（https：//rule.taobao.com/detail－145.htm）。

（二）发货规则

第一，特殊规定除外，72 小时内必须发货。

第二，买家退款，卖家必须征得买家同意才能发货。

第三,卖家逾期发货,或者未经买家同意在买家申请退款后发货,卖家应当追回已经发出的商品,但买家已经签收并确认收货的除外。

第四,按订单约定地址发货,需买家自提的应征得买家的同意。

第五,卖家违反上述规定买家可以拒收。

(三) 交易原则

1. 自身安全原则

自身泄露网店的信息,别处登录造成盗号,将商品删除、下架,进行恶意损坏店铺的行为,淘宝将根据 IP 追究个人责任,后果严重的将由司法部门进行起诉。

2. 安全原则

确认付全款后才能发货,公司不接受其他付款方式(上门除外);若要更改发货信息,不允许卖方替客户代为更改,必须由客户自己在系统里修改;需跟客户确认,备注收件人本人签收。

3. 履行消费者保障服务

卖家必须偿还延迟发货所规定的赔偿款,履行如实描述义务或消费者保障服务规定的赔付、退货、换货和维修服务;或卖家必须按实际交易价款向买家或淘宝提供发票。

4. 虚假交易

指通过不正当方式提高账户信用积分或淘宝商城商品销量。

5. 描述不符

指买家收到的商品与达成交易时卖家对商品的描述不相符,卖家未对商品瑕疵、保质期、附带品等必须说明的信息进行披露,妨害买家商品满意权益的行为。卖家描述不符的,每次扣 3 分。

6. 商务原则

开票信息需与客户核对清楚,并提醒客户出票后不能修改。

7. 退货原则

退货要求,不影响二次销售(包装、保卡、吊牌都齐全)。

8. 退款原则

卖家拒绝退款的,买家有权修改退款协议,要求淘宝介入或确认收货。买家在卖家拒绝退款后 7 天内未操作的,退款流程关闭,交易正常进行;卖家同意退款或在 5 天内未操作的,且不要求买家退货的,淘宝通知支付宝退款给买家;卖家同意退款或 5 天内未操作的,且要求买家退货的,则按以下情形处理:(1)买家未在 7 天内点击退货的,退款流程关闭,交易正常进行;(2)买家在 7 天内点击退货,且卖家确认收货的,淘宝退款给买家;(3)买家在 7 天内点击退货,通过快递退货 10 天内、平邮退货 30 天内,卖家未确认收货的,淘宝通知支付宝退款给买家。

9. 投诉原则

延迟发货、无货空挂、虚假发货等会造成买家投诉,如投诉成立,将直接影响网店

（注：淘宝平台规则选自淘宝网规则：https://rule.taobao.com/index.htm。）

（四）淘宝十大违规处罚重点

1.虚假交易

大家最熟悉的就是刷单，以前平台监管力度小，流量基础好，只要刷单数量不是特别多，在合理条件下，系统检测到的概率非常小。但是现在情况完全不同，淘宝引进最新的刷单检测系统来判断店铺是否存在刷单行为。所以，要实实在在做好流量，不要进行刷单的虚假交易行为。

2.偷换宝贝

偷换宝贝容易出现在服装行业，很多宝贝因为货源或者季节变换等因素，使得宝贝无法再继续销售了，为了避免之前累计的基础销量损失，卖家将A宝贝换成B宝贝，在A宝贝基础上更换主图、选项图、描述图、宝贝属性，链接还是原先的链接，但是产品已经完全变换了，这种情况是淘宝重点打击的对象，所以一定要尽量避免偷换宝贝的情况。

若有产品信息需要优化，应避免淘宝将之误判为偷换宝贝。需要注意以下几点：

（1）标题更改，间隔48小时改一次，每次改动不要超过两个词，控制在6个字内，调换顺序也算修改。

（2）主图更改，间隔24小时改动一次，每次只能改一张，使用替换顺序的方式去改动。例如第一天把主图上传到第二张的位置，第二天调换顺序就可以了。

（3）详情页的更改，间隔24小时，PC端每次改动不要超过三分之一，无线端可以一次性改掉。

（4）价格不可以乱调，它不仅影响宝贝权重，甚至会影响定位。价格的更改在每周宝贝下架后去改，10分钟之内搞定；改动的范围低客单价增减幅度不要超过20%，高客单价增减幅度不要超过10%。

（5）类目属性更改，增减SKU，一般来说更改这一部分对宝贝权重影响不大，忌讳频繁改动；主图、标题、详情不一起修改，而是分时间段分开去修改。

3.重复铺货

同一宝贝发布了2个或者2个以上的宝贝链接，就会被判为重复铺货。如果你店铺宝贝的标题和主图都是一样，就更会引起系统误判，所以要注意宝贝之间的属性、一口价、销售价、主图最好不相同，这样就不会被判重复铺货了。

4.错放类目

如果你的宝贝是女装类目产品，但是将它放到别的类目去，那么不管你的上下架时间设置如何，橱窗推荐是否设置好，销量如何高，转化率也不错，这个宝贝都不会被搜索到。

5.SKU作弊

淘宝每款产品都是有一个对应的SKU，当产品的颜色、型号、配置、等级等不相同的时候,就会有一个宝贝SKU。如果宝贝内的一个SKU价格过低,这个时候就会被判SKU作弊。淘宝有反SKU作弊系统,如果检测到,宝贝会被降权,也会影响销量。所以尽量避免SKU作弊。

6.滥用关键词

滥用关键词是指宝贝的实际关键词与宝贝不相符的属性描述,尤其是一些小类目的产品名称,为了抢占关键词,胡乱使用,如果被发现,会被判滥用关键词。

7.产品广告

店铺将宝贝价格设置得非常低,在描述中直接给某一款宝贝集中流量的行为,将一款宝贝引入另外一款宝贝的行为,一旦被发现就会被处罚。

8.价格不符

如果店铺宝贝与所销售宝贝价格严重不符,不符合市场的基本规律,例如一件连衣裙卖1元还包邮,这是不符合市场规律的,也会被淘宝降权。

9.邮费不符

邮费不符是常见的一种作弊方式,比如宝贝卖10元,运费却设置了50元,就是利用宝贝的低价来吸引顾客,但最终成交价格非常高,这个也是比较低级的错误。所以在设置宝贝价格的时候还是要符合市场定位。

10.商品信息一致性

如果宝贝的标题中写了包邮,但是详情页却说产品不包邮,宝贝价格为100元,但是详情页中描述宝贝要拍两次才可以发货,这两种情况都属于商品信息不符。

(注:处罚重点来自开淘网——将辉:http://www.kaitao.cn/article/20170211130546.htm)。

三、天猫规则

在地址栏输入"https://guize.tmall.com/"进入天猫规则首页,就可以看到规则板块。可以查看天猫的招商规则、基础规则、营销规则等。如图4所示。

图4 天猫规则板块

四、重点规则解读

(一)经营商品规则

第一,商家要严格遵守《天猫行业标准》,商家若违反《天猫行业标准》中关于产品发布的规定,天猫将对其违规商品给予下架并给予单个商品搜索降权三天的处理。

第二,商家在天猫发布已列入国家强制性产品认证目录的商品(以下简称3C认证商品)时,若未提供准确有效的3C认证编号,天猫将视具体情形进行处理。具体如下:发布3C认证商品时应当提供但未提供3C认证编号的,天猫有权对商品进行下架或删除处理;发布的3C认证商品与提供的认证编号对应的认证信息匹配,但证书状态为"暂停"的,天猫有权对商品进行下架处理;发布的3C认证商品与提供的认证编号对应的认证信息匹配,但证书状态为"注销""撤销"的,天猫有权对商品进行删除处理;发布的3C认证商品与提供的认证编号对应的认证信息不匹配的,按《淘宝禁售商品管理规范》其他类第二目的规定进行处理。

第三,商家所经营的品牌出现以下任一情形的,天猫可终止该品牌在天猫经营:该品牌商品不符合强制性标准或严重不符合推荐性标准的;该品牌经天猫采用特定方式判定对他人商标、商品名称、包装和装潢、企业名称、产品质量标志等构成仿冒或容易造成消费者混淆和误认的。

(二)交易规则

1.注册

商家必须满足以下条件,才有权申请加入天猫:

第一,商家及其销售的商品符合当年度的《天猫招商标准》;

第二,商家及其销售的商品符合当年度的《天猫行业标准》;

第三,商家有效签署《天猫服务协议》及其相关附属协议;

第四,商家符合天猫要求的其他条件。

商家若发生以下任一情形,天猫有权清退:

第一,未经商标注册人同意,更换其注册商标并将该更换商标的商品进行销售的;

第二,向天猫提供伪造、变造的商家资质或商品资料;

第三,商家违反《天猫招商标准》的;

第四,商家多次违反本规则特定规定的;

第五,存在严重的恶意竞争、侵害消费者权益、影响天猫平台声誉等违反市场公平竞争原则、诚实信用原则、公序良俗的行为;

第六,严重违规扣分达48分。

2.经营

会员必须符合以下条件,方可创建店铺:

第一,将其账户与通过实名认证的支付宝账户绑定。

第二,公示或披露真实有效的姓名地址或营业执照等信息。

第三,"商品如实描述"及对其所售商品质量承担保证责任是商家的基本义务。"商品如实描述"是指商家在商品描述页面、店铺页面、阿里旺旺等所有渠道中,应当对商品的基本属性、成色、瑕疵等必须说明的信息进行真实、完整的描述。

商家应保证其出售的商品在合理期限内可以正常使用,包括商品不存在危及人身财产安全的不合理危险、具备商品应当具备的使用性能、符合商品或其包装上注明采用的标准等。

第四,商家的会员名、店铺名的命名应当严格遵守《天猫店铺命名规范》。

第五,商家在天猫发布商品应当严格遵守《天猫行业标准》。

(三)违规处罚规则

1.违规处罚条例

第一,会员发生违规行为的,其违规行为应当纠正,并扣以一定分值且公布三天。违规扣分在每年的 12 月 31 日 24 时清零。

第二,被执行节点处理的会员,当其全部违规行为被纠正、处理期届满、处理措施执行完毕且通过规则考试后,方可恢复正常状态。

第三,违规行为根据严重程度分为严重违规行为及一般违规行为,两者分别扣分、分别累计、分别执行。严重违规行为,是指严重破坏淘宝经营秩序或涉嫌违反国家法律法规的行为。一般违规行为,是指除严重违规行为外的违规行为。

第四,天猫对会员的严重违规行为采取以下处理方式:

(1)商家严重违规扣分累计达 12 分的,给予店铺屏蔽、限制发布商品、限制创建店铺、限制发送站内信、限制社区功能及公示警告 7 天、限制参加天猫营销活动 30 天、向天猫支付违约金 2 万元的处理。

(2)商家严重违规扣分累计达 24 分的,给予店铺屏蔽、下架店铺内所有商品、限制发布商品、限制创建店铺、限制发送站内信、限制社区功能及公示警告 14 天、限制参加天猫营销活动 60 天、向天猫支付违约金 3 万元的处理。

(3)商家严重违规扣分累计达 36 分的,给予关闭店铺、限制发送站内信、限制社区功能及公示警告 21 天、限制参加天猫营销活动 90 天、向天猫支付违约金 4 万元的处理。

(4)商家严重违规扣分累计达 48 分,对商家做清退处理,查封账户并向天猫支付部分或全部保证金作为违约金(该保证金是指商家被天猫进行清退处理时,其店铺应缴纳的保证金金额)。商家因单次违规扣分较大,导致累积扣分满足多个节点处理条件的,或在被处理期间又须执行同类节点处理的,仅执行最重的节点处理。

第五,天猫对会员的一般违规行为采取以下违规处理方式:

(1)商家因一般违规行为,每扣 12 分即被给予限制参加天猫营销活动 7 天、向天猫支付违约金 1 万元的处理。

(2)商家因违背承诺和/或滥发信息,除按照前款规定处理外,如累计被扣分达 24 分,则给予店铺监管 7 天的处理;如累计被扣分达 36 分,则给予店铺监管 14 天的处理;如累计被扣分达 48 分,则给予店铺监管 28 天的处理;如累计被扣分达 60 分,则给予店铺监管 56 天的处理。

具体的严重违规行为和一般违规行为参见《天猫基础规则》第五章(https://rule.tmall.com/tdetail-146.htm? tag=self)。

2.处罚措施解读

(1)店铺屏蔽。店铺屏蔽并不是说你的店铺不存在了,而是买家在淘宝网页和天猫网页都搜索不到你的店铺,但是如果之前有买家已经收藏了你的店铺,该买家还是可以通过收藏的链接进入到你的店铺。

(2)限制发布商品。店铺受处罚期间,该店铺不能发布并且不能在后台编辑宝贝,这个可能会影响到店铺上新品的时机,对店铺的运营造成不同程度的影响。

(3)不能发送站内信。发送站内信是买卖双方的一种交易方式,如果限制了卖家不能发送站内信,可能就会造成卖家不能及时与买家沟通,买家将无法得到及时的回馈,影响店铺的交易。

(4)限制社区功能。商家在受罚期间,不能在淘宝帮派、社区进行发帖和回帖等操作,但是还可以正常浏览网页。

(5)公告警示。当买家用旺旺与卖家联系时,或当买家浏览店铺时都会出现该公告,显示该店铺处于受罚期。这样会使买家对店铺的信任度产生影响,并且对店铺造成负面的影响。

(6)限制参加天猫营销活动。商家在处罚期间不能参与天猫举办的一切活动,包括聚划算、季节性活动等等。

(7)向天猫支付违约金。当店铺的违规行为扣分累计达到12分、24分、36分时,天猫会对该店铺收取相应的违约金,这个违约金是从店铺入驻天猫时交付的保证金中扣除的。

(8)下架店铺内所有商品。店铺受处罚期间,当买家进入该店铺,会看到店铺所有的商品都是下架的,一定会对该店铺产生疑惑,这肯定会对店铺带来严重的负面影响。

(9)关闭店铺。关闭店铺是指在被罚期间虽然店铺后台不能操作,且旺旺不能登录,但是旺旺的ID是存在的,而如果店铺被清退了,旺旺不但不能再登录,而且旺旺的ID也不存在。

(注:天猫平台规则选自天猫网规则:https://guize.tmall.com/。)

参考文献

[1]孙东梅.淘宝网店页面设计、布局、配色、装修一本通[M].北京:电子工业出版社,2014.

[2]华天印象.Photoshop淘宝网店设计与装修实战从入门到精通[M].北京:人民邮电出版社,2016.

[3]张文彬.网店装修[M].北京:电子工业出版社,2016.

[4]梁芳.Photoshop网店装修设计[M].北京:电子工业出版社,2016.

[5]庄标英.网店装修[M].北京:中国人民大学出版社,2016.

[6]麓山文化.淘宝网店/微店全攻略[M].北京:人民邮电出版社,2016.

[7]谢新华.网店商品拍摄与图片处理[M].北京:人民邮电出版社,2016.

[8]王淑青.网店经营与管理[M].北京:化学工业出版社,2011.

[9]李玉清.网店推广[M].北京:北京理工大学出版社,2015.

[10]王利锋.网店运营实务[M].北京:人民邮电大学出版社,2015.

[11]淘宝大学.网店推广[M].北京:电子工业出版社,2016.

[12]全国电子商务运营竞赛组委会,北京博导前程信息技术股份有限公司.网店运营实务[M].北京:中央广播电视大学出版社,2016.

[13]吴琪菊,费一峰.淘宝网开店与交易[M].北京:清华大学出版社,2009.

[14]盘红华.电子商务客户服务[M].北京:北京理工大学出版社,2016.

[15]王淑翠.客户服务案例[M].北京:中国经济出版社,2013.

[16]屈婷姝.最全流程图:电商客服售前售中售后(商刻原创),http://www.eshangke.com/read/view/id/381.html,2015(1).

[17]百度文库.客服的职责基本技能和操作的基本流程,http://wenku.baidu.com/link? url＝zrvM7g2UD3mY1cUBGkQbXCGrDkb0yhCOmtQKZdV8zw8z0f0LBio6nzaUbnxofMKob6ol8bj0hWBsf7dXN55_vSFx48ZJ3pWoSaFs5uYit0y,2015(2).

[18]搜狐网.网店备货技巧,http://mt.sohu.com/20161018/n470582204.shtml,2016-10-18.

[19]陈德宝,王国玲.网店运营与管理[M].北京:中国轻工业出版社,2016.

[20]葛存山.网店运营与推广[M].北京:人民邮电出版社,2016.

[21]简玉刚,郭洁.网上开店实务[M].大连:大连理工出版社,2011.

[22]吴清烈.网店运营与管理[M].北京:外语教学与研究出版社,2014.

［23］杨兴.网店物流运营［M］.北京：清华大学出版社，2015.

［24］淘网，蒋晖.淘宝网店如何做好库存管理，http://www.kaitao.cn/taobao-jingyan/20120827104734.htm.

［25］淘宝网.https://www.taobao.com/.

［26］天猫网.https://www.tmall.com.

［27］甩手网.史上最全的生意参谋数据分析使用教程，http://www.shuaishou.com/school/infos11523.html，2015(3).

［28］卖家资讯.淘宝店铺的成交转化率解读，http://www.maijia.com/news/article/63318，2015(11).

［29］李杰臣，韩永平.网店数据化运营［M］.北京：人民邮电大学出版社，2015.

［30］刘电威.网店数据分析［M］.北京：清华大学出版社，2016.

［31］派代网.http://bbs.paidai.com/topic/，2016.

［32］淘宝网规则.https://rule.taobao.com/index.htm，2017.

［33］天猫网规则.https://guize.tmall.com/，2017.

［34］i博导平台.http://www.ibodao.com.